名古屋市立大学
人間文化研究叢書2

公教育と子どもの生活をつなぐ

香港・台湾の教育改革

Mika Yamada
山田美香 著

風媒社

はじめに

日本では、どのような理念のもと、どんな未来に対し次世代を育成しているのだろうか。日本の風土、日本人気質、日本人の教育観に基づき、公教育に何を求めていくのだろうか。

本書は、日本占領下、植民地にあった香港、台湾の現在の教育を取り上げる。日本人にとってこれらの地域、国は過去に占領地、植民地で愚民化政策をした場所として、日本人の方が「いい教育」を受けているという根強い偏見がある。しかし、国内外の政治の変化、時代の変化、経済成長のなかで、香港、台湾は児童生徒中心主義の福祉的な教育政策を入れる政策決定、予算の確保の決断をした。

本書は、香港、台湾の学校調査をもとに構成したものである。香港、台湾では、日本の占領下、植民地支配、中国返還（香港）を経て、どのように教育決定がなされ、福祉的な教育政策が土着化していったのかを述べる。

知識型社会とPISA

国際社会では、知識型社会、知識型経済に関する議論があまねく行われている。実際欧米で出版されるアジアの教育に関する書籍でも、知識型グローバル化社会におけるアジア、アジアの教育とは何か、アジアを孔子、儒教の国や地域として、それぞれの国や地域の社会政治的背景と現在の改革の動向をまとめている。

メンコフ（Thomas Menkhoff）ら（２００５）は、アジアでは、「国家で、知識型社会への挑戦として、政府による知識型社会へのサポート、インフラ整備、法整備、教育制度の再考、研究支援などが進展している」[1]という。また、アジアではローカルの知識とグローバルの知識のギャップが見られるが、「価値化された知識が地域化され、さらに地域の知識が持続可能な知識型社会のなかで開けるべきである」[2]と指摘してもいる。つまり、地域性とグローバリゼーションがより現実的に知識と一体化することが求められている。また、ジャオ（Yong Zhao）（２０１１）は、２つの価値、授業的価値とグローバル化社会に必要な価値との間で、儒教的概念が教育のグローバル化を進める政府の政策のよい面、悪い面にどのような影響を与えるのかに関心があると[3]述べている。

ＯＥＣＤのＰＩＳＡ（Programme for International Student Assessment）２００９で、65カ国・地域、約47万人の生徒の首位を独占した上海は、まさに詰め込み教育、科挙の時代の知育偏重と共同の学びを併行する地域である。人々の教育要求が強い。世界の学力のトップに君臨した上海では、受験戦争、就職戦線ともに、一人っ子政策下でも大卒の過剰供給とホワイトカラーの需要のアンバランスから、厳しい競争が幼少期から行われている。「勤勉で教師への尊敬」という儒教文化圏特有の価値観を有し躍り出た上海と、今まで世界学力トップであったフィンランドは、社会的背景、社会保障、子どもの将来への見通しなどが違う。

上海では、大人数授業と共同の学びが並行し、厳しく知識獲得の確認を試験で行うが、授業中、小グループで学びあいを大事にする地域でもある。直轄市として、中国でも特別に上海市のみの課程標準（学習指導要領）が施行され、独創的な教育改革が行われている。単純に詰め込み教育の上海が、「平等な教育、習得主義」の教育を行うフィンランドに勝ったのだとは言えない。どちらにせよ、中国の大都市がレベルの高い教育や素質教育を実践するなかで世界の首位に躍り出たことは、中国の飛躍的な経済発展と子弟への教育熱とは無縁ではないだろう。

ＰＩＳＡ２００９では、２００９年から参加した上海が首位を独占したが、フィンランドを除き、アジア各国が上位を占めているのはどうしてなのであろうか（表1）。

ニューズウィーク・ジャパン（２００2年10月30日）では、欧米が詰め込み教育に走るのとは対照的に、アジアでは、「グローバル化の波に追い立てられるように、アジア諸国はこぞって創造性を育てる改革に乗り出し」[4]、むしろ学びあうプロセスを大事にすると紹介している。「だが一方で、学歴社会や儒教的な価値観は容易には変わらない」[5]と、アジア諸国は、入試と新しい時代に適した独創的な人材養成との間に隔たりがあ

表1　PISA2009

	総合読解力	数学的リテラシー	科学的リテラシー
1	上海	上海	上海
2	韓国	シンガポール	フィンランド
3	フィンランド	香港	香港
4	香港	韓国	シンガポール
5	シンガポール	台湾	日本

出典：文部科学省『OECD 生徒の学習到達度調査―2009年調査国際結果の要約』http://www.mext.go.jp/component/a_menu/education/detail/__icsFiles/afieldfile/2010/12/07/1284443_01.pdf　2011.6.23参照。

ることに戸惑っているという。

ジャオ（Yong Zhao）（2011）は、本書で取り上げる香港について、「儒教的概念的精神とイギリス植民地化でのグローバル化が、うまく早い段階から融合した社会だ(6)」と述べているが、グローバル社会で必要とされる人材の素養は、根強い学歴社会のアジア諸国においてはまだ十分に承認されていない。

アジア躍進の一方で、日本の国際学力調査における地位の低下が言われて久しい。どうして日本人の学力は相対的に低下し、その他の国々の学力が相対的に上昇してきたのだろうか。思い当たるところは、1990年代バブル崩壊後の景気の悪さから、大学を卒業しても親世代の収入を得る将来展望がないという状況や子どもの学ぶ意欲の低下があったことである。しかし1997年のアジア通貨危機を経験した香港、韓国、シンガポールではそのような状況はない。メンコフ（Thomas Menkhoff）ら（2005）は、マレーシア、シンガポールでは、アジア危機、2008年の世界金融危機が方向転換する契機となり、海外から高いレベルの科学者、技術者を呼んで、知識の消費より知識型商品の創造文化を打ち立てようとした(7)という。

伝統的な日本は、家族への奉仕、立身出世、それによる一族の繁栄が要求される儒教文化圏にあったと思われるが、現在の若い世代は、一部を除いて「勤勉、教師への尊敬」などの価値観を有していない。日本の若い世代は、学習についていけない場合、自尊感情が傷つけられたり、問題行動を起こすことはあっても、育ててくれた親に申し訳ないという気持ちはない。

香港、台湾では、中華圏であるため、保護者は学校で一番の成績をとることを子どもに期待する。それは大変過熱している受験戦争からも分かる。資源がなく人材養成こそが国益に還元されるという香港、台

表2　日本の PISA2000、PISA2003、PISA2006、PISA2009の成績

参加国数	2000 32カ国	2003 41カ国	2006 57カ国	2009 65カ国
総合読解力	第8位	第14位	第15位	第8位
数学的リテラシー	第1位	第6位	第10位	第9位
科学的リテラシー	第2位	第2位	第6位	第5位

出典：文部科学省『OECD 生徒の学習到達度調査—2009年調査国際結果の要約』p. 19。http://www.mext.go.jp/component/a_menu/education/detail/__icsFiles/afieldfile/2010/12/07/1284443_01.pdf　2011.6.23参照。

表3　日本、香港、台湾の PISA2003の成績

	日本	香港	台湾
総合読解力	498（第14位）	510（第10位）	
数学的リテラシー	534（第6位）	550（第1位）	
科学的リテラシー	548（第2位）	539（第3位）	

出典：文部科学省『OECD 生徒の学習到達度調査—2009年調査国際結果の要約』p. 22。http://www.mext.go.jp/component/a_menu/education/detail/__icsFiles/afieldfile/2010/12/07/1284443_01.pdf　2011.6.23参照。

表4　日本、香港、台湾の PISA2006の成績

	日本	香港	台湾
総合読解力	498（第15位）	536（第3位）	496（第16位）
数学的リテラシー	523（第10位）	547（第3位）	549（第1位）
科学的リテラシー	531（第6位）	542（第2位）	532（第4位）

出典：文部科学省『OECD 生徒の学習到達度調査—2009年調査国際結果の要約』p. 20。http://www.mext.go.jp/component/a_menu/education/detail/__icsFiles/afieldfile/2010/12/07/1284443_01.pdf　2011.6.23参照。

表5　日本、香港、台湾の PISA2009の成績

	日本	香港	台湾
総合読解力	520（第8位）	533（第4位）	495（第23位）
数学的リテラシー	529（第9位）	555（第3位）	543（第5位）
科学的リテラシー	539（第5位）	549（第3位）	543（第12位）

出典：文部科学省『OECD 生徒の学習到達度調査—2009年調査国際結果の要約』p. 15、p. 17。http://www.mext.go.jp/component/a_menu/education/detail/__icsFiles/afieldfile/2010/12/07/1284443_01.pdf　2011.6.23参照。

湾は、中国系が多いこともあり、受験戦争が激しく、トップクラスの大学を目指す子どもの熾烈な争いがある。香港、台湾の児童生徒の親は、農民からホワイトカラーまで多様である。しかし、祖父母世代の台湾では、農民か工場従業員、香港では工場従業員が多かった。つまり二世代前の農民、工場従業員は子どもや孫が学校で一番となることを望んだため、結果として香港、台湾は教育熱心な地域、国となった。

香港、台湾では、成績優秀者や有名学校進学者はその順位と名前を公表する。台湾では道路に面したフェンスに有名高校、有名大学進学者の名前を掲示することもあるし、香港ではインターネットで公表する場合もある。ただ、一部の学校のホームページでは、コンクールの順位、またボランティアにおける貢献者の名前も公表する場合もある。最近の香港の教育政策は、子どもの全人的な発展を目指すものであるため、学業以外の活躍も評価されるようになっているのである。

台湾の総合読解力、数学的・科学的リテラシー

台湾は、ＰＩＳＡ２００６で数学的リテラシーは第1位、科学的リテラシーは第4位と高かったが、ＰＩＳＡ２００９では総合読解力が23位、数学的リテラシーは第5位、科学的リテラシーは第12位となった。就学前教育の充実、そしてすべての国民に後期中等教育を受けるような制度設計をし、また香港とは異なり、アジアでも韓国と並び、極端に大学進学率が高い国である。台湾では、日本植民地を経て戦後の軍事政権での戒厳令下で、国内の大学進学よりアメリカ留学に学歴獲得を求めた者が多く、海外に子どもを留学させることが広く行われている。個人の立身出世に関しては特に学力上位層では熾烈な受験競争が繰り広げられるが、公教育の場では共同の学びの重要性が支持されている。

読書活動は、台湾でも政策的に重視されている。

教育部、県・市政府は読書諮詢委員会と推進小組、学校は読書工作コーナーを組織し、全国に読書ママ団体を設立、公私立の社会資源を用い、「楽しんで読書101」活動を推進している。徴兵に代わり学校及び僻地で読書推進事業に従事する者、僻地に住む教師、退職した各地の教師、大学生がボランティアとして、放課後、休みの日に読書活動を行っている。

また、台湾では、1991年から優秀な生徒が国際数理オリンピックに参加するよう養成され、1997年度（台湾は8月から翌年の7月までが1学年）から、高校の数理学科・情報学科能力コンクールを行った。1996年度からフランス教育部と協力してフランス高等学院予備班と国際的な数学・理科の人材交流を強化し、全国の「小中学化学教育計画専案」で、国民小中学の化学教育研究を強化し、2006年から「高校生科学研究人材養成計画」を推進し、2009年から高校の科学クラスを設立した。2009年は国際科学オリンピック、2010年はアジア物理オリンピックを実施した。

国際数理オリンピックで、台湾は1991年から2008年で金メダル計153個、銀メダル計211個、銅メダル計157個及び73個の栄誉賞を獲った。教育部は「国際数理オリンピック、国際科学展覧会に参加した成績優秀な生徒の進学優待弁法」を改正し、賞を獲った生徒に奨学金、留学奨学金を与え、大学へ推薦入学させ、また高校時代から専門的な養成を早く受けることができることにした。(8) ビジネスパーソン向け雑誌の教育版『天下雑誌　2010年教育特刊』（2010年11月17日）では、「21世紀の生存に必要な能力―科学教育は未来を決める」というタイトルで、台湾の科学教育を中心に、日本も含めた各国の学齢期の科学教育の目的、特徴などを丁寧に紹介している。

香港の総合読解力、数学的・科学的リテラシー

一方、香港のＰＩＳＡにおける活躍は目覚ましい。ＰＩＳＡ２００６では数学的活用能力は３位、科学的活用能力は２位、読解力は３位で、ＰＩＳＡ２００９でも数学的活用能力は３位、科学的活用能力は３位、読解力は４位で、同様の上位の成績についている。

香港の教育局は、課程改革で低学年では、「読書を学ぶ」「読書から学ぶ」、高学年で「読書から学ぶ」政策を実施し、２００２年から新中国語課程を実施している[9]。すなわち、読解力向上のための様々な取り組みを行っているのである。２００１年ＰＩＲＬＳで、謝錫金らは、「香港の上位10％は生徒の6％、次の上位25％が20％、中間の生徒が38％、次の25％が28％、最も下位が8％[10]」と、「香港の優秀な生徒は全体のわずか6％で23位、国際的な平均10％より少ない[11]」と紹介している。表6、表7は、ＰＩＳＡ２００９のレベル別の生徒の割合である。香港がＰＩＳＡ２００９で上位にある理由は、一部の上位層に引っ張られるのではなく、平均的に香港の生徒の学力が高いことによることが分かる。

教育の福祉的な要素

１９８０年代から核家族化、少子化となった香港、台湾では、若い世代に

表６　総合読解力における習熟度レベル別の生徒の割合　　単位：％

レベル	1b 未満	1b	1a	2	3	4	5	6
OECD 平均	1.1	4.6	13.1	24.0	28.9	20.7	6.8	0.8
日本	1.3	3.4	8.9	18.0	28.0	27.0	11.5	1.9
香港	0.2	1.5	6.6	16.1	31.4	31.8	11.2	1.2
台湾	0.7	3.5	11.4	24.6	33.5	21.0	4.8	0.4

出典：表１　総合読解力における習熟度レベル別の生徒の割合『OECD 生徒の学習到達度調査―2009年調査国際結果の要約』http://www.mext.go.jp/component/a_menu/education/detail/__icsFiles/afieldfile/2010/12/07/1284443_01.pdf　2011.4.15参照。

日本より儒教的価値観があっても、その心情は世界の若者に共通のものである。つまり、国際社会のなかで、アジア社会を儒教圏として考察するより、基本的に児童生徒の抱える問題は国際社会で普遍的なものであること、そのうえで、日本では教育政策に福祉的な制度（児童・生徒の経済的、精神的な支援）設計がないことから、多くの児童生徒がその能力を十分に生かせないこと、それに対する対策を香港、台湾に範を求められないか、それが本研究の目的である。北欧のように福祉国家ではない、香港、台湾が少しずつ福祉的な要素を教育に取り込み始めている状況を取り上げる。香港、台湾ともに、北欧のフィンランドのような教育モデルを理想としているわけではない。その点が日本の現状に合った必要な公教育の理念の再確認、施策を考えるヒントとなると思われる。

香港はPISAの成績が参加国の中でもトップクラスにあるが、鄭楚雄によると、教育局長孫明揚がPISA2006までトップにあったフィンランドを訪問し、「訪問団は香港とフィンランドの英語環境と文化的背景などに大きく差異があるので、香港がフィンランドの経験に照らすことはとても難しいと深く感じた(12)」という。

鄭楚雄は、教育政策について、「フィンランドは基礎教育から大学教育まで、教科書や昼食代もみな政府が負担している。香港の児童・生徒にはこの

表7　数学的リテラシーにおける習熟度レベル別の生徒の割合　　単位：%

レベル	1未満	1	2	3	4	5	6
OECD 平均	8.0	14.0	22.0	24.3	18.9	9.6	3.1
日本	4.0	8.5	17.4	25.7	23.5	14.7	6.2
香港	2.6	6.2	13.2	21.9	25.4	19.9	10.8
台湾	4.2	8.6	15.5	20.9	22.2	17.2	11.3

出典：表6　数学的リテラシーにおける習熟度レベル別の生徒の割合『OECD生徒の学習到達度調査―2009年調査国際結果の要約』http://www.mext.go.jp/component/a_menu/education/detail/__icsFiles/afieldfile/2010/12/07/1284443_01.pdf　2011.4.15参照。

ような福祉が保障されていないが、近年政府は教育経費を多く投入している。かつ、香港社会は豊かなので、教育費を保護者に負担してもらうことも基本的には大きな問題ではない[13]」と述べている。PISAの上位国がアジア諸国に集中する中で、フィンランドの福祉的な教育要素がアジア諸国にとって教育改革のヒントになることは間違いない。しかし、フィンランドの課税率の高さとそれに連動した福祉的な教育への追従は香港には難しいという。この点は、日本の現状を見ても同様である。

筆者は、高負担高福祉でないアジア諸国で、教育の福祉的な要素を拡大するのは別の方法があると思う。それが、香港、台湾の教育に見出せるのではないかというのが本書執筆の理由である。筆者は、すべての子どもが生活者として小学—高校で自分の家庭背景を顧みなくても、安心して自信を持って学校で教育を受ける条件を整備することを提唱したい。本書で述べたい福祉的な要素は、物質面（家庭の経済力を背景に子どもが自分の将来を考える必要がない）、精神面の支援である。

日本では、「生きる力」が重視され、「生きる力」を獲得することが教育目標であるが、教育目標に到達するには教育福祉の要素が必要であることは紹介されていない。教育は、毎日のささやかな出来事、親と子の会話、学校の先生、友達との出会い、学校教育での系統的な課程などの多様な働きが、少しずつ子どもに浸透していき、子どもの心や能力を伸ばしていくものである。子どもは学校で一つ学んでも、すぐに効率的に有効な成果を出すことはできない。子どもはゆっくりとゆっくりと成長するのである。成長のためには、多様な学び、物質的・精神的支援、社会・大人とのかかわりが必要である。日本の教育は憲法で教育を受ける権利を規定しているが、学校に福祉的な要素がないことは、子どもの成長に必要な「支援」の部分が大きく欠落しているといえないだろうか。

第一に、保護者の経済的基盤が弱く、生活が保障されない子どもが多い。２０１１年7月13日の中日新聞によると、２００９年相対貧困率が16％、18歳未満の子どもの貧困率は15・7％と、過去最悪の水準になった。

第二に、学校に通学しても学力が不十分で授業が理解できないまま放置されている子どもがいる。

第三に、日本でもインクルーシブ教育の理念が、身体、精神的に障がいがある児童・生徒に対しては浸透しつつあるが、問題行動、犯罪傾向がある子どもは学校では完全に排除され、教師から十分な教育支援を得られないという状況がある。

２００７年2月5日、文部科学省が「問題行動を起こす児童生徒に対する指導について」（通知）を出している。そこには、問題行動を起こす児童生徒に対しては、未然防止と早期発見、早期対応の取り組みが重要だとし、「学校は問題を隠すことなく、教職員一体となって対応し、教育委員会は学校が適切に対応できるようサポートする体制を整備することが重要」とあるが、そのサポートは実際には行われていないと考える。また、「家庭、特に保護者、地域社会や地方自治体・議会をはじめ、その他関係機関の理解と協力を得て、地域ぐるみで取り組めるような体制を進めていくことが必要」というが、このような取り組みもほとんど進んでいない。「出席停止制度の運用の在り方について」（通知）（２００1年）[14]によると「出席停止の制度は、本人に対する懲戒という観点からではなく、学校の秩序を維持し、他の児童生徒の義務教育を受ける権利を保障するという観点から設けられた制度」というように、問題行動を起こす児童生徒の義務教育段階の教育権は全く認められず、強硬手段をとることのみが可能であることを強調する文言となっている。

では、どのような行為をした場合、出席停止となるのだろうか。「出席停止制度の運用の在り方について」（通知）によると次のように書かれている。

出席停止の適用に当たっては、「性行不良」であること、「他の児童生徒の教育に妨げがある」と認められることの二つが基本的な要件となっており、今回の法改正では、法律上の要件を明確化する観点から、「性行不良」に関して、四つの行為類型をそれぞれ各号に掲げ、それらを「一又は二以上を繰り返し行う」ことを例示として規定したものである（第1項）。第1号は他の児童生徒に傷害、心身の苦痛又は財産上の損失を与える行為、第2号は職員に傷害又は心身の苦痛を与える行為、第3号は施設又は設備を損壊する行為、第4号は授業その他の教育活動の実施を妨げる行為

通知によると、教育委員会が指導主事を派遣し、実態把握、指導、助言にあたり、関連機関・地域と連携をするという文言もあるが、どこまで可能なのかは、教育委員会、児童生徒の在籍校の努力如何である。また、「出席停止期間中、当該児童生徒の非行が予想される場合には、警察等との連携を図り、その未然防止に努めることが必要である」と記されている。

これらのサポートは、出席停止処分をする前にすべての学校で行われることが望ましいもので、教育委員会の対応は後手に回り、問題の事後処理に終始している点が悔やまれる。しかも学校で問題行動を起こす生徒の支援が十分に行われないことに対する教育委員会、学校に対する罰則規定はないが、義務教育段階の児童生徒にはその問題行動によって、「出席停止」という罰が下されることになり、授業を受けられ

ない。

日本は自民党時代に教育基本法の改正（2006）を含め、教育振興基本計画（2008）など新しい改革を進めてきた。この10年間の改革の多くは2000年の教育改革国民会議の提言に始まるものである。民主党政権になってからは、子ども手当の付与、公立高校の授業料無償化、私立高校も公立高校授業料相当額の援助、さらに所得に応じた私立高校生の支援という福祉的な政策で、保護者の経済格差による子どもの教育格差の拡大を阻止する政策が打ち出された。

しかし、日本の教育改革はその改革のキータームとして福祉的な要素を挙げることはほとんどなかった。小泉首相時代（2001─2006）、教育も聖域ではないという市場原理の導入は、情報化社会、国際化に適した経済界による人材の要請と相まって評価や効率主義、成果主義へと学校を導いた。しかも、1990年末以降の学力低下論による国民の学校不信、公立学校の教育に対する不信感が高まったことから、学習指導要領の内容をより量的に拡大している。現状としては学習量の拡大が日本では改革の目玉になっているが、果たして公教育で子どもが保障されるべきは、必要な学習量の保障だけであろうか。

教育機会の平等という点では、1990年代からの刈谷剛彦などの教育社会学による教育格差論が大きな反響を呼び、経済格差と学力格差の問題が浮き彫りにされた。公教育で適正な学習量を確保しないと、経済力がない家庭の子どもの知識、学習量は相対的に低下するという議論であった。しかし、経済格差の是正という点で、日本で福祉的な政策が行われたのは、高校授業料無償化以外になかったと思われる。つまり、従来からある生活保護、就学援助という福祉的な枠組み以外に経済格差とそれに連動する教育格差を是正するものはなかったのである。日本の公立学校には、児童生徒の生活基盤の保障という要素を加味する必要を強調したい。

小川利夫・高橋正教『教育福祉入門』[15]で、高橋は「教育と福祉の関連を問う際にも、人権要求をもつ生身の人間そのものから出発すべきである」[16]、「何よりも大切なことは、『教育と福祉』に関する現実問題そのものの解明と、その解決のための社会的援助体制（法制度・行政・専門的実践）の検討、および教育と福祉の関係についての実践的理論的追究である」[17]と書いている。高橋によると、教育福祉論は、a市川昭午らの福祉国家論を推進する経済的な視点からの社会効用論的教育福祉論、b就学保障、就学督励を中心とした学校福祉＝学校社会事業としての教育福祉論、c小川利夫らの恵まれない子どもたちの学習権保障論としての教育福祉論[18]に分けられるという。

しかし、学問領域としての教育福祉分野は、まだこれからという状態である。

それでは、以上の問題点に対して、香港、台湾ではどのような施策が展開されているのだろうか。本書では、香港、台湾において、福祉的要素も加味した人間的な教育、また、国際的に競争力が高い教育がどのような背景のもと行われているのかを論じる。

香港

１９９７年以前の香港の教育は、宗主国イギリスが香港住民からの政治的な要求を回避するため、可能な限り政治色を払拭した教育政策を行ってきたこと、そしてそれが香港の繁栄の礎となったことは周知の事実である。その後、１９９７年香港の中国への返還前、１９８０年代後半から極端な親中的な教育政策へ移行したことで、中国復帰を目指す教育政策が徐々に顕在化してきた。そしてそれが中国政権下で教育を受けた体験を持たない多くの香港住民に不安を与えたのも無理からぬことであった。

しかもちょうどその時期に香港では新世紀を前に斬新な教育改革が実施された。それは、多数の国家（日本、タイ、シンガポール、韓国、アメリカなど）が21世紀を迎えるにあたって教育改革プランを提示したのと重なる。つまり世界の教育改革の趨勢に迎合し、1980年代後半から現在に至るまで多くの改革が断行されたのだった。それは第一に、アジア有数の金融経済の中心としての特異な地位を維持するため時代に合致した人材を必要とし、第二に、返還後50年は特別行政区として香港は政治的優位性を獲得しており、また中国における教育改革の動向も共産主義を前提とした合理化・自由化にあり、何もイデオロギーに束縛された時代に逆戻りする必要はなかったからである(19)。

従来、日本における香港研究では、アジアの金融都市としてのビジネス上で必要とされるレポートや、駐在員の子どもの教育について注意が払われていたにすぎない。日本企業が香港に進出した戦前、1900年前後からの香港に駐在する日本人に必要な香港レポートの一環としての香港の教育の紹介であった。

香港の教育を研究する今日的意義は、どこにあるのだろうか。①格差社会における豊かな層の教育とそうでない層の教育が幼児期から歴然としているなかで、貧困層に大学進学の可能性は開かれるのか、その公的支援のあり方をみること、②アジアにおける経済の中心地として、中国語、英語、さらに世界各国の華僑が話す広東語を駆使する香港エリート育成のあり方は、日本がグルーバル社会、知識型社会の中で何を考え知恵を絞ったらいいのか、注目すべきである。2011年3月、筆者が訪問した小学では、英語、広東語、普通語（中国語）を流暢に操る小学生と話をしたが、中産階級の子どもが進学する普通の小学でこれだけの成果、そして教育課程編成にも自信を持っていることに衝撃を受けた。現在の20代後半以降の香港人は学校教育で普通語教育を受けていないため、広東語、英語を中心に話すが、それより下の世代は広東語、英語、普通語を操る。１９９７年の香港の中国返還後の愛国主義教育の成果であるが、グローバル社会のなかで巨大な中国市場を前に香港が生きていく道にもなる。

これまでイギリス統治下で、小中学の9年義務教育制実施（１９７８）が出遅れた香港は、経済格差と教育格差が露呈した地区だと思われていた。しかし21世紀に入り、ＰＩＳＡ２００３、ＰＩＳＡ２００６、ＰＩＳＡ２００９の成績が参加国の中で上位にある。では、どのような取り組みがなされたのだろうか。

台湾

台湾は、日本の南西に位置する島国である。日本統治時代は、さつまいもにその国土が似ているとも言われた。台湾の人々は原住民（先住民族）、そして大陸福建省からの客家、ホーロー族、そして戦後大陸から渡ってきた漢民族の外省人に分かれる。戦後国民党の支配が長く続いた台湾では、外省人の子どもは教育を受けるのに有利であった。

ところで、台湾の戦後教育のエポックは次のようになっている。１９４９年から１９８６年まで、そして１９８７年から１９９０年代、21世紀に入ってからである。戒厳令下で言論弾圧がなされ、知識人がアメリカに留学せざるを得なかった。１９８７年、戒厳令が解除され、自由な教育が謳歌され始めた。

台湾は現在国民党が政権を担っているが、国民党による教育の歴史は、１９１２年、つまり中華民国元年にまでさかのぼることができる。その特徴は孫文主義による教育である。

台湾は、１９８５年から１９４５年までの50年間、日本に植民地統治をされていた。その後、中国大陸での国共内戦で敗北を喫した国民党が外省人として、台湾の政治、経済を掌中に入れる。そのため、台湾教育史といえば、国民党の教育史であり、また中国大陸の古代教育から清末、そして中華民国の教育、１９４９年以降の台湾における教育であった。中国大陸で共産党の教育史が中国教育史である点と大きく異なる。

このような教育史観が大きく転換したのは、陳水扁政権（２０００―２００８）の下である。台湾は、２０００年に民進党政権となり、台湾人としての教育、国民党政権からの地域に根差した教育、貧困層、少数民族などマイノリティーに焦点を当てた教育、実質13年の国民教育（幼児教育の1年の授業料援助、私立高校の授業料減免など）を支援した。

しかし、台湾を訪問するなかで気づいたのは、台湾における教育報道は受験、教育問題をはじめ多岐にわたることである。

詰め込み教育の弊害は、教育問題となって表れている。例えば、２０１０年12月に台北市で有名な建国高校の生徒が飛び降り自殺をした。マスコミは、国民中学でトップクラスだった生徒が、高校では中の下の成績であることで、精神的に追い詰められたのではないかと報道している。高校から紹介されて精神科で診察を受けたとも言われている。

桃園県八徳国民中学では、２０１０年12月、いじめ事件があり、それを隠ぺいしたということで、校長、教育局長が辞職、その他関連する職員も処分を受けている。

いじめ事件で辞職した校長は、２００４年8月から「品徳は四海に冠し、品徳は八方で名声となる」ことを願い、ソフト・ハードの面で中学の質の向上に努めた。新任教師の研修、学校独自の教育のための教師の指導、研修も行った。しかし、２０１０年12月22日、校長は、いじめ事件で県政府により調査され、督学の載進明が校長代理となった。自由日報（２０１０年12月22日）には、校長の処理が適当ではなかったとして、全校の約４割の64人の教師が校長の罷免に署名し、校長としての能力に問題があったと述べられている。「生徒がスイカ包丁を学校に持ってきても、学務処は３、４時間後に処理するくらいだ。また生徒が学校で遊んでいると、教師は校長にすぐに処理するよう報告するが、校長は出張があるという。教師が校務会議で校長に質問すると、校長は事務の用事で先に学校を出ないといけないと言う」。

現在は、学校の監視カメラの設備を改善し死角をなくすようにし、ソフトの面では校長は、温和な態度で教室、職員室で積極的に生徒、教職員と関わるようになった[20]。八徳国民中学では、事件以降、小グループでいじめ、法律の問題を議論している。問題行動があれば、三段階の指導で、まず担任の教師、そして個人指導の必要があれば、輔導処で輔導の教師が指導をする。

八徳国民中学は、現在、静かな教育環境となったが、事件が台湾全土にマスコミを通して広まった時、校長の管理能力、指導力、教育力のなさがこのような事件を招いたかのような雰囲気があった。しかし保護者の多くは、少数民族、移民、離島から来た人など、生活のために農業、工場で働くのに精いっぱいで、子どもの教育に手を回すゆとりがないという背景があった。複雑な家庭が多く、それは学校教育にも影響した。学校では、情緒不安定で自傷行為がある者の予防を行ったり、卒業生の追跡指導もした。

八徳国民中学では、親教育は毎学期１回、全校で行っている。いじめ事件の時、保護者会の簡淑貞は、「校長は、中学の管理運営に相当力を尽くしていた。学校が『国民中学卓越学校賞』『品格桃花源認証』を得ていたのがその証拠である」と校長の手腕を評価した。

しかし、桃園県議員黄婉如は、「八徳国民中学事件は氷山の一角で、県による学校の安全管理は赤信号の状態で、暴力団が深く学校に入りこみ生徒に影響を与えている。警察局に対して、全面的に暴力団、事件を精査してもらうよう要求する」と、台湾の国民中学がいかに荒れているのかが分かるコメントをしている。桃園県長（県知事）呉志揚も、「暴力団に関しては警察局の専門機関の小グループが責任を持って調査し、最も重要な、学校が安全であるための任務を行う」と、警察の介入により生徒指導を行わざるを得ない状況を述べている。

八徳国民中学には、技芸課程、不登校の生徒のための中途班、精神・身体に障がいがある生徒のための資源班、多様な才能に対する教育を推進する資優班（美術班、体育班）もある。

技芸課程は、授業について行けない国民中学3年に職業教育への接続を重視した教育を行うものである。国民中学で普通教育ではなく、職業教育を取り入れた教育をすることから、学内の進路輔導委員会（進路指導委員会）で技芸教育を受ける生徒を選び、他機関と連携して行う。技芸コンクール、発表会への参加、職業高校、技術職業学校、職業訓練センター、企業、工場への参観などがある。八徳国民中学の場合、毎週水曜日5時間目から7時間目に、中学3年の生徒57人が参加している(21)。

資優班の美術班は、八徳市の約2000人の国民小学卒業生のうち、約3分の1が特殊な才能を持ち、そのなかで美術に関心を持つ者が多くを占めるので作られた(22)。

有名進学高校の生徒の自殺も、桃園県の国民中学の事件も、どちらも現在の台湾の学歴社会を象徴する事件だと思われる。

日本における台湾の教育研究は、このような日本と共通する教育問題があるにもかかわらず、戦前の植民地時代の研究が多く発表されている。ただ最近は、各教科教育の研究者間での交流も盛んである。

台湾の教育を論じる必要性はどこにあるのだろうか。台湾では、日本の植民地統治と統治後の連続性の隙間に国民党による二・二八事件の影響が論じられ、日本の植民地時代は既に歴史の中に風化したかのよううである。しかし依然として植民地時代を経験した日本語を流暢に話す老人は健在であるし、一方で日本から植民地時代を懐かしむ日本人が台湾を訪問している。年々、その数は高齢化に伴い減少しているものの、台湾で教師の経験がある者が当時の台湾人児童生徒の招きを受けて台湾を訪れるということもある。

台湾では、1990年代からハーリー族が出現し、日本文化を愛する若者も多い。しかし、2008年7月から台湾と中国大陸との直行便の航空路線ができ、人の行き来が一段と増えることにより、多くの台湾人が中華圏である大陸に市場を見出している。台湾・中国の航空会社の乗り入れが進み、以前は香港経由で中国に入った台湾人も、直接北京・上海など大都市や地方都市に飛ぶことができるようになった。台湾ビジネスマン子弟のための国際学校である台商子弟学校は中国にあるが、現在では中国の一流大学に台湾人が進学する制限が緩和され、多くの台湾人が中国の一流大学を目指すようになっている。2008年中国人の台湾への団体旅行、2011年個人旅行が解禁され、政府間の協定締結も進展し、若い世代の教育交流も盛んになりつつあり、今後台中間を行き来する人材が輩出されていくことになる。台湾では、もともと若い世代の10%ほどが海外留学をしている（1年1500人以上）ため、出国のための公費奨学金、経済的に困難な家庭の子弟のための留学ローンなどがある。しかし一般には私費留学が多く、留学先での奨学金の獲得、アルバイトで授業料・生活費を得ることになる。

現在、1990年代に比べると日本の影は薄くなっている。しかし、次の点で現在の台湾研究の必要性があると思われる。第一に、PISAの数学的リテラシーの成績が日本より上位であるのは、果たして受験戦争の厳しさだけで解釈することができるのかどうか、第二に多様な民族構成、また多様な家庭背景を持つ子どもへの福祉的支援を行っていること、これがどのような理念、思想の下で国民的合意を得て実際に政策が実施され、その効果はどこまであるのかということである。

すべての子どもが将来にわたって前向きに過ごせるようなシステム

以上の点で本書を書き進めることにしたが、本書のタイトルには、「香港・台湾の教育改革」とあるが、日本でPISAの成績が上位にあるため関心がもたれながらも、ごく一部でしか現在の教育改革の紹介がなされていない香港を中心に議論を進めることにする。

本書は、第1章で日本と香港、台湾の教育状況を比較し、その上で第2、3章で現在の教育改革を示し、そして第4章で、学校の教育課程がどのような理念、目的で保障されようとしているのかを論じた。次に第5章では、学校で安心して学ぶためにどのような公的扶助が制度としてあるのか、また学校で教師や専門家が児童生徒の心理・生活面でのケアをしているのかを述べた。最後に第6章では少年犯罪予防について、香港、台湾ではどのような学校と地域との連携があるのかを論じた。

本書は、香港、台湾における学校で、すべての子どもが将来にわたって前向きに過ごせるように、どのようなシステム、専門家の存在があるのかを分析するものである。学校では子どもが十分な能力を身に付けていくために、子どもの権利を尊重しつつ、社会・大人が子どもを守らないといけない部分（心理的・

経済的な支援、授業・放課後の活動の支援など）を支援していくべきである。これまで日本では、学校で問題を抱える子どもと、学校と社会福祉機関との支援の断絶が言われてきたが、これから社会に出る子どもには、自尊感情、自分が大事にされているという気持ち、これら社会に出ていく上で後ろ盾となるものが必要である。本書は、児童生徒の授業への配慮、心理・生活（経済）面などの配慮で、子どもが生活で直面する問題を公教育の中で解決できる学校資源の重要性を説くものである。

２０１１年９月20日の１香港ドルは９・84円、１台湾元は２・56円であるが、為替相場の変動もあるので、１香港ドルは10円、１台湾元は２・５円として計算すると分かりやすい。

注

（１）Thomas Menkhoff, Hans-Dieter Evers & Yue Wah Chay "Govering and Managing Knowledge in Asia" World Scientific Publishing Company, May 2005, p. 1.
（２）Thomas Menkhoff, Hans-Dieter Evers & Yue Wah Chay "Govering and Managing Knowledge in Asia" World Scientific Publishing Company, May 2005, p. 4.
（３）Yong Zhao "Handbook of Asian Education: A Cultural Perspective" Routledge, 2011, preface xi.
（４）ニューズウィーク・ジャパン（２００２年10月30日）、阪急コミュニケーションズ。
（５）ニューズウィーク・ジャパン（２００２年10月30日）、阪急コミュニケーションズ。
（６）Yong Zhao "Handbook of Asian Education: A Cultural Perspective" Routledge, 2011, p. 24.
（７）Thomas Menkhoff, Hans-Dieter Evers & Yue Wah Chay "Govering and Managing Knowledge in Asia" World Scientific Publishing Company, May 2005, p. 5.

（８）http://www.edu.tw/high-school/content.aspx?site_content_sn=8429　2010.11.29参照。

（９）『香港学生能力正面睇』、２００７年12月５日。

（10）謝錫金・林偉堯・林裕康・羅嘉怡『児童閲読能力進展　香港與国際比較』香港大学出版社、２００５年、59頁。

（11）謝錫金・林偉堯・林裕康・羅嘉怡『児童閲読能力進展　香港與国際比較』香港大学出版社、２００５年、57頁。小野里聡（参考論文）は、台湾のＰＩＳＡのレベル別の生徒の割合について議論している。

（12）鄭楚雄「評過度『三不批』」（２００８年９月23日）『教場観隅録』進一歩多媒体有限公司、２００９年、３４３頁。

（13）鄭楚雄「評過度『三不批』」（２００８年９月23日）『教場観隅録』進一歩多媒体有限公司、２００９年、３４４頁。

（14）http://www.mext.go.jp/a_menu/shotou/seitoshidou/04121502/013.htm　201.7.27参照。

（15）小川利夫・高橋正教『教育福祉入門』光生館、２００１年。

（16）小川利夫・高橋正教『教育福祉入門』光生館、２００１年、25頁。

（17）小川利夫・高橋正教『教育福祉入門』光生館、２００１年、２４０頁。

（18）小川利夫・高橋正教『教育福祉入門』光生館、２００１年、２２８頁。

（19）山田美香『現代香港における教育改革』簡易製本、２００２年８月、３—４頁。

（20）http://163.30.93.1/history.html　2011.10.27参照。

（21）２０１１年11月28日の筆者の調査による。

（22）http://host.ptjh.tyc.edu.tw/~guide/about1.html　2011.10.27参照。

参考論文

小野里聡「台湾の九年一貫課程における教育と国際的な学力調査での学力向上策の研究」名古屋大学大学院教育発達科学研究科教育学専攻『教育論叢』第51号、２００８年、27—37頁。

公教育と子どもの生活をつなぐ香港・台湾の教育改革

――目次

本書は、第2、4、5、6章は、既に発表したものに加筆修正したものである。

はじめに（書き下ろし）

第1章　日本、台湾、香港の教育（書き下ろし）

第2章　香港の教育制度と教育政策▼山田美香「香港の中等教育」（研究ノート）（名古屋市立大学大学院人間文化研究科『人間文化研究』第15号、2011年6月、151―168頁）を加筆修正したものである。

第3章　台湾の教育制度と教育改革（書き下ろし）

第4章　香港・台湾の教育課程▼山田美香「香港の教育課程」（国際アジア文化学会2011年度（第20回）大会発表原稿、2011年6月12日、於：東海大学高輪キャンパス）を加筆修正したものである。

第5章　すべての子どもへの配慮▼「香港の大学」のみ、山田美香「香港の高等教育改革」（中国四国教育学会『教育学研究紀要』第47巻第一部、2002年3月、204―209頁）、山田美香『現代香港における教育改革』（簡易製本、2001年）を加筆修正したものである。

第6章　少年犯罪▼山田美香「台湾の犯罪予防教育」（『関西教育学会紀要』第29号、2005年6月、86―90頁）、山田美香「香港における犯罪予防教育」（日本比較教育学会第42回大会発表原稿、2006年6月24日、広島大学）、山田美香「香港の学校における不良少年の戦後史」（国際アジア文化学会『アジア文化研究』第17号、2010年6月、49―59頁）、山田美香・張汝秀「台湾・香港の中学校における問題行動を起こす生徒の支援」（研究ノート）名古屋市立大学大学院人間文化研究科『人間文化研究』第14号、2010年12月、共著、山田担当分197―211頁）を加筆修正したものである。

コラム　独特なメイドさんとの生活（書き下ろし）

おわりに（書き下ろし）

その他の関連論文に、山田美香「1990年代香港における言語教育」（『日本国際教育学会紀要』第6号、2000年11月、80―93頁）、山田美香「香港の幼児教育」（国際幼児教育学会『国際幼児教育研究』第8号、2001年10月、77―85頁）がある。

公教育と子どもの生活をつなぐ香港・台湾の教育改革

第1章　日本、台湾、香港の教育

第1章では、日本、台湾、香港の社会・教育状況の比較を試みる。特に社会的差異と教育的差異がどの点に顕著であるのかを明らかにする。

社会環境、民族構成

中華人民共和国との外交上の関係で、国際社会で台湾は一部の国家と国交を締結するのみで、国連に加盟していない。一方、香港は、１９９７年イギリスから中華人民共和国に返還され、中華人民共和国の特別行政区となった。一国二制度（中国でありながら中国国内法が適用されない）は、返還から50年のみ許されている。それは、１９９８年に中国に返還されたマカオと同様である。

日本、台湾、香港の人口はそれぞれ、1億２８０５万６０００人（２０１０年）、約２３１６万人（２０１０年末）[1]、約７３０万人（２０１１年）である。日本の人口の5分の1が台湾の人口で、香港はその

表1　1戸あたりの人口、離婚率、0-14歳人口の占める比率

	1戸あたりの人口	離婚率	0-14歳人口の占める比率
日本 2010年	2.46人	2.59%	13.8%
台湾 2005年	3.12人	2.8%	18.7%
香港	2.9人（2010年12月～2011年2月）	3.2%（2006年） 別居0.6%（2006年）	12%（2010年末）

出典：http://sowf.moi.gov.tw/stat/national/list.htm　2011.6.29参照。
1戸当たりの人口　http://www.censtatd.gov.hk/hong_kong_statistics/statistical_tables/index_tc.jsp?charsetID=2&tableID=005 2011.5.30参照。
離婚率 http://www.censtatd.gov.hk/hong_kong_statistics/statistical_tables/index_tc.jsp?charsetID=2&tableID=138　2011.5.30参照。
平成22年国勢調査速報集計結果　http://www.stat.go.jp/data/kokusei/2010/jinsoku/pdf/youyaku.pdf　2011.6.1参照。
人口動態統計速報平成23年3月分　http://www.e-stat.go.jp/SG1/estat/GL08020103.do?_toGL08020103_&listID=000001074108&disp=Other&requestSender=dsearch　2011.6.1参照。

台湾のさらに3分の1ほどの人口である。

1戸当たりの人口をみると、日本、台湾、香港は、核家族、少子化の影響で平均2、3人と少ない。0―14歳の人口に占める比率も10%台である。

日本は2009年合計特殊出生率が1・37%[2]であった。

台湾では少子化が進行し、2006年合計特殊出生率が1・12%[3]、2008年1・06%[4]で、出生数は1999年28万3661人、2009年19万1310人[5]と、10年で3分の2に減少した。台湾は、2024年度の国民小学の児童数予想が106万8084人で、2009年度と比べると52・5万人減少する[6]と予測される。

香港も超少子化社会で、2006年合計特殊出生率が0・98%[7]、2008年1・05%[8]である。0―14歳人口の占める割合は1996年で18・5%、2006年に13・7%[9]、2010年度末は12%[10]と減少している。

民族構成をみると、日本では外国人の特別永住者が2008年で221万7426人[11]である。

台湾では、母親の国籍が外国籍である者の割合が増え、

現在では10％程度である。[12] 台湾で外国籍の配偶者の子女は2009年度より3・5万人増加し、2020年度は5万6758人[13]になると考えられている。

台湾では、台湾原住民と呼ばれる少数民族（14民族、2008年総人口の2・1％）[14]のほか、大陸の広東省、福建省から来て先祖代々台湾に住んでいる者、戦後国民党と一緒に台湾にやってきた漢民族（外省人）がいる。また、外国籍の女性と結婚する台湾人男性も農村部に多く、「新台湾の子」への配慮も考えられている。台湾の女性の高学歴化に伴い、結婚仲介会社を通して農村の台湾人男性がベトナム、中国から来た女性と結婚し、その子どもが「新台湾の子」と言われている。

これらの子どもの教育は家庭での母親の言語の問題、台湾社会に不慣れな状況での子育て、「台湾に来て1年以内に妊娠、出産するので、親の役割はまだ十分に準備されていない。教養も不足し、加えて個人の適応の問題も解決していない」[15]という問題がある。また、就学段階では「言語・文字の問題は常に外国籍の配偶者の子どもの教育、子どもの学校教育への参与への一大障害となる」と言われている。一般に、「外国籍」に対するニュアンスとして、「台湾より経済発展が遅れた東南アジアの国家を蔑視する、我々の族類ではないという意味がある」[16]が、台湾人と結婚した外国籍の配偶者に対する教育サービスなどは積極的に行われ、社会福祉のネットワークもある。

台湾では、民進党政権（2000―2008）になってから、学校教育でも多言語、特に台湾語、民族の言語が重視され、多様な言語環境（北京語、台湾語、客家語など民族の言語）がある。

香港では、95％以上が中国系住民であるが、その出身は多様である。しかし国際都市を標榜する香港には多くの欧米人、インド人、アジアからのビジネスマン、フィリピン、インドネシアからの出稼ぎのメイドさんもいて、国際色豊かである。香港（２００６）の人口は約６３０万人（２０１１年現在約７３０万人）で、中国人が95％、フィリピン人が１・６％、インドネシア人１・３％、白人０・５％、インド人が０・３％、パキスタン人０・２％、日本人０・２％、その他である。[17] 外国人に占める日本人の割合は低くない。

また、袁月梅によると、「２００３年、内地（主に深圳一帯）の香港人の子どもが毎日香港の学校に行くのは３５６７人、１９９９年より４倍近くになった」という。香港の元朗、北区の学校に進学し、「３０００余人の児童・生徒のうち約８割が10歳以下の児童で、幼稚園、あるいは小学から香港で教育を受けている」という。朝７時過ぎに羅湖（香港に隣接）からＭＴＲに乗って香港の学校に行く小学生が多い。しかし、夫が香港人、妻が大陸出身の場合、「夫は多くの仕事に就いた経験があり、休職中」「妻は深圳の住民ではなく、夫より文化水準が高い」「夫婦関係は良くなく、文化的背景・価値が異なり、夫婦間に年齢差があり、双方が結婚に対して異なる希望を抱いている」[18] という。

インドネシア人のメイドさん
2006年７月筆者撮影

２０１１年３月６日の新聞記事によると、香港で生まれる新生児の50％弱の母親が大陸出身であるという。広東省には、中国籍の女性が香港で子どもを産むことで、将来香港で生活扶助を受けられることを売りにする仲介業者もある。増加しつつある大陸出身の母親を持つ子どもと、減少する香港人の子どもが話題となっている。大陸から来た子どもの家庭背景（父は年齢が高く母が若い、収入が比較的少ない）、英語教育に慣れない、香港の生活に適応できない問題も含めて、大陸と香港の教育制度、実態の比較から、大陸出身の子どもに対して、広く研究と積極的な支援が行われている。

このほか、香港には、香港在住の外国人のためのインターナショナルスクールも多い。イギリス統治下にあったため、英基学校協会の学校もある。

香港では、中国に返還されても中国各地が普通語で授業を行うのと違い、広東語が教授言語である。

経済

昨今の日本の経済成長はゼロ成長と言われて久しい。一方、２０１１年、台湾の１人あたりのＧＤＰは２万７７１アメリカドル[19]、経済成長率は４・03％[20]であった。香港のＧＤＰは２０１０年１兆７４３８億５８００万香港ドル[21]で７％の成長率[22]であった。

ＧＤＰに占める教育費は、２００９年日本５％、台湾６・51％[23]、２００８―２００９年度（香港では9月から翌年8月までが1学年）の香港は４・６％である。香港、台湾では、中等教育、高等教育への支出が多い。

それでは日本、台湾、香港の平均的な収入はどれくらいであろうか。日本で、決まって支給される給与は平均26万３９３３円[24]（毎月勤労統計調査２０１１年４月）である。台湾は、２０１０年９月の工業・サービス業の平均給与が４万３１０６元[25]である。ただ台湾の失業率は日本の失業率とあまり変わりはなく、4・92％（２０１０年10月）[26]である。その点、若年労働者の就業、学校におけるキャリア教育に大きな影響を与えていると言える。

香港は、勤労者の中位の収入は１万香港ドルである。世帯収入は、２００６年で平均１万７２５０香港ドルである。失業率は3・5%（2011年2月〜2011年4月）[27]である。台湾、香港の勤労者の収入は日本円で平均10万円前後である。

教育行政図

日本では文部科学省、地方の教育委員会（都道府県教育委員会―市町村教育員会）、台湾では教育部、県・市の教育局が、就学前から高等教育、生涯学習まで管轄する。台湾の教育部の中期施政計画（2010年―2013年度）によると、教育部組織法第1条及び第2条で、1．教育部は全国の学術、文化及び教育行政事務を監督する、2．教育部は各地方最高級行政長官が主管事務を執行する時、指示・監督する責任があるとされる。

台湾の教育基本法第9条の規定により、中央政府の教育権限は、1．教育制度の設計、2．地方の教育事務に対する適切な監督、3．全国の教育事務、各地方の教育発展への協力、4．中央の教育費の分配と地方教育費への補助、5．国立学校及びその他の教育機構の設立・監督、6．教育統計、評価と政策研究、7．教育事務の国際交流の促進、8．憲法に規定された教育事業、教育関係者・原住民及び弱者の教育に対して、奨励、扶助、その発展を促すことにある。[28]台湾の教育行政では、命令は行政院（日本の内閣に相当）から教育部、各県市の教育局に、業務指導は教育部から県市教育局、直轄市教育局に向かって出される。

台湾の教育行政図（２０１０年）

行政院─教育部─国立各学校、国立社会教育機関、私立高等教育機関、私立中学高校
　　　─各県市政府─教育局─県立各学校、県立社会教育機関、私立中等以下教育機関
　　　─直轄市政府─教育局─市立各学校、市立社会教育機関、私立中等以下教育機関

一方、香港は中国の特別行政区であるが、中国教育部は直接香港特別行政区の教育事業に関与していない。そのため香港特別行政区政府教育局が教育事業を行っている。就学前から中等教育は教育局、高等教育は大学教育資助委員会、学生資助弁事処、入試は香港考試及評核局、職業教育は香港学術及職業資歴評審局、及び職業訓練局[29]が監督する。

香港の教育行政図[30]

行政長官─政務司司長─教育局局長─教育局（教育司署→教育科及び教育署→教育統籌科及び教育署→教育統籌局及び教育署→教育統籌局→教育局）
←大学教育資助委員会
　学生資助弁事処

学校系統図

学校系統図は、図1〜2のように日本、台湾ともに単線型である。

日本は、明治時代、台湾を植民地とし、半世紀（1895―1945）にわたり初等教育の普及をした。日本人と台湾人の間で差別的な教育政策を行ったが、中等教育機関（中学校、女学校、その他の職業学校）も設立したため、植民地統治後期には、公学校（初等教育機関）卒業後に職業学校に進学する台湾人も多かった。

一方、日本が中国の近代教育に与えた影響も大きく、日本の教育をほぼそのまま踏襲した清末の教育は中華民国を経て、戦後国民党政権によって台湾に持ち込まれ、日本植民地下の教育制度のうえに、戦後、国民党が教育事業を行った。

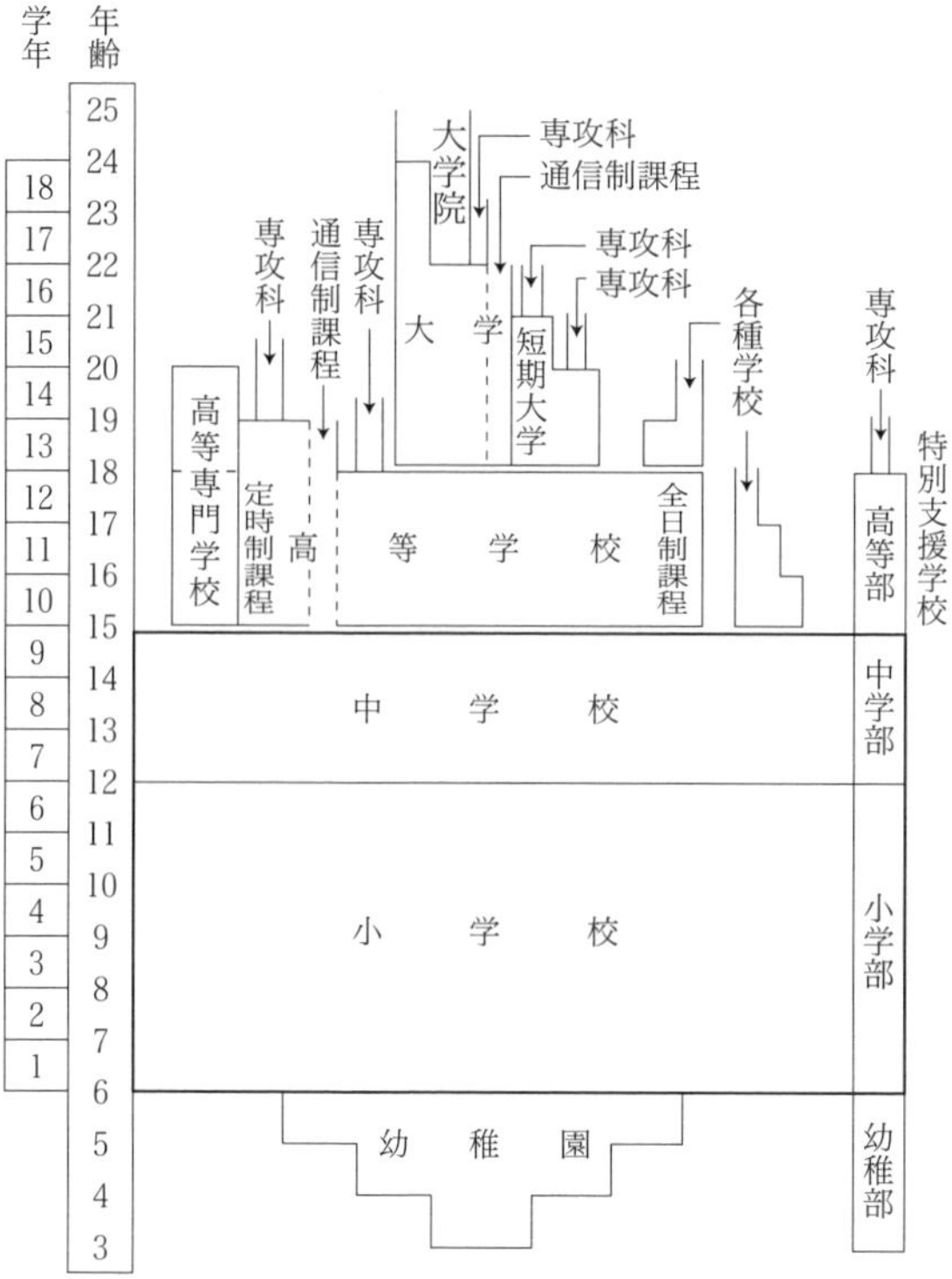

図1　日本の学校系統図(32)（昭和47年以降）

台湾の初等教育は国民小学、前期中等教育は国民中学で行われる。後期中等教育は普通科高校、職業高校、総合高校、高級中等進修学校、その他と多様である。高級中等進修学校は社区（コミュニティー）内に多くあり、高校に進学しなかった生徒、社会人が高校レベルの職業教育を受けるために在籍している。多くは昼間、夜間、週末クラスがあり、昼間クラスは

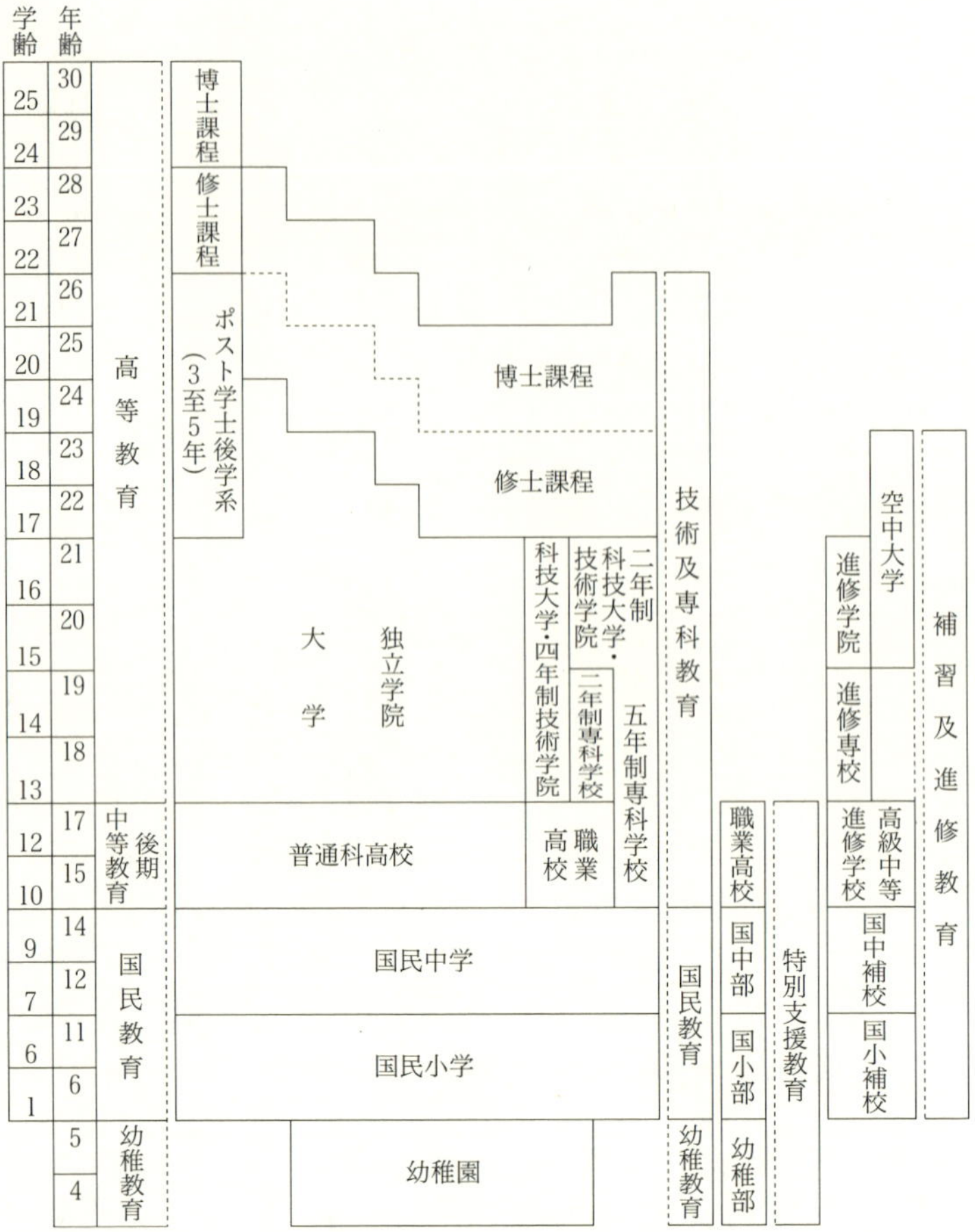

図2　台湾の学校系統図

出典：http://www.edu.tw/statistics/content.aspx?site_content_sn=23553　2010.11.29参照。

高校生の年齢の生徒が多いため制服を着ている。職業高校よりは柔軟に入学でき、卒業すれば高校卒業資格を得られるため、四技二専（四年制科技大学・技術学院、二年制専科学校）等に進学する場合もある。二専から3年の仕事の経験があれば、修士課程に入学もできる。台湾の大学の修業年限は4年で、法律系・建築系は5年、歯学系が6年、医学系が7年である。

一方、香港はイギリス型の複線型学制であった。イギリスは、初等学校（7―11歳）、総合性中等学校（11―16歳）、シックスフォーム（16―18歳）で、18歳から大学、高等教育カレッジ[31]という学制である。香港は小学卒業後は、文法中学、工業中学、職業先進中学の進路を選択し、高等教育を受ける者が預科、入試を経て、大学に入学するシステムであった。現在では、小学卒業後、主流中学に進学する。

現在、30―50代の香港人は、英語が文法中学の教授言語であったため、中学から中国語、中国史以外は基本的に英語で授業を受けていた。しかし、英語ができず、基礎的な学力を身につけることができない者もいた。

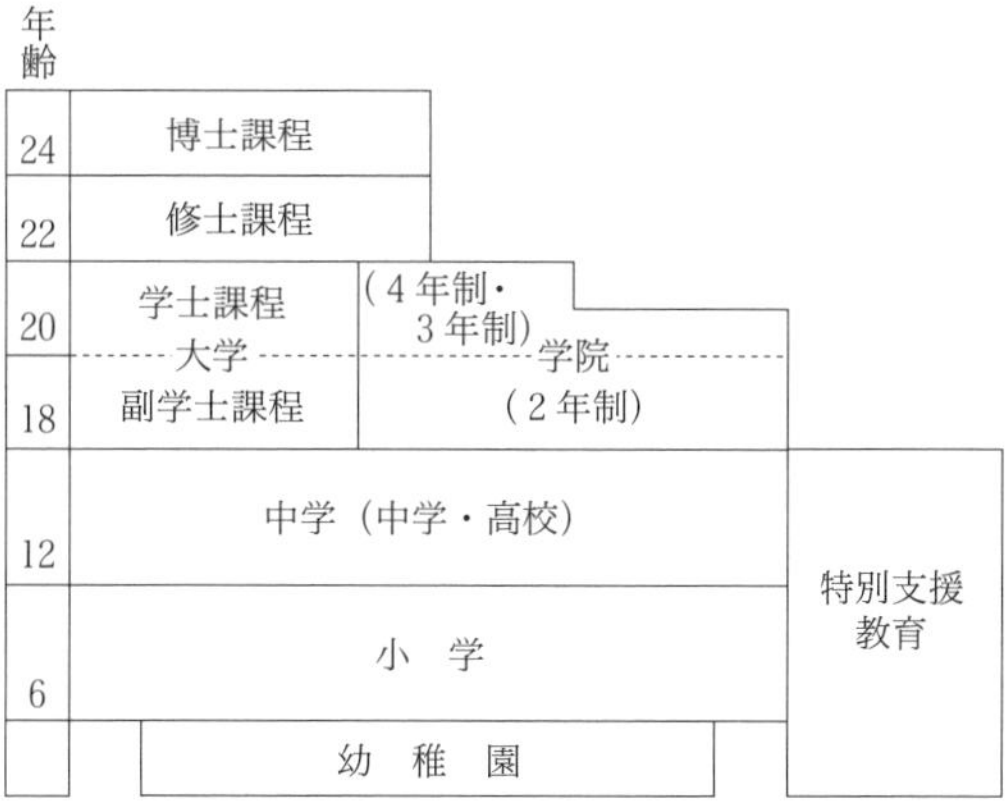

図3　香港の学校系統図（筆者作成）

１９９０年代以降、進学への希望も強くあることから、職業教育、副学士課程、学士課程の高等教育機関の定員が多くなり、高等教育機関への接続が良くなった。２００９―２０１０年度の高校1年生から日本、台湾同様、六三三制の単線型学制となった。中学、高校をそれぞれ3年制とし、香港政庁下のイギリスの教育モデルから大きく構造的に変化した。香港では、国際的な義務教育の延長を受け、高校は義務教育とは規定していないとはいえ、２００８年度から高校の授業料も無償化し、実質すべての子どもに18歳までの教育を保障している。

義務教育の普及

日本の義務教育の開始は1947年、台湾は1968年、香港では1972年に小学、1978年に中学というように、段階的に9年制義務教育が実施された。

台湾の1950年の国民小学から国民中学への進学率は31・78％、1968年は74・17％、1976年は90・41％、1986年には99・04％[33]である。

台湾は、12年国民教育の実施、現在の「試験のための教育」から「適正な学習」へ向かうため、2014年から、公私立高校の授業料は無償、高校の75％以上の定員は学区制（5都市17県市で15学区）をとり、高校入試がなくなる。国民中学の成績とも関係なく入学ができるようになるという。[34]しかしエリート高校、特色ある高校（数理班、音楽班など）は、試験によって定員の25％以下を入学させることができる。

2009年、台湾の総教育費における国民小学、国民中学の経費の占める割合は41％、専科・大学は38％、高校は16％で、10年前に比べて高校は4％少なく、各児童生徒・学生に配分する経費も高校が最も少ない。[35]

私立職業高校の生徒に対しては、12年国民教育実施との関係で、既に授業料の補助をしている。しかし、高校の授業料は年間約2万元であるが、雑費は約5万元と、雑費が生徒の負担になるという。台湾では伝統的には公立高校のイメージがよく、私立高校は一部の有名進学校以外は、成績がよくない生徒が進学する職業高校というイメージであるので、生徒は、私立高校の授業料免除があっても公立高校に行きたいという。ただ、私立国民小学、私立国民中学に関しては授業料の免除はない。

日本では、思春期の小学6年生を中学生と一緒に勉強させることが考えられ、特区では小中一貫教育が行われているが、国家として五四制に学制を変更する議論、12年義務教育の議論は盛り上がらなかった。

ただ、一部の地域で9年小中一貫教育は行われている。

香港では六三三制に改革したばかりで、官立・資助高校の授業料は無償であるが、10年ほど前に教育関係者を中心に議論された小学五年制は立ち消えになった。「一条龍」学校・連携学校・直属学校という、小中学の連携は行われている。

根拠法令

教育に関わる根拠法令としては、日本では憲法の下に、教育基本法がある。教育基本法はすべての教育法規の基本である。学校教育については学校教育法、学校教育法施行規則などがある。

台湾では、憲法、教育の憲法である教育基本法の下に、教育部組織法、教師法（2010年11月改正）、大学法（2010年9月改正）、専科学校法（2010年9月改正）[36]など法律、命令、行政規則がある。このほか、教育部令（命令）に「専科以上学校教師資格審定弁法」（2010年11月改正）、「家庭教育法施行細則」、「高級中等以下学校及幼稚園教師資格検定弁法」（2010年10月改正）、「公立高級中等以下学校教師成績考核弁法」（2010年10月改正）、「高級中等学校多元入学招生弁法」（2010年9月改正）[37]などがある。

香港では、香港基本法の中に教育条規の条文がある。教育条規には、教育条例のほか、附属法令（教育規例、教育令、補助学校積立金規則など）がある。教育条例は香港基本法第279章第1条―第40条、附属法令の教育規例は第279A章第1条―第72条[38]にあたる。

就学前教育

日本では、３―５歳の就園率は保育所就園者と合わせると90％以上（２００７年度、90・1％[39]）である。５歳児は幼稚園66万２９００人、57・３％、保育園46万６２００人、40・３％（２００７年度）[40]である。

台湾では、託児所を含めると、５歳児の就園率は92・12％[41]である。

香港では、幼稚園と幼児センターの一元化で、２００５年９月１日から４００園の幼児センターが幼稚園付設幼児センター[42]になった。２００８―２００９年度幼稚園は９５０園、２００８―２００９年度幼児センターは12園、互助幼児センター23園[43]である。

表２　幼稚園

	台湾 (2010–2011)	香港 (2009–2010)	日本 (2010)
幼稚園数	3,283園	950園	13,392園
園児数	183,901人	140,502人	1,605,948人
幼稚園教諭数	14,630人	10,063人	110,550人
合格教師	—	95.7%	100%
園児と教師の比率	—	9.6：1	14.5：1 1クラス22.7人

出典:http://sc.edb.gov.hk/gb/www.edb.gov.hk/index.aspx?nodeID=1037&langno=2　2010.11.26参照、毎年刊行、教育指標の国際比較、生涯学習政策局 http://www.mext.go.jp/component/a_menu/education/detail/__icsFiles/afieldfile/2010/06/09/1278591_03.pdf　2010.6.13参照。http://www.edu.tw/statistics/content.aspx?site_content_sn=8869　2011.6.13参照。

小学校・中学校

台湾の小規模校の多くは都市部の周辺部、地方にある。12クラス以下の小規模校の比率は国民小学の50・19％である。クラスの規模は、国民小学35人以下は98・99％、国民中学で35人以下が74・64％である。

教育部は、国民小学1年は、２００７年度1クラスあたり32人、２００８年度31人、２００９年度30人、２０１０年度29人、国民中学1年は２００９年度1クラス34人、２０１０年度33人、２０１１年度32人、

２０１２年度31人、２０１３年度30人と、少人数クラスを実現する予定である。

しかし、張芳全は、「２００５年1月、教育部は、7年以内に９９６５クラスが減少し、教員養成制度、教員の新規採用、学校経営にも重い衝撃となると指摘した。国民小学で1クラス１・５人の教師という計算で、９９６５クラスの減少は1万５０００人近い教師が不要となることである」[44]と警告している。

香港では、２００９―２０１０年度、１クラスあたりの児童は小学で29・8人、中学は34・４人[45]である。２０１０年11月、香港の教育局長は、「児童・生徒人口の減少で、２００９年7万５４００人であるが、２０１6年では5万３９００人、28・5％の減少となり、２０１6年以後は、大陸で生まれた香港の子どもが大きくなり中学に入学することで、生徒数が安定する」[46]としている。

台湾では、日本同様、国民小中学は公立が多いことが特徴的である。高校になると公私立の割合が義務教育段階と比較し、私立の割合が多くなる。

台湾の私立学校は国民小学から高校まであるものが多い。その授業料は高いが、授業の補習などが予備校同様に行われているため、費用対効果で言うと、公立学校に行き補習班に行くのとあまり変わらないとも言われる。

香港には、官立、資助、直接資助、私立の４つの種類の学校がある。

教育局のホームページによると、「官立学校は直接教育局により管理、資助小学は経費の大部分は政府から、しかしその管理は法人理事会が責任を負う。直接資助小学は、法人理事会が自ら管理し、授業料をとり、資格に合った児童数の計算で政府から補助も得る。私立学校は、学校運営団体が経営し、理事会が管理する」[47]。つまり、どの種類の学校かは、香港特別行政区政府から補助金を得ているか否かによって決

表3　小学校

	台湾（2010–2011）	香港（2010–2011）	日本（2010）
小学校数（校）	2,661	582（42）	22,000
公私立の割合（校）	国立 9 公立 2,613 私立 39	官立小学 34 資助小学 435 直接資助小学 21 私立小学 40 （2010–2011）	国立 74 公立 21,713 私立 213
児童数（人）	1,519,456	344,748	6,993,433
留年（人）	—	2,806	—
内地で入学した後香港に来た児童（人）	—	5,223	—
1クラスの平均児童数（人）	25.93（台湾地区）	29.8	25.2
教諭数（人）	99,541	22,219	419,751
教諭大卒	大学院 30,037人 大卒 436,442人	20,135人	大学院 3% 大卒 84.1%
教諭非大卒	1,483人	2,084人	12.9%
合格教師	99.6%	95.4%	100%
児童と教師の比率	16.07	15.7：1	16.7：1

出典：表41 国民小学概況（2009年度）http://www.edu.tw/secretary/content.aspx?site_content_sn=21122　2010.11.29参照。小学概覧2010　http://www.chsc.hk/primary/tc/searchresult.asp?District=&sch_type=Private&gender=&day_mode=&sch_name=&Submit=%CB%D1%8C%A4　2011.6.13参照。香港の小学は特別支援学校を含めず、小学校数の（　）の中の42校は英基学校協会、その他のインターナショナルスクールで、公私立の割合の私立は公費の補助を受けない学校である。http://sc.edb.gov.hk/gb/www.edb.gov.hk/index.aspx?nodeID=1038&langno=2　2010.11.26参照、学校基本調査。http://www.e-stat.go.jp/SG1/estat/List.do?bid=000001017861&cycode=0　2010.11.26参照、学校教員統計調査。

まる。私立は児童生徒の授業料などで、学校運営費をほぼ自弁している。

香港は学区制であるが、学区内に複数の官立、資助学校が林立しており、学校選択が必要となり、結果として幼児教育からの受験戦争が過熱している。中学進学にも小学5年下学期から小学6年の成績と面接その他の選考があるので、実質的に受験勉強が必要である。

台湾、香港の義務教育の最大の課題は、少子化による児童数、生徒数の急激な減少である。2010年度は、1968年度に比べて、国民小学生が80万人ほど減少している。

表4　中学校

	台湾（2010-2011）	香港（2011-2011）	日本（2010）
中学校数（校）	740	457	22,000
公私立の割合（校）	国立 （高校付属 10） 公立 724 （高校付属 73） 私立 16 （高校付属109）	2011年 官立中学 31 資助中学 363 資助に準じた中学 4 直接資助中学 58 私立中学 1	国立 74 公立 21,713 私立 213
生徒数（中１—中３）（人）	919,802	223,177	6,993,433
留年（人）	—	18,120（中１—中７）	—
内地で入学した後香港に来た生徒（人）	—	2,960（中１—中７）	—
1クラスの平均生徒数（人）	32.70（台湾地区）	34.4（中１—中５）	25.2
教諭数（人）	51,991	30,052	419,751
教諭大卒	大学院 15,121人 大卒 36,648人	29,285人	大学院 5.8% 大卒 88%
教諭非大卒	222人	767人	6.3%
合格教師	88.5%	94.1%	100%
生徒と教師の比率	14.91：1 (2009)	15.1：1	16.7：1

出典：http://sc.edb.gov.hk/gb/www.edb.gov.hk/index.aspx?nodeID=1039&langno=2　2010.11.26参照。国民中学概況（2009年度）http://www.edu.tw/secretary/content.aspx?site_content_sn=21122　2010.11.29参照。2010-2011中学概覧 http://www.chsc.hk/secondary/tc/index.htm　2011.6.13参照、学校基本調査。http://www.e-stat.go.jp/SG1/estat/List.do?bid=000001017865&cycode=0　2011.6.19参照、学校教員統計調査平成19年。

表5　台湾の国民小学、国民中学の学校数

学年度	1968年度		2010年度	
類別／項目	国小	国中	国小	国中
学校数(校)	2,244	487	2,667	740
学生数(人)	2,383,204	617,225	1,519,456	919,802

出典：表40、国民小学及び国民中学学校数 http://www.edu.tw/secretary/content.aspx?site_content_sn=21122　2011.10.17参照。

高校

2010年度、日本の普通科高校は生徒が243・1万人（72・3％）、職業高校は、工業科の生徒が26・7万人（7・9％）、商業科の生徒が22・1万人（6・6％）、総合学科の生徒が17・2万人（5・1％）である。[48]中高一貫教育を行う学校数は併設型が273校、連携型が82校である。[49]台湾教育部『教育統計民国100年度版』[50]によると、2010年度、普通科高校は335校で、生徒が40万642人、普通科高校と職業高校の比率は52：48である。職業高校は156校で高校付設職業科が91校、そのなかで工業類38・17％、商業類47・49％、農業職業類2・72％、家事類8・87％、海事水産、芸術等2・75％である。総合高校は124校で、生徒は8万9088人である。総合高校は、学術課程と専門課程を設置している。

香港では、主流高校（普通、総合、職業、工業）がある。

留年、長期欠席

台湾、香港には留年制がある。しかし台湾では、国民小学、国民中学にほとんどみられない。高校ではまれにみられる。飛び級は、台湾ではマスコミ報道などでよく知られ、大学生より若い「小さな大学生」が誕生している。

香港では、最近、大陸（内地）から香港の小学に通う者が増えているため、留年者が増加している。香港では留年制はあっても当該学年の5％以内で、特に官立・資助学校では3％以内という取り決めがある。

1972年、小学の義務教育実施直後の香港では、留年制を行うことは、「必要のない高学年の空き定員を補う、怠惰な児童に警告する作用がある、勉強したい児童を励ます効能、教師の教育にも大きな助け

表6　高校

	台湾（2009）	香港（2010-2011）	日本（2010）
高校数	335	457	5,183
公私立の高校数（校） （香港は中学と同じ）	国立　87 公立　103 私立　145	官立中学　31 資助中学　363 資助に準じた中学 4 直接資助中学　58 私立中学　1	国立　15 公立　3,148 （全日制 3,109 定時制　178 併置　498） 私立　1,321 （全日制1,288 定時制　6 併置　27）
生徒数（人）	400,642	161,172（中4－中5） 65,388（中6－中7）	3,360,101
留年（人）	—	18,120（中1－中7）	—
内地で入学した後香港に来た生徒(人)	—	2,960（中1－中7）	—
1クラスの平均生徒数（人）	—	30.1（中6－中7）	—
教諭数（人）	36,257	30,052	238,929
教諭大卒	大学院　15,709人 大卒　19,636人 軍警学校　738人	29,285人	大学院 12.3% 大卒　85.5%
教諭非大卒	174人	767人	1.8%
合格教師	合格教師 33,540人 技術教師登記348人 その他　2,369人	94.1%	100%
生徒と教師の比率	—	15.1：1	10.8：1（2008）

出典：http://sc.edb.gov.hk/gb/www.edb.gov.hk/index.aspx?nodeID=1039&langno=2　2010.11.26参照。表42、国民中学概況（2009年度）http://www.edu.tw/secretary/content.aspx?site_content_sn=21122　2010.11.29参照。2010-2011中学概覧　http://www.chsc.hk/secondary/tc/index.htm　2011.6.13参照。平成22年度学校基本調査。15-1　教員1人当たり生徒数　http://www.stat.go.jp/data/sekai/15.htm#h15-01　http://www.stat.go.jp/data/sekai/15.htm#h15-01　2011.6.18参照。http://www.e-stat.go.jp/SG1/estat/List.do?bid=000001017866&cycode=0　2011.6.19参照、平成19年度学校教員統計調査。

となる」[51]と肯定された。
2006年度、46万7000人の小学生のうち1%の5000人が留年し、同年約46万の中学生のうち留年は4%の1万8300人であったが、学校内の資源で留年する生徒への支援ができるとして、積極的な留年への賛同もあった。[52]
日本では、長期欠席者は病欠、不登校を考える。特に不登校は現代の教育問題と言われながら解決ができていない。しかし、香港、台湾では、理由なき長期欠席者は犯罪に走る可能性もあるとして、各関連機関と連携して長期欠席者の復学への制度を充実させている。
台湾の国民小学の不登校の児童は829人で、2003年度と比べると2119人減少し、復学率83・56%である。[53]

教員

日本の教師の学歴は小学校で大学院卒が3%、大卒84・1%で、教員養成系大学卒59・6%、一般大学卒が40・4%である。中学校では大学院卒が5・8%、大卒88%で、教員養成系大学卒31・3%、一般大学卒が61・7%である。高校で大学院卒が5・8%、大卒88%で、教員養成系大学卒31・3%、一般大学卒が61・7%である。

台湾では教員の多くが大卒である。1990年代は、教師の学歴が大卒ではなかった場合もあったが、2008年度は、教師の大学院卒は国民小学で25・76%、国民中学で26・07%である。[54]現在、卒業時に教員検定資格試験を受け合格すれば「合格教師」となる。

香港も、1990年代は、教師の学歴が十分でなかったが、香港教育学院、その他成人教育機関での現職教育などが普及し、高等教育機関で専門的な単位を取得する者が多くなった。現在では教育学院、四年制大学を卒業する教師の割合が増えた。

日本の大都市では団塊の世代の大量退職によって教師を大量採用しているが、実際には1年契約で教諭と同じように担任を受け持つ常勤講師も多く採用している。給与、福利厚生など教諭に比べると安価な「労働者」であるためである。

台湾、香港ではどちらも少子化で新規採用が少なく、教員免許を持つ者でも教職に進む機会がない。台湾では、正規雇用されない「流浪教師」の割合が増えている。

台湾で元美術教師のタクシー運転手と話をしたときは、校長に作品を見せ、作品の出来がよければ学校と契約するが、合格教師証書がないと継続して仕事がないという。月決めの教師は月給3－4万元、教育力が低いと2万数千元で給与水準が低く、ある日は午前1時間、午後1時間というように、いつも授業があるわけではない。しかし、元美術教師は、そのような状況でも芸術家として美術教育に関わる仕事をしたいという気持ちが強い。

香港では、教員の正規雇用までに試用期間が延長され、正規雇用になる前に辞める者もいる。

日本では、小学校はクラス担任制、中学から教科担任制となるが、香港、台湾共に小学校から教科担任制である。ただし、台湾では低学年はクラス担任制である。

特別支援教育の種類

日本では特別支援教育は、心身に障がいを負った児童生徒の教育をいう。しかし、台湾では素質が優れた児童生徒の教育、そして香港でも素質が優れた児童生徒、不良傾向がある生徒向けの教育も特別支援教育の範疇に含まれる。その点、日本では不良少年は義務教育段階では普通学級の籍を置き、他の生徒と同じ教育を受ける。しかし、台湾、香港では、彼らの多様な要求に応じた主に職業教育を義務教育段階から行い、少しでも生徒の教育権の保障と教師の負担を少なくする努力がなされている。

大学進学と教育程度

現在の18歳人口の大学への進学率をみると、台湾が圧倒的に高く、日本、香港と続く。

２００９年の日本の大学・短大への進学率は、56・3％[55]である。

韓国と並び大学進学率が高い台湾では、台湾の普通科高校の生徒の大学進学率は97・19％、総合高校の生徒の大学進学率は91％、職業高校の生徒の大学進学率は76・9％[56]である。

台湾で学歴が高いのは若年層に多く、台湾で字が読めない・書けない状況にある者は、１９９１年は15歳人口１５１７万８６８１人のうち１０８万４９９９人（男24万８１６４、女83万６８３５）、２００９年は15歳人口１９３４万１７５４人のうち、40万３５１６人（男４万８６８８、女３５万４８２８）[57]である。

香港の大学進学率は20％程度である。１９９０年代から「学院」が大学に昇格し、大学数が増加した。現在14校あるが、18歳人口に比べると入学定員が少数である。

香港の15歳以上人口で中等教育機関から進学した者は全体の４分の１ほどで、それほど高くない。

2006年の5歳ごとの年齢別教育程度は、20―24歳で49%が中等教育機関卒業後、大学に限らず進学している。しかしその割合は、35―39歳では31%、45―49歳では17%、55―59歳では10%、65歳以上は7%[58]と減少する。

学力テスト

日本、台湾、香港でも、国内での統一テストで児童生徒の学力を測定している。日本では、独自の学力調査を実施する自治体は、2004年度、50の都道府県、指定都市があった。現在、文部科学省は、毎年4月下旬、小学6年、中学3年の調査をしている。

台湾での統一学力テストは、中学3年生が受験する、高校入試でもある国民中学学生基本学力試験(測験)である。成績は上位から下位まで段階別に組み分けするが、生徒に対して点数、組み分けを公開していない。2014年度からは高校入試が免除になるため、国民中学学生基本学力試験はなくなる。学校へ生徒の成績を提供するため、2014年度から、国民中学3年の生徒は、「国民中学教育会考」に参加する。高校入試がなくなり、高校の授業料免除、有名高校の一般高校化など、受験より、生徒の将来の生活設計との関係で個性や多様性を尊重しつつ論じられているところが台湾の特徴である。

香港では、課程発展処の課程に基づき、全香港系統評価を行い、学力到達度を評価している。

2004年5月と7月に小学3年、2005年5月と7月に小学3年、小学6年、2006年からすべての小学3年、小学6年、中学3年が全香港系統評価に参加した。「全香港系統評価は、教育統籌委員会が2000年に発布した教育改革報告書で提出した措置である。その目的は、中国語、英語、数学が基本的な水準に達しているのかの資料を学校に提供し、必要な支援を提供し、教育政策の成果を監督し、学習と教育の成果を改善する計画を定めることである[59]」とされている。

全香港系統評価は、中国語、英語のスピーキング以外は筆記試験であるが、中学入学の基準としては用いないという[60]。学校間の比較はするが、生徒間の比較はせず、学校の評価資料も当該学校関係者のみが見ることができる[61]。教育局は、2010年10月29日、香港考試及評核局（考評局）が提出した香港系統評価の報告を「今年は19万5000人の小学3年、小学6年、中学3年の児童生徒が参加した。結果はそここだった[62]」というコメントをしている。

つまり、香港全土で行われている試験は現在の学力水準を測ると同時に、問題点を指摘し、学校側への教育上の支援が可能となるというものである。

入試

台湾の高校入試は国民中学学生基本学力測験推進委員会が、台湾の大学入試は財団法人大学入学試験センターが学科能力試験、指定科目試験の問題を作成している。美術、体育、音楽などの科目は、大学術科試験委員会連合会が試験の成績を各大学に提供している。

香港の入試は、香港考試及評核局[63]が監督する。1978年中学義務教育実施前には、中学進学には小学会考という中学進学試験を受ける必要があった。楊耀忠によると、1980年前後、「全香港140万人の児童生徒の中で、大学生は1万1000人で0・8％を占め、香港にある2つの大学、香港大学、香港中文大学に入学するのは中学卒業生の2％[64]」であった。王道隆らによると、「進学率を高めるため、多くの文法中学では2年制の高級程度会考課程を設け、多くの生徒は預科1年目で高等程度会考の準備をし、不合格であれば預科2年目で高級程度会考を受け、生徒の負担は重かった」[65]という。「1992年に2年制の統一中国語課程が開設され、中国語課程の種類が拡充され、生徒が中国語、英語で高級程度会考を受けることができるようになった。1993年、1年制預科は正式になくなった」[66]。しかしながら、「1990年大学定員が不足し、全香港でわずか18%が預科課程に行き、預科卒業生の3分の1が大学に入学した」[67]という。つまり、香港での中学5年以降の進学はわずかな者にしか開かれていなかった。

考評局は毎年試験の問題答案をイギリスの試験機構（ケンブリッジ大学国際試験グループ）に送り、その資料により香港の水準を評価し、会考の証明書を出している。

香港中学会考はC級あるいはそれ以上の成績は英国普通教育文憑試験普通程度（すでに廃止）合格に相当し、香港高級程度会考E級あるいはそれ以上の成績は英国普通教育文憑試験高級程度あるいは高級補充程度合格に相当する。[68]

2012年3月、香港中学文凭考試が実施される。香港高級程度会考は2013年で最後となる。

共通能力

日本では必要とされる共通能力は「生きる力」であるが、台湾で必要とされる共通能力は、次の十大基本能力である。

1．自己理解、潜在能力開発力

2. 鑑賞力、表現力、想像力
3. キャリアデザイン力、生涯学習力
4. 表現力、コミュニケーション力、情報を分かち合う力
5. 尊重、配慮、チームワーク
6. 文化学習、国際理解
7. 企画力、組織力、実践力
8. 科学技術と情報の運用力
9. 自発的な探索研究力
10. 自ら考える力、問題を解決する力(69)

香港で必要とされる共通能力は、「自主的な学習と生涯学習者としての全体的な能力」「コミュニケーション能力」「批判的思考能力」「創造力」である(70)。

習熟度別指導

英語、数学など、つまずきやすい教科で集中的に習熟度別クラスが作られた。しかし日本では、習熟度別クラスに対して、均質化された集団における学びが、果たして個々の児童生徒の発達にとって本当にプラスになるのかという議論がある。

台湾、香港では、小グループごとの学びが一般的であるが、小中高で資優教育（素質が優れた児童生徒の

教育）、習熟度別クラスがある。

教科書

日本、台湾、香港の教科書はそれぞれ検定済みの教科書を使用している。台湾ではこれまで国立編訳館が教科書を編集、出版していたが、民間出版社の編集、出版が自由化された。

蔡宏政によると、「２００１年９年一貫新課程を実施するとき、国民小学中学は15万９７５人の教師と２８５万５５１５人の小中学生がおり、教科書出版業者は競争が激しく[71]」、23業者より多かったが、「２００４年上学期の国民小学教科書占有率は、康軒37・59％、南一27・99％、翰林18・90％」「２００４年上学期の国民中学教科書占有率は、康軒39・９％、南一29・24％、翰林18・26％[72]」と、３業者で80－90％の占有率であった。

中高一貫校

日本では、高校進学率が90％以上のなかで、中学校・高校の新しい連携がなされている。日本の併設型の中高一貫校は無試験で中学校から高校へ入学できる。連携型の中学校から高校へは、調査書、学力検査の成績以外の資料で入学者選抜をすることができる[73]。

台湾では、公立・私立の中高一貫校、完全中学がある。中学から高校に入学する時は一貫校でも試験がある。一貫校は１９０校あり、２００６年度からの「完全中学試弁計画」は国民中学生徒の高校進学の圧力を緩和するものである。

香港では、これまで中学5年まで継続して同じ学校で学び、その後、1、2年を大学入試に向かって預科に入学した。そのため、中学3年までが義務教育だが、中学5年（高校2年）まで行く者が多く、中高一貫教育が自然と実現されていた。現在では、中学5年から中学6年の預科に行くときの選抜をなくし、2009―2010年度から新しく中学3年、高校3年の制度に変更した。しかし、同じ中学（高校）に学ぶことになる。香港の中高間では入試が無く、入試というと大学入試のみとなる。

高校と大学との連携

高校と大学の連携は、日本、台湾では、一部の大学教員が特に理科教育で実績があるスーパーサイエンス・ハイスクールや進学校に出張し授業をしたり、あるいはその反対に高校生が大学の講義を受けることがある。

台湾、香港では、資質が優れた生徒に対して高等教育機関が授業、研究などに連携・協力をしている。

権限の学校委譲（school Based Management）、地域・保護者の学校参画

日本では、学校への権限の移譲は進みつつある。学校評議員制度（2000）、コミュニティースクール（2002）、学校運営協議会（2004）が実施され、保護者、地域の人が学校運営に意見を述べられるようになった。

台湾では、学校裁量課程という全課程の20％ほどが学校独自の教育課程を持てるようになった。

張芳全によると、2004年、教育部が保護者の校務への参加を法制化した。(74) また、保護者がボラン

ティアで学校に参画している。国民小学では保護者のボランティアなどが学校に関わっている。義工（ボランティア）と書かれた赤いチョッキを着た保護者や地元の住人が学校内にいる。

香港でも、学校裁量課程という学校独自の教育課程を編成するよう推奨され、すべての官立・資助学校でそれぞれ独自の教育課程を編成している。また、法規を遵守した上で学校経営にも独自性が認められている。

教育局のホームページによると、香港の学校には、保護者・教師会があり、保護者がボランティアで学校活動に参画する。また、「すべての官立学校・大部分の資助学校は、学校管理委員会・理事会に、保護者あるいは保護者の理事が加入することになっている。法団理事会がある学校では、保護者・教師会の選挙で、法団理事会章程の規定数の保護者が理事に選ばれる」(75)というように、保護者に学校運営・教育に口出しされるのをためらう時代から大きく進展がみられる。

しかし、香港の天主教系の学校では法団理事会に保護者が入ると学校運営に混乱をきたすとして、保護者の理事の加入は不要だとして裁判沙汰になったこともある。これは天主教教会の一職員の意見であるが、多様な理事の存在が、本来の学校運営の目標、趣旨から外れることを心配するもので、決して保護者を排斥したいわけではなかったという。

飛び級、資優班(76)

日本では、同級生と一緒に学び合うことで社会性も身につけることができるとされ、飛び級の意義を議論することがあまりない。高校2年生修了後の大学入学などは認めているが、教育機会の均等という点から、義務教育段階では飛び級、早期入学は認めていない。

台湾、香港では、飛び級制度があり、資質の優れた児童生徒に対する公的な教育支援が行われている。日本と違い、積極的に才能ある児童生徒のためのクラスを設置している。資質が優れた子どもには適した教育が必要という教育観があるためである。

台湾の素質が優れた子どもの教育は、「第一段階（1973年～1979年）知能が優れていることが強調され、国民小学でクラスを分けるなどして推進した。結果、児童が競って資優班に入り、頭がいい子が資優班へというイメージが出てきた」「第二段階（1979年～1982年）は音楽、美術、舞踏など異なる科目の資優班を増設し、国民小学中学で分散して推進した」「第三段階（1982年～現在）は国民小学から高校まで、試験的に飛び級制度を実施した[77]」という発展段階を経た。2011年『教育部年報』によると、知能に優れた者が国民小学に5206人、国民中学に887人いる。学術的に優れた者が国民小学146人、国民中学5634人で、芸術の才能がある者が国民小学8158人、国民中学6988人である。

香港では、賀国強によると、「当局は1977年から現在まで、障がい者の特別支援教育を発展させ、素質が優れた子どもの教育を無視してきた[78]」という。

陳家偉は、『教育統籌会第四号報告書』（1990年）で、資質が優れた児童生徒は、「1．知能検査で高い水準（IQ130）、2．ある学科で特に資質に優れている、3．独創的な思考がある、4．視覚、芸術表現で天賦の才能がある、5．同級生を指導するリーダーシップがある、6．心理面、競技、技能、表現で人と協調できる[79]」の、どれかに突出した才能をもつ者と規定されたと紹介した。そして、「6―18歳の児童生徒の2万人が資質が優れた者[80]」と判断されたと述べている。

その後、1995年12月、教育署は荃湾で馮漢柱資優教育センターを設立し、資優教育協会、香港資優児童保護者会が設立される。

『改革高中及高等教育学制—対未来的投資』（2004年10月20日）においても、『教育統籌委員会第四号報告書』を紹介しつつ、「優れた生徒に適当な機会と支援がなければ、向学心もなくなり、成績も落ちてしまう」と記し、その上で「新高校制度下でも早く公開試験を受けられるように弾力性のある計画を作るべきだ」と提案された。

日本、台湾、香港の教育の比較

以上、日本、台湾、香港の教育を比較してきたが、次の点が挙げられる。

第一に、日本の学年制とは異なり、台湾、香港は留年があり、飛び級があり、児童生徒のそれぞれの学習の進捗状況で学ぶ学年が決まる。その一方で、特別支援教育の範疇に資優教育（素質が優れた児童生徒の教育）がある。

第二に、日本、台湾、香港ともに、後期中等教育の多様性が目

表7　台湾、香港の教育比較

	台湾	香港
	日本（1895-1945）—国民党—民進党（2000-2008）—国民党	イギリス—日本（1941-1945）—イギリス—中国（1997-）
言語教育	国語（中国語）、台湾語、民族の言語、英語（小３—）	英語（小１—）、広東語、普通語
学校の設置者	公立が多い	天主教、キリスト教、慈善団体経営の資助校が多い
多様なカリキュラム	領域制、９年一貫課程、学校課程	領域制、９年一貫課程、学校課程
大学進学率	80％前後	20％前後、高卒後約50％が教育を受ける

出典：筆者作成

立つ。特に台湾では高校入学率１００％を目指し、大学進学率も際立って高い。

第三に、日本、台湾は義務教育修了までは自宅近くの学区内の公立小学に通学する。香港では学区制とはいえ、多様な進学先がある。

注

（1）http://www.mofa.go.jp/mofaj/area/taiwan/data.html　2011.6.1参照。

（2）http://www.mhlw.go.jp/toukei/saikin/hw/jinkou/suikei10/index.html　2011.6.13参照。

（3）http://www8.cao.go.jp/shoushi/whitepaper/w-2007/19webhonpen/html/i1431200.html　2011.6.13参照。

（4）http://www8.cao.go.jp/shoushi/whitepaper/w-2010/22pdfhonpen/pdf/1b_2_1_03.pdf　2011.6.16参照。

（5）http://www.edu.tw/files/site_content/B0013/overview76.xls　2011.6.16参照。

（6）１９９４－２００９学年度「近16年我国教育発展統計分析」『第八次全国教育会議』２０１０年８月。

（7）http://www8.cao.go.jp/shoushi/whitepaper/w-2007/19webhonpen/html/i1431200.html　2011.6.13参照。

（8）http://www8.cao.go.jp/shoushi/whitepaper/w-2010/22pdfhonpen/pdf/1b_2_1_03.pdf　2011.6.16参照。

（9）http://www.censtatd.gov.hk/hong_kong_statistics/statistical_tables/index_tc.jsp?charsetID=2&tableID=137　2011.5.30参照。

（10）http://www.censtatd.gov.hk/hong_kong_statistics/statistical_tables/index_tc.jsp?tableID=002&ID=&subjectID=1　2011.5.30参照。

（11）http://ja.wikipedia.org/wiki/%E6%97%A5%E6%9C%AC%E3%81%AE%E5%A4%96%E5%9B%BD%E4%BA%BA　2011.6.1参照。

（12）http://www.edu.tw/files/site_content/B0013/overview77.xls　2011.1.6参照。

(13) １９９４－２００９学年度「近16年我国教育発展統計分析」『第八次全国教育会議』２０１０年８月。
(14) http://ja.wikipedia.org/wiki/%E5%8F%B0%E6%B9%BE%E5%8E%9F%E4%BD%8F%E6%B0%91　2010.6.1参照。
(15) 国立台中教育大学教育学系暨課程與教学研究所主編『新移民子女教育』冠学文化、２００７年、１０２頁。
(16) 国立台中教育大学教育学系暨課程與教学研究所主編『新移民子女教育』冠学文化、２００７年、１０３頁。
(17) http://www.censtatd.gov.hk/hong_kong_statistics/statistical_tables/index_tc.jsp?charsetID=2&tableID=139　2011.5.30参照。
(18) 香港教育学院『唯教・唯大　香港教育学院十五周年記念教育評論結集』２００９年、１２８頁。袁月梅、香港経済日報、２００４年４月８日。
(19) http://www.dgbas.gov.tw/ct.asp?xItem=30564&ctNode=2858　2012.2.7参照。
(20) http://www.dgbas.gov.tw/ct.asp?xItem=30564&ctNode=2858　2012.2.7参照。
(21) http://www.censtatd.gov.hk/hong_kong_statistics/statistical_tables/index_tc.jsp?tableID=030　2011.6.19参照。
(22) http://www.info.gov.hk/gia/general/201105/13/P201105130256.htm　2011.6.19参照。
(23) http://www.edu.tw/files/site_content/B0013/overview57.xls　2011.1.6参照。
(24) http://www.e-stat.go.jp/SG1/estat/GL08020103.do?_toGL08020103_&listID=000001074464&disp=Other&requestSender=search　2011.6.1参照。
(25) http://www.moi.gov.tw/stat/satsite.aspx　2010.11.29参照。
(26) http://www.moi.gov.tw/stat/satsite.aspx　2010.11.29参照。
(27) http://www.censtatd.gov.hk/hong_kong_statistics/statistical_tables/index_tc.jsp?charsetID=2&tableID=006　2011.5.30参照。
(28) http://www.edu.tw/files/site_content/B0039/06-教育部%20(中程).DOC　2011.11.29参照。
(29) http://sc.edb.gov.hk/gb/www.edb.gov.hk/index.aspx?nodeID=128&langno=2　2010.11.26参照。
(30) http://www.gov.hk/tc/about/govdirectory/govchart/　2011.6.23参照。
(31) 文部科学省　イギリス学校系統図 http://www.mext.go.jp/b_menu/shingi/chousa/shougai/015/siryo/08102203/001/016/002.htm　2011.6.30参照。

(32) 第9図　昭和47年 http://www.mext.go.jp/b_menu/hakusho/html/hpbz198102/hpbz198102_2_185.html　2011.6.1参照に筆者加筆。

(33) １９９４－２００９学年度「近16年我国教育発展統計分析」『第八次全国教育会議』２０１０年８月。出典：http://www.edu.tw/statistics/content.aspx?site_content_sn=23553、2010.11.29参照。

(34) 『天下雑誌　12年国教　打造進学迷宮』４７８、２０１１年８月10日～８月23日、１１１頁。

(35) 『天下雑誌　12年国教　打造進学迷宮』４７８、２０１１年８月10日～８月23日、１１１頁。

(36) http://edu.law.moe.gov.tw/index.aspx?MenuType=04　2010.11.29参照。

(37) http://edu.law.moe.gov.tw/index.aspx?MenuType=07%2c08　2010.11.29参照。

(38) http://www.edb.gov.hk/index.aspx?nodeID=2336&langno=2　2010.11.29参照。

(39) 文部科学省生涯学習政策局調査企画課『教育指標の国際比較』文部科学省、平成22年、１頁。http://www.mext.go.jp/b_menu/toukei/data/kokusai/__icsFiles/afieldfile/2010/03/30/1292096_01.pdf

(40) http://www.mext.go.jp/component/a_menu/education/detail/__icsFiles/afieldfile/2010/06/09/1278591_03.pdf 2010.6.13参照。

(41) １９９４－２００９学年度「近16年我国教育発展統計分析」『第八次全国教育会議』２０１０年８月。

(42) http://www.chsc.hk/kindergarten/tc/general_info.htm　2011.6.20参照。

(43) 社会福利署『社会福利署年報２００７－２００８及２００８－２００９』 http://www.swd.gov.hk/doc/annreport0800/tc/05_child.html　2011.6.13参照。

(44) 張芳全『教育議題的思考』心理出版社、２００５年、22頁。

(45) 何景安「教育経費面面」楊耀忠『教育新浪潮―教聯会銀禧文集』香港教育工作者聯会、２００１年、１１３頁。

(46) http://www.info.gov.hk/gia/general/201009/13/P201009130148.htm　2010.11.26参照。教育局局長就「学生人口下降」発表声明。

(47) http://www.chsc.hk/primary/tc/explain_a.htm　2010.11.26参照。

(48) 平成22年度学校基本調査　調査結果の概要　http://www.mext.go.jp/b_menu/toukei/chousa01/kihon/kekka/k_detail/__icsFiles/afieldfile/2010/12/21/1300352_1.pdf　2011.10.17参照。

（49）平成22年度学校基本調査　調査結果の概要　http://www.mext.go.jp/b_menu/toukei/chousa01/kihon/kekka/k_detail/__icsFiles/afieldfile/2010/12/21/1300352_1.pdf　2011.10.17参照。
（50）http://www.edu.tw/statistics/publication.aspx?publication_sn=1734　2011.6.18参照。
（51）明燈日報１９６５年４月14日、「教育政策評議」聯芸印刷有限公司、１９６５年。
（52）何景安「教育経費面面」楊耀忠『教育新浪潮―教聯会銀禧文集』香港教育工作者聯会、２００１年、２２０頁。
（53）１９９４―２００９学年度「近16年我国教育発展統計分析」『第八次全国教育会議』２０１０年８月。
（54）１９９４―２００９学年度「近16年我国教育発展統計分析」『第八次全国教育会議』２０１０年８月。
（55）http://www.stat.go.jp/data/nihon/22.htm　2011.6.23参照。
（56）１９９４―２００９学年度「近16年我国教育発展統計分析」『第八次全国教育会議』２０１０年８月。
（57）http://www.edu.tw/files/site_content/B0013/overview78.xls　2011.1.6参照。
（58）http://www.censtatd.gov.hk/hong_kong_statistics/statistical_tables/index_tc.jsp?charsetID=2&tableID=146　2011.5.31参照。
（59）http://www.bca.hkeaa.edu.hk/web/TSA/zh/Introduction.html　2010.11.26参照。
（60）http://www.bca.hkeaa.edu.hk/web/TSA/zh/PriFaq.html#Q01　2010.11.26参照。
（61）http://www.bca.hkeaa.edu.hk/web/TSA/zh/PriFaq.html#Q01　2010.11.26参照。
（62）http://www.info.gov.hk/gia/general/201010/29/P201010290111.htm　2010.11.26参照。２０１０年全港性系統評価報告。
（63）http://sc.edb.gov.hk/gb/www.edb.gov.hk/index.aspx?nodeID=128&langno=2　2010.11.26参照。
（64）「従戦後香港教育的変化看香港教育的利弊」１９８２年楊耀忠『教育新浪潮―教聯会銀禧文集』香港教育工作者聯会、２００１年、95頁。
（65）王道隆・崔茂登・洪其華『香港教育』海天出版社、１９９７年、72頁。
（66）王道隆・崔茂登・洪其華『香港教育』海天出版社、１９９７年、72頁。
（67）王道隆・崔茂登・洪其華『香港教育』海天出版社、１９９７年、72頁。
（68）『改革高中及高等教育学制―対未来的投資』（２００４年10月20日）。

（69）研究代表者山根徹夫『「教科等の構成と開発に関する調査研究」研究成果報告書　諸外国の教育課程（2）―教育課程の基準及び各教科等の目標・内容構成等―（アメリカ合衆国、イギリス、フランス、ドイツ、中華人民共和国、韓国、シンガポール、台湾）』平成19年3月、343頁。
（70）『改革高中及高等教育学制―対未来的投資』（2004年10月20日）。
（71）蔡宏政『台湾教育問題的批判與反省』南華大学教社所、2006年、327頁。
（72）蔡宏政『台湾教育問題的批判與反省』南華大学教社所、2006年、332頁。
（73）http://www.mext.go.jp/a_menu/shotou/ikkan/2/gaiyou.htm　2011.10.17参照。
（74）張芳全『教育議題的思考』心理出版社、2005年、92頁。
（75）http://www.chsc.hk/primary/tc/explain_c.htm　2010.11.26参照。
（76）http://www.edu.tw/statistics/content.aspx?site_content_sn=27359　2011.6.17参照。
（77）蔡国光「滬港台資優教育的発展」曹啓楽等編『多元学習的教育』教育評議会、2000年、67―69頁。
（78）賀国強『透視香港教育問題』芸美図書公司、1989年、109頁。
（79）陳家偉「香港的資優教育回顧及展望」香港政策研究所『面向廿一世紀：大陸、台湾、香港教育発展文集』香港政策研究所、1996年。
（80）陳家偉「香港的資優教育回顧及展望」香港政策研究所『面向廿一世紀：大陸、台湾、香港教育発展文集』香港政策研究所、1996年。

第2章　香港の教育制度と教育政策

本章は、主に香港を代表する教育関係者の書籍をもとに、香港の教育の議論を整理した。香港はイギリス統治下（1842～1941、1945～1997）、日本占領期（1941～1945）、中国返還後（1997～）に時代区分がなされるが、学制は2009年まではイギリス学制（6・5・2制）を踏襲したものであった。中等教育が5年、預科が1、2年で、多くの者が中学5年（高校2年）で学業を修了するという状況であった。

1980年代、幼稚園の入学試験、小学1年の入学試験、小学6年の学能試験（Academic Aptitude Test）、中学3年の推薦入試（Junior Secondary Education Assessment）、中学5年の会考（Certificate of Education Examination）、中学6年の高等程度会考（Higher Level Examination）、中学7年の高級程度会考（Advanced Level Examination）[1]があり、陸鴻基は、「今日、香港の学校の校長、教師、保護者が最も重視するのは、『四維八徳』や『キリストの人を愛す』ではなく、競争道徳である」[2]と自嘲気味に述べている。

2009―2010年度から日本、台湾同様の六三三四制の単線型学制となり、中学、高校をそれぞれ3年制とした。国際社会の中で多くの国家が義務教育を12年制にする議論があるなか、中学5年で学業を終えることがないよう、中学6年への接続、中学5年以降の副学士課程、職業教育機関等への接続が考えられるようになった。高校は義務教育とは規定されていないが、2008―2009年度から授業料も無償化し、実質すべての子どもに18歳までの教育を保障している。

1997年、中国返還後の教育政策について、黄浩炯は、「董建華は1997年7月1日、7月3日の講話、10月8日の施政報告で教育問題に言及し、教育が重要であることを強調し、行政会議が成立すると、彼は教育問題を優先して処理する5つの主要項目のうちの一つとした(3)」と、特別行政区の最高責任者である行政長官が教育を重視したことに触れている。また、「教育予算は500億香港ドルを超え、本地のGDPの3・5%を占めた。これはイギリス統治時代にはない比率で、このほか、50億香港ドルの優れた質の教育のための基金を創設した(4)」と、中国返還後の予算が拡大したことを説明している。

香港政庁下では、教育の福祉的対策はあまり行われなかった。その後香港の中国への返還前、1980年代後半から親中的な教育政策への移行したことで、中国復帰を目指す教育政策が徐々に顕在化してきた。

香港政府の教育費は、1971―1972年度、政府の支出に占める教育費の割合は19・9%で、1981―1982年度は10・3%、つまり国家財政の10%が教育費で、教育費のうち20%は当時わずか2校の大学で占められ、高等教育、エリート教育に投資されていた(5)。

それでは、どのような過程を経て中学3年、高校3年の中等教育6年制への移行がなされたのだろうか。香港の教育政策は、教育局が政府に対して教育の方向性を提案し、それを最終的に行政長官が実施する方法を採る。その過程における議論を見ていくことにする。

学校制度の構造的変化

１９７8年から、中学3年までが義務教育となり、１９９0年代以降は中学5年まで行く者が多かった。日本のように中学3年と中学4年の間に高校入試のような選抜試験がないためである。

１９７8年以後の中学は中学1年が6クラス、中学2年が6クラス、中学3年が6クラス、中学4年が4クラス、中学5年が4クラス、中学6年が2クラス、中学7年が2クラスの半ピラミッド形式であった。１９８7年からの理想的な中学は中学1年が5クラス、中学2年が5クラス、中学3年が5クラス、中学4年が5クラス、中学5年が5クラス、中学6年が5クラス、中学7年が2クラスのクラス編成[6]で、預科課程でクラス数を減らすという編成であった。

現在、過渡期にあるので、中学1年から高校3年までの学年ごとのクラス数は一部高校3年のクラスが少ない、あるいはない場合があるが、今後徐々に整備していく予定だという。

小学

謝家駒は小学の普及について次のように述べている。「１９６1年末にはすべての学齢児童がみな学校に行けるように、１９５5年『小学7年発展計画』を開始した。同時期の中学は異常なまでに定員が増えず、毎年小学卒業生の中で15％のみが官立、資助学校に入学した[7]」。つまり、１９６0年代に小学校入学全入を目指したが、中学は需要の増大に応えることができなかったのである。

1960年代は小学校入学後に退学する児童も多くみられたため、「学区を設立し、入学を普及させ、必要な措置を強制的に執行した。進級させ、種々の社会政策で児童が小学教育を終える前に退学することを防止した」[8]。義務教育が制度化された1972年以降でも、「香港社会工作人員協会によると、多くの低収入の保護者は官立小学の授業料免除、学齢児童の入学の計画を知らなかった」[9]という。1976年、12歳から14歳の生徒の50％の定員を得るため、政府は私立中学にその定員確保をお願いした[10]。

香港の学校は、官立学校、資助学校、私立学校に分類される。教育局のホームページによると、官立学校は直接教育局より管理され、教育局の署長級の官僚が学校管理委員会主席[11]、理事となる。資助学校の経費の大部分は政府から補助され、補助金の使途に対して何らかの報告書、縛りがある[12]。その管理は、学校の法団理事会、理事会が責任を負う。理事会は、一般に、経済界の著名人がいくつもの理事を兼任する場合が多い。理事会は学校運営団体代表、校長、選挙で選ばれた保護者、教師及び校友（卒業生）代表がなる[13]。

私立学校は学校運営団体が経営し、理事会が管理する[14]。学校運営団体は宗教・慈善団体の数が最も多い。この他、工商組織、コミュニティサービス、文化機関、宗親郷里等の団体が学校を開いている[15]。私立学校は完全独立採算制で、その分、生徒の授業料負担が重い。

全日制小学

小学は午前校、午後校、全日制がある。半日制の場合、授業を受けていない半日は、児童は校内で費用を徴収する運動や文化的な活動に参加した。

楊耀忠によると、「1980年代、資助小学校長協会など3つの教育団体が正式に政府に問題を提出し、1988年、香港総督が施政報告で全日制へ改めることを決めたが、全日制小学は、1993年、633校の小学のなかで16校、1997年は743校のなかで26校[16]」であった。

しかし、1990年代からは少子化の影響でそれまでの学校拡大の時期から、質の向上へと転換される。2000年以降は、多数の小学が二部制から全日制校となった[17]。王道隆・崔茂登・洪其華によると、現行の政策では、「各学校は可能な限り全日制となり、新しく建てた小学は全日制で毎週38時間、毎日7時間、35分授業で、土曜日は授業をしないことになった[18]」。全日制は、一般に広く歓迎されたが、当初は全日制への移行に際し、児童の学習時間、学業の負担が増大する、教師の授業準備の負担が増大する、という声も聞かれた。

小学生の一日

朝8時頃までに小学低学年の児童は、保護者か祖父母、フィリピン人のメイドさんと一緒に通学する。一般に香港の高学歴の母親は2―3万香港ドルの収入を得ることができるので、3500香港ドル程度でメイドさんを雇用しても、それ以外は生活費にまわせる。

A小学は歴史ある小学の1つである。ホームページによると、朝7時半までに児童が登校し、8時まで読書、朝の会、その後、35分授業が8時間ある。3時頃下校する。その後、無償、有償のクラブ活動（学校によって違う。経済的背景を考慮して申請すれば無償となる場合もある）に参加する。昼食は12時半から30分、昼休みは30分である。一部の小学では学校の一部を保護者にも開放し、帰宅までの時間を児童とのんびり

表1　小学6年の時間割

		月曜日	火曜日	水曜日	木曜日	金曜日
	7：25－8：00	朝の読書／朝の会	中国語の朝の読書	朝の読書／朝の会	英語の朝の読書	朝の読書／朝の会
	8：00－8：20	クラス担任の授業	クラス担任の授業	クラス担任の授業	クラス担任の授業	クラス担任の授業
1	8：20－8：55	中国語	中国語	中国語	常識	中国語
2	8：55－9：30	数学	数学	中国語	常識	中国語
	9：30－9：55	休み時間				
3	9：55－10：30	視覚芸術	常識	数学	中国語	音楽
4	10：30－11：05	視覚芸術	普通話	普通話	体育	常識
	11：05－11：15	休み時間				
5	11：15－11：50	英語	音楽	体育	英語	英語
6	11：50－12：25	英語	英語	英語	英語	英語
	12：25－1：25	昼食				昼食 12：25－1：15
						数学 1：15－1：50
7	1：25－2：00	情報科学技術	成長	常識	数学	休み時間 1：50－2：00
8	2：00－2：35	情報科学技術	成長	図書	数学	課外活動 2：00－3：00
	2：35－3：00	指導	指導	指導	指導	

出典：http://www.am.npgps.edu.hk/timetable/class.htm#　2011.5.30参照。

と過ごせるようにしている。

その後はおけいこごと、塾に行く児童、青少年センターの補習室で同級生と勉強する児童がいる。

小学入学

香港の小学区と中学区は全く同じであり、学区内に都心だと20－30校の小学、中学がある。そのなかから保護者と子どもが学校選択をすることになる。

小学入学では、保護者が、幼稚園、幼児センター、各区民政事務処（相談サービスセンター）、教育局各区域教育サービス処、教育局学位分配組で書類を受け取り、志望校に申請する。[19]

小学入学の方法には2種類ある。

「自行分配学位」は、小学が入学者を決める方法である。保護者が直接学校1校に入学申請するもので、学区の制限は受けない。偽の住所を提出すると入学が取り消される。保護者が偽の住所で子どもを入学させようとする場合は、市民が通報するホットラインが開設されている。直資小学、私立小学及び英基学校協会の小学は直接学校に申請する。

教育局のホームページから、具体的な申請方法を紹介する。[20]

「自行分配学位」には、甲、乙がある。

甲は、該小学に兄弟が入学している、父母が働いている者が優先的に入学できる制度である（定員の約30％）。甲の申請者は必ず入学させないといけない。

乙は計分弁法準則で、定員の20％以上を、条件を点数化して入学を決めるものである。条件は次の8点である。

一．父母が該小学、同じ学校運営団体の幼稚園、中学部で仕事をしている（20点）

二．兄弟が該小学、同じ学校運営団体の中学部に就学している（20点）

三．父母が該小学の理事（20点）

四．父母あるいは兄弟が該小学の卒業生（10点）

五．はじめての子ども（家庭のなかで最年長の子ども）（5点）

香港の小学
2011年3月筆者撮影

六．学校運営団体と同じ宗教の信仰（5点）
七．父母が該小学の社団の成員（5点）
八．適齢の児童（翌年9月に満5歳8カ月から7歳）（10点）

そのため身内に関係者がいると入学に有利となる。

次に、大型電算機で決める「統一派位」であるが、統一派位の定員は小学1年定員のだいたい50％を占める。[21] 統一派位は甲と乙がある。甲は定員の10％で、学区の制限を受けない。保護者は3校の小学を選ぶことができる。乙は定員の90％である。大型電算機が随時申請者に番号を付与、あるいは保護者、申請者が番号を選択する。甲の第一志望、第二志望、第三志望、乙の第一志望、第二志望、第三志望という順序で入学者が決定される。統一派位で第三志望までに入学する児童は約8割[22]である。

英語教育の微調整

英語教育を重視する香港では、英文中学への進学が高く評価されてきた。そのため英文中学の進学には社会が注目していた。

曽榮光によると、1959―1960年度は英文中学の生徒が全中学生の60・6％、1967―1968年度は74・5％、1978―1979年度は75・6％、1982―83年度は88・5％、1991―1992年度は94・2％[23]を占めていた。つまり、年を経るごとに英文中学の割合は増加し、1990年代初期には大半が英文中学に進学していた。

しかし、「1998年教育署は、官立及び津貼中学114校のみで英語で授業をすることを許可した。高校の教授言語は制限がない」[24]というように、四百数十校の中学の4分の1のみを英文中学とした。そのため、これ以降、英文中学はエリート校の証となる。1997年中国への香港の領土返還以降、中国化を進める政府により、英語による教育を行う学校が114校と少なくなったのである。

2010年度—2011年度からは一定水準の生徒がいる中学で英語を教授言語とするクラスの開設ができ、英文中学、中文中学を分けず、中学の教授言語を多様化できるようになった。この英語教育の「微調整」では、過去2年で全香港上位40％の中1の成績の平均に1クラスの生徒の85％が達している（2010年の中一分配では1クラス34人の計算で85％は29人、6年ごとに指標をみる）[25]と、中文中学でもすべて教授言語を英語にできるのである。一方で、「2010—2011年度の英文中学10校は、生徒の成績が良くないので中1で中文クラス、英語輔導クラスを開設する。16校の中文中学はすべて英文クラスを開設する」[26]というように、成績が良くない生徒のために中国語で補習クラスを作る英文中学も出てきた。『民報2011／2012進中選校全攻略』では、現在、「香港では中文中学・英文中学を分けることはないが中文クラス・英文クラスが並存し、香港東区保護者教師会聯会主席趙明は、このような調整は、英文クラスの生徒より中文クラスの生徒ができない印象を与える」[27]として、学校格差と学校内格差の問題に触れている。

鄭楚雄は、「理事会は、社会の雰囲気と価値判断の影響を受け、学校の社会的地位を上げようとし、多くは英語教育を強化する傾向がある」「校長は、学校行政の舵を取る人で、当然入学する生徒の質を高めたい」「保護者は子どもが英語で学ぶことを希望する」「学校管理者は生徒の学科の競争力を下げることにならないか、個別のクラス・学年・学科で英語を用いることで、学校内で争われることを考慮する[28]」と、英語を教授言語とすることの矛盾を説明している。

英文偏重の動きは変わらず、「過去、中学聯会も英文中学聯会、中文中学聯会に分かれていた。最近、英文中学聯会は会章を変え、微調整後、ある学年で全部英文クラスを開設する中文中学を『降格』の学校として付属会員とした[29]」というように、今なお英文中学は英文クラスを開設する中文中学よりも上だという理解がある。聯会とは、1975年成立した香港教育工作者聯会、教聯会である[30]。

中学進学

1978年、中学義務教育実施に伴い、中学への進学の決定は、中学進学試験から学能測験へと変更された。「教育署は学能測験の結果を校内の成績と調整した後、学区内のすべての児童の得点を調整し、5組に分けた。それぞれの組は20％で、第1組は優先的に第2組より中学に入ることができた[31]」。つまり、児童の得点ごとに5組に分けられ、組順に中学進学先が決定されたのである。

しかし、賀国強によると、「成績が良い第1組の学生が選ぶ学校は一級校で、成績が第2組の学生が選ぶのは二流校」であったが、第1組、第2組の、5年後の中学会考5科目の及第率は7割にも満たなかったという[32]。

では2010年現在、どのように中学進学先が決定されているのであろうか。

中学入学を決めるには、自行分配と統一分配がある。自行分配は、定員の約30％を、筆記試験をしないが面接などで入学を決めるものである。自行分配は、学業成績40％、操行20％、課外活動10％、宗教信仰及び学校との関係10％、面接試験20％で、入学者が決定される。[33]２０１０年、自行分配の62％の児童が第一志望の学校（2校申請可能）に入学した。統一分配は、自行分配、留年生を除いた定員を、甲部10％（学区の制限を受けない）、乙部90％（学区）に分け、電算機で分配し入学させる。２０１０年、統一分配で、61％の児童が第一志望に入学し、83％の児童が第三希望までの志望校に入学した。[34]香港では、学区は全18学区で、学区は小学の所在地で児童・生徒の居住地区を指すものではない。[35]２０１０年度、85％の児童は学区内の学校[36]に進学した。

政府は、２０００―２００１年度から教育統籌会の提案で、中学進学改革を実施し、学能測験を廃止し、同じ小学の先輩が受けた「中一入学前香港学科測験」で児童の校内の学業成績を調整後、3組に組分けをした。[37]成績の調整方法は、教育局のホームページによると次のようである。

児童の小学5年下学期及び小学6年上・下学期の校内の試験の成績を標準化し、さらに、２００８年から２０１０年の中一入学前香港学科試験（クラス編成試験）の成績の平均を抽出、調整した児童の成績に応じて組分けをする。標準化は3回の試験の各科目の成績の授業、授業時間の比重により異なるウェートをかけ、さらに足している。各科目は中英数の比例が最も重く、三者は大体同じ比例で、その次に常識科、その次にその他の科目である。

この組分けに関しては、中学がどの比率で各組の生徒が入学しているかを公表してはいけないことになっている。[38]それは中学の偏差値を示すことにつながるためである。

一条龍、小中連携

それでは現在、小学生の中学進学に関するどのような施策が実施されているのだろうか。

香港では、「一条龍」という、小中学の連携が行われている。「一条龍」の学校運営モデルは、教育統籌委員会が、2009年に発表した『香港教育制度改革建議報告書』の中で提出し、2009年10月に行政長官施政報告に受け入れられたものである[39]。教育局によると、「一条龍」の理念は同じ理念を持つ小中学が協力を強化し、課程の連貫性、学校の児童生徒への理解、支援を強化し、小中学教育を連携させることで、小学生の中学進学での適応困難を減少させるものである。まさに「いかなる児童・生徒も放棄しない」というものである[40]。

教育局によると、「一条龍」のモデルは、小学校1校と中学校1校の「1校対1校」モデル、小学校1校と中学校数校の「1校対数校」モデル、小学校数校と中学校1校の「数校対1校」モデル、小学校数校と中学校数校の「数校対数校」モデルがある。同じ団体が経営する小学校、中学校が連携し、「1校対1校」モデルで一条龍になることが圧倒的に多い[41]。「脱龍」、一条龍の解消をすることもできるが、教育局がその日程を決めることになっている[42]。

一条龍の中学は連携する小学校の卒業生全員が進学できる定員を確保しないといけないと定められている[43]。しかし、「一条龍の小学6年生は直接一条龍の中学に進学できるが、もし、自行分配、統一分配に参加、あるいは直資中学に申請するならば、直接一条龍中学に進学する権利をとどめることはできない」[44]。官立、資助中学進学の分配制度に申請するか、直資中学、私立中学に進学を申請するならば、一条龍中学には籍を確保できないのである。

連携中学、直属中学は、留年、自行分配を除いた定員の各25%、85%を連携小学、直属小学のために保留する学校である。学区の第1組、第2組の学業成績の連携小学、直属小学の児童は、連携中学、直属中学を統一分配乙部の学区選択の第一志望とした場合入学できる。[45]

では、一条龍学校はどれくらいあるのだろうか。

2010―2011年度、全香港で、小学は官立34校、津貼（資助）435校、直資21校、私立40校、[46]中学は、官立31校、資助363校、資助に準ずる学校4校、直資51校、私立1校[47]ある。津貼小学、直資小学には一条龍、連携中学が多く、同じ運営団体内での連携が多い。

この一条龍の政策が施行される前には、多様な動きがあった。初等教育研究学会によると、中学進学の方法で、「一条龍の実施」については校長賛成52・1%、反対36・7%、保護者賛成51・7%、反対38・5%で、「中学が入学方法を決める方向にする」が保護者賛成79・4%、反対13・3%で、「数校の小中学で成績や志望の割合で分配する」が保護者賛成60・1%、反対27・5%、「学能測験を廃止する」が保護者賛成59・8%、反対30・2%であった。[48]一条龍に関しては過半数の保護者が賛成しているが、それほど高い評価をされていたわけではなかったのである。中学側が小学生を選抜することには抵抗がない保護者が多いが、学能測験を廃止することには過半数が賛成している。

ところで、1999年11月3日の星島日報によると、次のような学校経営団体の見解があった。

天主教教会は教育署に建築中の中学校舎内に小学を増設することを提案した。香港の二大学校経営団体の中華基督教会と保良局はこの種の学校経営モデルに関心を持ち、中華基督教会は将軍澳で一条龍学校を開く計画がある。ただ、津貼学校で行い、直資学校では行う予定はない。中華基督教会は、将軍澳で幼稚園を経営しているが、小学中学を持っていない。天主教教会が東涌に建築中の校舎は一条龍学校として設計されたものではない。面積は標準的な中学の校舎であるので、中学は1学年半分のクラスとし、残ったクラスを小学にする。

表2　一条龍、連携、直属小学　　単位：校

官立	津補	直資	私立
34	435	21	40
一条龍 0 連携 33	一条龍 30 連携 55 直属 51	一条龍 14 連携 1 直属 2	一条龍 4 連携 14 直属 40

出典：筆者作成

つまり、同じ学区に同じ学校経営団体の学校がないため設立するという趣旨であった。現存する新界東涌逸東邨の東涌天主教学校は、「教育局の『21世紀教育未来図』の提倡する『一条龍』学校で、小中学一貫教育、学習の過程を重視し、個人の学習モデル及び関心を支持し、学習での成功経験を得られるようにしている」[49]という。一方、2009―2010年度、中華基督教会方潤華小学の中学への進学者は98人で、そのうち一条龍学校の中華基督教会方潤華中学へは37人[50]が進学したのみである。つまり、それほど高い比率で一条龍中学に進学しているわけではない。中華基督教会は他にも、中華基督教会湾仔堂基道小学（九龍城）、中華基督教会基道中学[51]という一条龍学校を持っている。

教育統籌会がこの改革を出す前、神召会康楽中学校長郭志雄は、公立黄福鑾午前校、午後校及び学区内の3つの幼稚園と連携する構想を出した。同じ学区の多くの学校と連携し姉妹校とし、保護者が子

どものために統一分配を通して、連携する小学に行かせたい場合は、学校側は優先的に児童を入学させるというものである。連携する小学6年生が中学に進学する場合は、連携する中学は優先的に入学させるが、児童がその他の中学に進学する機会を奪うものではない。公立黄福鑾午前校、午後校の6年生に定員の各25％ずつ、第一志望を我々の中学にした第3組までの成績の組を優先的に入学させることを計画している。(52)

一条龍学校政策が実施される前に、教育現場では連携がすでになされていたのである。統一分配とは、大型電算機で機械的に中学に入学させるものである。第1組から優先的に進学先が決まるが、1999年当時はこの状況に反発する考えもあったことから一条龍が構想されていたのである。

現時点で、学区内の児童は5つの成績の組（5 bands）に分かれ、組が後ろだと、第一志望の選択の学校に行く機会がますます少なくなる。そのため、本校を選びたくない児童が入ってくるので分配をやめ選抜し、連携制度で直系の小学6年の児童を優先的に採りたい。

保護者は子どもが幼稚園に入った後、連携する小学に入学すれば、幼稚園の先生は子どもに小学1年の入学試験の準備をさせなくていい。彼らに本を読んだり字を書く練習をさせなくてもよい。彼らに読書の楽しみを養成し、人と物に関わる態度を養成し、遊戯の中から楽しんで学習をさせる。幼稚園から、小学、中学、大学まで行けば、個人の学習記録を連携学校に提出し、先生も児童生徒の良い点、悪い点、学習の困難、家庭の問題などの学習に対する影響をすぐに理解でき、評価、指導もできる。(53)

しかし連携の理念が現場ではうまく機能しないこともあった。

保良局の教育主任が言うには、過去、管轄下の4つの小中学が連携し、中学は25％の入学定員を連携小学に与えたが、2組は最終的に「離婚」した。原因は、2中学が一般的な中学で、連携する小学は中学を「水泡」とみて、成績がいい児童は別の学校に、それ以外の成績がよくない児童がその連携中学を選んだことにある。中学は連携する児童の入学を決めた後に、別の学校からの児童を入学させた。[54]

このように中学にとっては、一条龍・連携学校の理念が十分に生かされない形で児童が入学する場合もあった。一条龍中学進学を目指して一条龍小学への進学を希望する者も少ない。現行、分配制度で中学に入学するが、成績が良い生徒は優先的に学校を選べ、成績が悪いと、成績がいい生徒の後から学校を選ぶことになる。分配制度といっても、官立中学、資助中学では小学5年の下学期から小学6年の成績、さらに面接試験、その他の評価による分配が行われ、直資中学、私立中学では自由な入学選抜が可能で、依然として児童の進学への圧力はある。私立学校の保良局蔡繼有学校は、別の小学から蔡繼有学校に入学する場合は筆記試験と面接試験を課している。[55]

六三三制

香港では1972年に小学校、1978年に中学というように、段階的に9年制義務教育が実施された。王道隆・崔茂登・洪其華は義務教育について、次のように述べている。

1990年第47号第8条改正の教育条例では、いかなる保護者も合理的な理由なく、入学令を遵守しない場合は、犯罪に属し、罰として5000香港ドル（約5万円）の罰金か3カ月の監禁とする。強迫教育というのは、教育署が年齢15歳未満でまだ中学3年課程を完成していない児童生徒を入学させることである。9年授業料免除の強迫教育の実施後、児童生徒は授業料を納める必要はないが、政府は児童生徒に対して留年を厳格に制限し、ただ特殊な事情で全年留年する場合も留年率は5%を超えてはいけない。資助および官立小学の最高留年率は3%とする。[56]

では、どうして最近まで中学5年制であったのだろうか。

関永圻（1982）は、「政府は国家財政で学校を統制し、教育程度で人材を分配することを試みた」「全体の20%の中学3年卒業生は非技術労働力市場に、20%以下の工業学院の卒業生は技術力が低い労働力に、そしてその他は工商業界の中下層幹部に、そして理工学院を拡大し、工商業の中間幹部の人材とした」[57]と述べている。つまり、学校の定員を制限することで、労働市場における学歴に応じた若年労働者の配分を試みたという。高等教育を受ける香港エリートはあくまで少数に制限され、大学を受験する預科のクラスも中学5年までは一部の者しか進学できなかったのである。王道隆らは、「大学に入学できる者は中学6年の5人に1人であった」[58]と述べている。これらのことから中学6年への進学、大学入学を目指すことがいかに難関か理解できる。

それでは学制の変更に関する議論はどのようなものがあったのだろうか。

1988年10月10日の信報によると、1950年代、政府は五五二三制、すなわち中学5年、預科2年、大学3年の制度にした[59]。1977年以降、政府の各種教育検討報告書では「2年制の預科教育は重要だ[60]」とされ、1988年香港教育與人力統籌科が発表した文章では「七四制、中学7年制と4年制学位課程は最も費用が高い」「六四制の費用も膨大なものである[61]」と批判された。

1988年10月6日の明報によると、『教育統籌会第三号報告書』では、六三三四制の方が「①3年制高校は教育時間数不足の解決の助けとなる、②4年制大学は3年制大学より主要科目を学ぶゆとりがある、③公開試験が1回少ないので、高校3年で比較的多く課外活動ができる、④合理的に文法中学と職業中学を分けることができる、⑤2年制預科は中学7年の定員の空きがあって資源の浪費となる」ため、六三三四制に変更すべきだとした。

2004年10月、教育統籌局は『改革高中及高等教育学制―対未来的投資』を発表し、各界の未来図の設計、実施時間、財政などの問題・意見を集め、2005年5月、高校3年制実施のための『三三四報告書』を発表した。高校3年制に関して啓発的活動を行い、2万部の文書、100万部の小冊子を印刷、配布した。すべての学齢期の保護者には小冊子を与え、ネットでも文書が検索できるようにした（http://www.emb.gov.hk）。

また、テレビ局で政府の学制改革の3つの宣伝コマーシャルを放送したり、短い情報番組を放送したりした。教育関係者のために115回の検討会、教育関係機関での約60の公聴会、説明会を開催した。

教育局長は、「2004年、高校3年、大学4年の新学制の実施について、財政面の計画を立て、3カ月、社会で意見を聞き、2009年実施となった。高校改革と大学4年制が連携して教育改革を行う必要があった。これまで預科が大学入学者と高校修了者の間の教育を受けもっていたため、預科課程が高校課程に多く取り込まれた」と説明している。

高校

２００９—２０１０年度の新学制発足に伴い、新高校課程に合わせ、２０１２年3月、香港中学文凭考試が初めて実施される。香港高級程度会考は、２０１３年、自修生（高校に在籍しない学生）のための試験で最後となる。

新学制発足で預科課程がなくなるため、中5会考がなくなり、生徒は高校3年まで進学する。香港中学文凭考試は、高校3年の高校卒業資格試験、大学入試、就職のときの学歴証明にもなる。香港中学文凭考試は、教育局のホームページを参照すると次の内容となっている。

新中学文凭考試は、１—5等級に分かれる。第5等級が最高級である。１９９０年代初期からの香港高級程度会考のA級の水準は、香港中学文凭考試第4級と第5級の水準で、第5級の受験生の中で成績が最もいいと5*、5**と表示される。

また、２００5年、大学長会は、中学の必修科目（中国語、英語、数学、通識教育）を大学に入学するのに必要な科目とした。通識教育とは、社会科を中心とした教養科目で、新高校では、中国語、英語、数学同様に必修科目である。

このように、学制も大きく変更したことから、大学入試の過当競争で「補習社で有名な先生が学校に来ることが増加している。補習クラスは試験技術を学ぶクラスで、専門的に試験対策を行う[62]」という。中学生、高校生は朝8時頃までに学校に来て、4時頃授業を終え、クラブ活動をして、その後補習社で勉強するのが一般的である。

旧学制下の中学5年生で、新高校制度から取りこぼされた者で大学進学を目指す者は中学6年、新高校中学5年課程に入学できる。中学6年課程のほか、生徒は自分の関心によって副学士課程、毅進課程も選ぶことができる。毅進課程では、高校の主要科目に加え、多様な選択科目が用意され、試験に合格すれば卒業証書が与えられる。生徒は毅進課程を修了後、全科卒業証書を得ることになるが、この証書は中学会考で5科目に及第したのと同じで、香港の大学持続教育聯盟の学校が提供する課程に進学、就業、公務員試験も受けられる[63]。しかし２００９－２０１０年度に高校3年制が始まったので、２０１２年9月までに現在の学生は修了しないといけない。また、出席率が80％以上だと授業料の3割が返還されるなど学生のやる気を引き出しつつ、継続的な学習を求めている。

この他、教育局が認可した学校運営団体が指定したセンターで夜間中学（中学1年から中学7年）課程もある[64]。

「旧学制下中五卒業生進修段階」（２０１０年6月）によると、新学制下で預科を経ない高校課程と学士課程、毅進課程、専門課程、職業訓練局管轄下の教育機関との接続は次のようである。

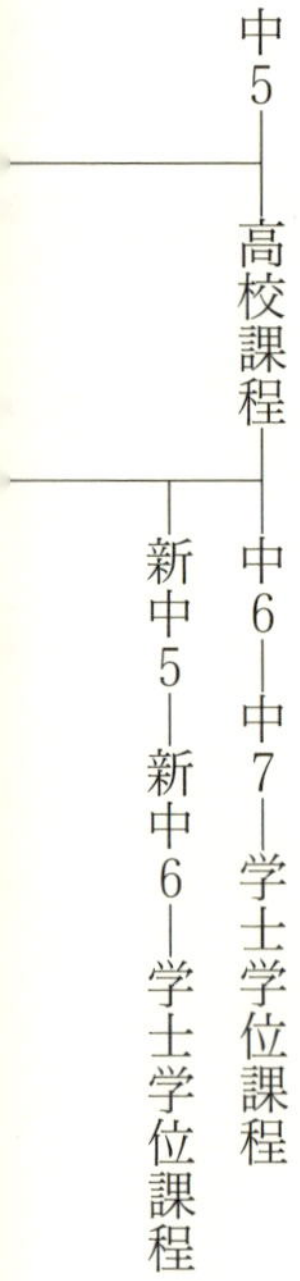

毅進計画（2011—2012）
専門課程—副学士課程—学位課程に接続、各種専門資格試験
職業訓練局—教育学院—学位課程に接続、各種専門資格試験
大学、職業訓練局の持続進修課程、兼読制課程—学位課程に接続、各種専門資格試験
そのほかの職業訓練課程（労工処……）
香港以外の進学—高校・大学予備班—学士学位課程

出典：経評審自資専上課程資料網「旧学制下中五卒業生進修段階」2010年6月。

おわりに

本章では、香港の学校の歴史と進学、一条龍、新学制について述べてきた。香港の中心地では学区の中に複数の官立、資助、直資、私立校が林立しているが、1学区1校という発想は歴史的にもなかった。そのため、小学から中学に進学するときは、中学学位分配制度による進学、あるいは直資中学、私立中学の学校選択をする必要がある。現在、少子化で学校が過剰だが、小学生の入りたい中学には希望が殺到していることから、一部では厳しい受験勉強が行われている。

1990年以降、香港では多くが中学5年まで進学し、その後の進路としては多様な進学先が提供されてきた。しかし、少子化であるにもかかわらず、高校3年と授業料無償がセットとなった今、中学、大学進学への圧力はより大きくなっている。

注

（1）陸鴻基「八十年代香港教育的幾個的問題」香港専上学生聯会、香港中文大学学生会『香港教育透視』華風書局、1982年、20頁。
（2）陸鴻基「八十年代香港教育的幾個的問題」香港専上学生聯会、香港中文大学学生会『香港教育透視』華風書局、1982年、21頁。
（3）黄浩炯1999年「評回帰一年特区教育工作」楊耀忠『教育新浪潮—教聯会銀禧文集』香港教育工作者聯会、2001年、113頁。
（4）黄浩炯1999年「評回帰一年特区教育工作」楊耀忠『教育新浪潮—教聯会銀禧文集』香港教育工作者聯会、2001年、113頁。
（5）香港専上学生聯会、香港中文大学学生会『香港教育透視』華風書局、1982年、6頁。
（6）賀国強『透視香港教育問題』芸美図書公司、1989年、63頁。
（7）「分析香港的教育政策」香港専上学生聯会、香港中文大学学生会『香港教育透視』華風書局、1982年、43頁。
（8）「分析香港的教育政策」香港専上学生聯会、香港中文大学学生会『香港教育透視』華風書局、1982年、44頁。
（9）「分析香港的教育政策」香港専上学生聯会、香港中文大学学生会『香港教育透視』華風書局、1982年、44頁。
（10）「分析香港的教育政策」香港専上学生聯会、香港中文大学学生会『香港教育透視』華風書局、1982年、44頁。
（11）http://www.chsc.hk/primary/tc/explain_a.htm　2010.11.26参照。
（12）http://www.chsc.hk/primary/tc/explain_a.htm　2010.11.26参照。
（13）http://www.chsc.hk/primary/tc/explain_a.htm　2010.11.26参照。
（14）http://www.chsc.hk/primary/tc/explain_a.htm　2010.11.26参照。
（15）http://www.chsc.hk/primary/tc/explain_a.htm　2010.11.26参照。
（16）楊耀忠「対97—98年度財政予算案教育部分的意見和建議」『教育新浪潮—教聯会銀禧文集』香港教育工作者聯会、2001年、210頁。
（17）http://www.chsc.hk/primary/tc/explain_a.htm　2010.11.26参照。

(18) 王道隆・崔茂登・洪其華『香港教育』海天出版社、１９９７年、57頁。
(19) http://www.info.gov.hk/gia/general/201009/03/P201009020126.htm　2010.11.26参照。
(20) http://www.chsc.hk/primary/tc/app_method_a.htm　2010.11.26参照。
(21) http://www.chsc.hk/primary/tc/app_method_b.htm　2010.11.26参照。
(22) http://www.info.gov.hk/gia/general/201006/03/P201006030139.htm　2010.11.26参照。
(23) 曽榮光『香港教育政策文責：社会学的視域』三聯書店、１９９８年、14頁、表３。
(24) 明報編集部教育副刊『民報２０１１／２０１２進中選校全攻略』明報出版社有限公司、10頁。
(25) 档号：EDB(RP) 3410/15/07 (6) 教育局通告第６／２００９号。
(26) 明報編集部教育副刊『民報２０１１／２０１２進中選校全攻略』明報出版社有限公司、11頁。
(27) 明報編集部教育副刊『民報２０１１／２０１２進中選校全攻略』明報出版社有限公司、42頁。
(28) 鄭楚雄『那年那月、教育大事件』進一歩多媒体有限公司、２０１０年、14頁。
(29) 鄭楚雄『那年那月、教育大事件』進一歩多媒体有限公司、２０１０年、77頁。
(30) 香港教育工作者聯会『研討会論文集　香港教育與１９９７』香港教育工作者聯会、表紙。
(31) 王道隆・崔茂登・洪其華『香港教育』海天出版社、１９９７年、77頁。
(32) 賀国強『透視香港教育問題』芸美図書公司、１９８９年、24頁。
(33) http://www.chsc.hk/secondary/tc/schooldetail.asp?sch_id=1422&scl_District=local&District=　2010.4.12参照。
(34) ２０１０年10月「２００９／２０１１学年中学学位分配弁法簡法」http://sc.edb.gov.hk/TuniS/www.edb.gov.hk/index.aspx?nodeID=1565&langno=2　2011.4.19参照。
(35) 「２００８／２０１０年度中学学位分配一般問與答　学校網問」http://www.edb.gov.hk/FileManager/TC/Content_1579/q&a-web_c_schnet_20100420-r2.pdf　2011.4.20参照。
(36) http://www.info.gov.hk/gia/general/201007/05/P201007050104.htm　2010.7.5参照（星島2010.11.26）。
(37) 档号：EMB(EC) 101/55/1/C　立法会参考資料摘要　検討中学教学語言及中一派位機制的公衆諮詢、２００５年。
(38) 明報編集部教育副刊『民報２０１１／２０１２進中選校全攻略』明報出版社有限公司、18頁。
(39) http://www.edb.gov.hk/index.aspx?nodeID=625&langno=2　2010.4.12参照。

(40) http://www.edb.gov.hk/index.aspx?nodeID=6927&langno=2　2010.4.12参照。
(41) http://www.edb.gov.hk/index.aspx?nodeID=6927&langno=2　2010.4.13参照。
(42) http://www.edb.gov.hk/index.aspx?nodeID=6927&langno=2　2010.4.13参照。
(43) http://www.edb.gov.hk/index.aspx?nodeID=6927&langno=2　2010.4.13参照。
(44) http://www.chsc.hk/primary/tc/explain_b.htm　2010.11.26参照。
(45) 「２００９－２０１１年度中学学位分配 一般問與答」 http://www.edb.gov.hk/FileManager/TC/Content_1579/feeder_chi_2011.pdf　2010.4.19参照。
(46) 「香港には、官立小学、資助小学、直接資助小学、私立小学の４つの種類の学校がある。あらゆる官立小学、資助小学は必ず中学学位分配弁法に参加する。私立、直接資助小学は関連する弁法に参加しなくてもいい。学校が中学学位分配弁法に不参加であれば、その小学６年卒業生は関連する弁法を通して政府資助の中１学位を分配されない」。http://www.chsc.hk/primary/tc/explain_a.htm　2010.11.26参照。
(47) http://www.chsc.hk/secondary/tc/index.htm　2010.4.15参照。
(48) １９９９年12月15日大公報。
(49) http://www.chsc.hk/secondary/tc/schooldetail.asp?sch_id=1422&scl_District=local&District=　2010.4.12参照。
(50) http://www.cccfyw.edu.hk/　2010.4.12参照。
(51) http://www.edb.gov.hk/index.aspx?nodeID=631&langno=2　2010.4.12参照。
(52) １９９９年11月４日星島。
(53) １９９９年11月４日星島。
(54) １９９９年９月23日明報。
(55) http://www.chsc.hk/secondary/tc/schooldetail.asp?sch_id=2001&scl_District=local&District=　2010.4.12参照。
(56) 王道隆・崔茂登・洪其華『香港教育』海天出版社、１９９７年、55頁。
(57) 関永圻「我們対当前教育問題的看法」香港専上学生聯会、香港中文大学学生会『香港教育透視』華風書局、１９８２年、30頁。
(58) 王道隆・崔茂登・洪其華『香港教育』海天出版社、１９９７年、54頁。

(59) １９８８年10月10日信報。

(60) １９８８年10月10日信報。

(61) １９８８年10月11日信報。

(62) 鄭楚雄『那年那月、教育大事件』進一步多媒体有限公司、２０１０年、23頁。

(63) 毅進課程のホームページは、www.edb.org.hk/yjjin

(64) 教育局「指定夜間成人教育課程資助計画」のホームページは、www.edb.gov.hk/index.aspx?nodeID=103&langno=2)。

第3章　台湾の教育制度と教育改革

台湾の戦後教育は、呉清山によると、「萌芽期（1987―1988）民間教育改革団体の成立」「成長期（1989―1993）第二次民間教育会議開催」「高潮期（1994―1998）第七次全国教育会議開催（教育資源の分配、弾力的な学制を建立、課程の発展、教員養成の改良、大学・専門学校の質を上げる、生涯学習の推進、全民教育の推進、両岸学術交流）」に分類できるという[1]。台湾では、1987年戒厳令が解除されるまで、教育・学問の自由が担保されなかった。しかし、1987年以降、民間教育団体が続々と成立する。

21世紀を迎え、台湾では新しい時代に向かって、様々な教育政策が行われた。その主な施策は、児童生徒の多様性の尊重とそれに対する教育的支援、そして進学機会を増やすことである。つまり、より多くの児童生徒に見合った教育が保障されるような制度設計が試みられたのである。

政府は、有効な教育改革推進のため、1996年『教育改革総諮議報告書』を提出した。『教育改革総諮議報告書』では、教育改革の五大方向（1．ゆるやかな教育、2．それぞれの児童生徒を大事にする、3．進学の道を増やす、4．教育の質を上げる、5．生涯学習社会を建立する）を示した。その後、教育部は『教育改革総諮議報告書』の具体的な提案、及び『中華民国教育報告書—邁向二十一世紀的教育遠景』『中華民国身心障礙教育報告書』『中華民国原住民教育報告書』等の施政構想を融合し、1997年『教育改革総体計画綱要』を提出した(2)。

中高生の進学の保障については、中学から高専（五専）に進学する成績優秀者にエリートクラスで六大新興産業（生産技術産業、グリーンエネルギー、医療看護、新しい農業、文化創造と観光）の担い手となってもらうよう養成、実習と授業とを交替で進めることが求められた。「高校の均質化、地域の均衡化」の理念を実現するため、全国でエリートを発掘し、エリート高校で潜在的な能力がある優秀な生徒に大学進学する機会を、また一方で、学区内の地域の中学生が家から近い高校に進学する、高校進学の地域化を進めた。この『教育改革総諮議報告書』には、高校の質の確保、都市と地方の高校の格差の是正、すべての生徒に高校進学という構想が示され、高校教育改革を中心に、12年国民教育を進めていくというものであった。

教育費

それでは、台湾における教育費はどのように保障されているのだろうか。教育部のホームページによると、教育費は「中央及び地方主管教育行政機関と所属の教育機関、公立学校、所轄の私立学校が教育事務に用いる経費」のことを指す。教育行政機関の教育費は、中央の教育部、そのほか地方教育行政機関の5直轄市（台北市、新北市、台中市、台南市、高雄市）、ならびに第2級行政区分の3省轄市（基隆市、新竹市、嘉義市）と14県の教育費が公的な教育費である。

丁志権によると、「台湾省政府は1981年『地方財政改善方案台湾省執行要点』を公布し、県市の国民教育費は県市総予算の40％を超えることを規定した」[3]と、地方行政に占める教育費の割合は高かったのである。

教育部のホームページによると、「憲法では教育目的及び教育実施に対して明文規定があり、第164条で各政府の教育予算の最低比率が規定されている。しかし1997年7月憲法改正のとき、条文の適用が凍結された」[4]という。その後、2000年12月、総統が「教育経費編列與管理法」を公布施行し、憲法で保障されていた教育予算の最低比率の保障はなくなったが、「教育経費編列與管理法」で教育費を保障することになった。

教育費基準委員会が設立され、必要とされる対象者、地域に予算をピンポイントで付けるということが図られた。教育費の透明化の中で、限られた予算で公開、分配していくことが求められたのである。地域間格差是正のため、特に収入が少ない自治体に対する国家財政からの補助が行われた。一方で限られた予算を用いるため、中長期教育計画で必要な教育予算を立てることが求められた。

以上のように、教育予算の確保と中央による地方への教育補助は、教育重視の表れであるが、それと同時により効率的で透明性の高い予算の使い道が期待された。

それでは、台湾における具体的な施政方針を見ていく。すでに、呉清山[5]、周祝英[6]、周志宏[7]、蘆建榮[8]、潘慧玲[9]、黄新憲[10]、黄武雄[11]、黄政傑[12]、林榮梓[13]、周平・蔡宏政[14]、許錦文[15]、立法院国会図書館[16]、国立台湾師範大学[17]が、台湾の教育政策を整理している。

杜正勝教育部部長（2005―2008）により提出された『創意台湾、全球布局―培育各尽其才新国民』は、世界的視野のもと台湾の今後の人材養成を謳った、各教育関係者、専門家の見解を反映した報告書である。

冒頭に「台湾本土の意識を持ち、世界に対峙できる才能の発揮、社会状況に関心を持つ、人格が完成した個人」の養成として、今後国際社会の競争に対峙できる人材の養成、しかしそこには台湾人として、国民として、国際人として社会に理解を示す人格の形成、全人的な人間の養成を行うことが書かれている。報告書では、国際環境として、知識型経済時代に必要な教育内容、デジタル化時代に対応した学習形態、国際社会に伴う教育の国際化、多様化の必要が挙げられている。[18] 国内の環境としては、出生率の低下(1983―2003年の20年の出生数は40万人から22万人に減少したこと)、2002年新成人の8分の1が「新台湾の子」と呼ばれる東アジア、中国の母親を持つ子どもであったこと、また進学機会が増大したものの量的拡大のみに偏り、高等教育の競争力と資源の非効率の問題、学校の民主化と教師の専門家としての自主性と保護者の参与[19]が課題として挙げられている。

教育改革の理念としては、学習者が適した学習機会の提供を受けることで潜在的能力を発揮し、社会の多様な価値観の発展、国家の多様な発展目標達成の一助となること、社会の公正の実現のためにも社会的弱者の児童生徒を支援すること[20]が記されている。

さて、報告書では、ほかに、教育部未来4年の「施政主軸」を、「現代国民の養成」「台湾の主体性の建立」「世界的視野の発展」「社会的な問題解決の強化」とすること、そして「語学力を高める、人文的素養と科学技術の均衡的発展、多様な文化の尊重、教員養成、教育の国際化、社会的弱者である高校以上の生徒・学生の就学支援」を行うと記されている。

具体的には、小中学生の読解力向上のための読書活動、そして外国語能力の重視、中等教育では人文的素養と科学技術の素養を高め、台湾の各民族の文化、移民の文化を発展させるなど、国内外の国際化に適した多様な教育への対応の必要が述べられている。特に、台湾の原住民は社会的経済的に弱者であることが多いこと、また内地、東南アジアからの妻、妻を迎えた台湾人男性も同様に弱者である場合があることから、彼らへの文化的配慮を含めて、政府が音頭をとって教育支援を行うことが必要とされている。

また、少子化のなか、教師が過剰であることから教員養成では大学の教員養成数を減少し、現職教育を通して教師の専門的能力を高めることが求められている。低中所得層の生徒・大学生、障がい者の就学費用減免、学資ローンの強化、青年助学基金で、中学生以下の社会的弱者の児童生徒の支援のため教育優先区で進学支援を行う一方で、教育エリートのための「風華再現」計画も進めている[21]。経済的に困窮している児童・生徒への教育福祉の充実と同時に、優秀な者への教育支援も行っているのである。これらのことから国際化、経済的基盤が弱い児童生徒・学生への支援などが教育政策として強調されていることが分かる。

この報告書を受けて、2008年度施政方針（2008年1月—12月）では、四技二専二技の多様な入学制度、12年国民教育の推進、教師の検定制度の建立、国民小学の少人数クラス、本土教育、学童保育の強化、5歳の幼児に幼稚園就園の機会提供、校内暴力・生徒の薬物乱用防止、社会的弱者の児童生徒が教育を受ける権利の保障、特別支援教育を受ける生徒の輔導、都市と地方の資源の均衡という方針が出された。

2010年の施策は、2010年が民国99年であり、翌年が民国100周年を迎える年でもあるため、教育の質の向上、教育機会の平等の保障をし、台湾的な教育をするもので、次の6点が挙げられた。

1. 入学の普及：国民中学卒業生の高校入学率を100%とする
2. 教育を優れたものにする：優れた高校を増やし、全面的に高校の教育の質を高める
3. 就学地の在地化：高校の地域化を実施し、在地就学の目標を達成する
4. 一貫教育：国民教育と高校で、身心の発達段階による一貫教育を行う
5. 授業料の格差是正：公私立の高校の授業料の格差を縮め、社会的弱者の保護者の経済的負担を軽減する
6. 都市と地方の格差を是正：教育資源が不足する地区の高校の資源を増やし、競争力を高める(22)

一方、台北市の2010年教育施政の多くは高校教育改革であることが分かる。

1. 資優教育（素質が優れた児童生徒の教育）の鑑定のあり方を改善し、資優教育の理念を正しく運用する
2. 特別支援教育改革を進め、心身に障がいがある児童生徒への支援を拡大する
3. 公費で資格に適した教師を配分し、教師の推薦書、教師証明書を出すことを保証する
4. 高校への多様な入学を推進する
5. 私立学校への補助、指導をする
6. 高校の質を優れたものにするための補助をする
7. 高校の校務評価を行う
8. 連携して教育を行う

9．高校の実用技能課程を推進し、産業界の需要に応じて関連する学科、進修学校の授業料を免除する
10．古い校舎を新しく建て替え、学校の教育環境を新しくする
11．児童生徒の海外旅行を推進し、児童生徒の視野を広げる
12．高校の地域化方案を進める
13．総合高校を発展させる
14．高級中等進修学校課程大綱を改訂し、学校裁量課程を実行する
15．学生保険で児童生徒を守り、社会保障の一部を担う
16．高校で新しい時代の指導者を養成する
17．全国民国防教育を推進する
18．健全な教師を雇用する
19．国立高級中等学校校務基金を推進する
20．教育基金の経営管理と運用をする[23]

2010年1月に示された民国100年国家建設計画[24]では、「新世紀第三期国家建設計画」第2年実施計画によって、教育の質を上げ、教育環境をより良くすることが挙げられている。

また、教育部の中期施政計画（2010―2013年度）[25]では、「新しい教育で、台湾に活力を」というスローガンで、次の施政が展開されている。

1．優れた学習（完全な教育体制、教育の質を上げる、学習環境の完備）
2．適性育才（健全な進学制度、適正な輔導の強化、均衡のとれた教育学習、健康な国民の養成）
3．社会の問題への関わり（弱者の補助を強化、都市・地方の格差是正、均衡な資源分配）
4．国際社会の視野（国際競争の強化、国際交流、国際的なサービス、台湾・中国の両岸交流を推進）
5．永続的発展（多様な価値の実践、主体的価値の確立、持続可能な学校の推進、生涯学習の強化）

2010年度教育部施政目標と重点は、「優れた質の教育環境を提供し、子どもが楽しく学習成長する」「社会の良い国民となり、世界の良い公民となる。国家がさらに競争力を持ち、人々の生活がさらに良くなる」を教育ビジョンとし、「就学前の幼児の健康的な幸福な成長」「国民小学生が元気で楽しく学習」「国民中学生が多様な適正な発達」「高校生の通識教育の発展」「職業高校生の能力に基づく教育発展」「大学生の専門的な知識の学習」「二技四技二専の学生の専門的な技能の養成」「大学院生の高度で独立した学術研究」「社会人の生涯学習の発展」「新移民の文化適応の基本能力の学習」等を10大目標とした。(26)

民国100年元旦（民国100年を祝う大勢の人が集まっている）2011年1月筆者撮影

義務教育

台湾では、1968年小中学が義務教育となった。

台湾では、国民教育法第2条で「およそ6歳から15歳の国民は、国民教育を受けるべきである。6歳から15歳の国民の入学義務は別に法律で定める」と明記されている。台湾では「入学、教育を受けることは国民の権利であり義務でもある」(27)とされる。このほか、教育基本法第11条で「国民基本教育は社会の発展に応じてその年限を延長する必要がある。その実施は別に法律に定める」とされ、「国民基本教育の延長(15歳から18歳まで)は非強迫入学(非義務)であるが、入学、教育を受けることは国民の権利」(28)であるとされている。

教育部のホームページによると、「国家建設、経済の発展はみな人材に先立つものはない」(29)という理解のもと、「我が国の9年国民教育実施はすでに40年を超えるが、実施当時は国際的にも上位にいたが、現在では先進国家と比べると後発組となっている」(30)と、国際社会では9年義務教育では立ち遅れてしまうという強烈な危機感を持っている。そして、「世界で10年以上の国民教育を実施しているのは46カ国で、非先進国家が国民教育と競争力との関係に注意を払わなかった」(31)ため9年以下の義務教育の国家があり、ある程度経済的に発展した国家では10年以上の義務教育が普通であるという理解をしている。

2012年現在、台湾では、「高校生の半数近くは授業料が公立の4倍以上の私立高校生で、多くの生徒は中下層の家庭から来ている」(32)ということから、国民教育の延長のため、私立高校の生徒の経済的支援がなされている。

1983年から10人の教育部長を経て、2003年全国教育発展会議で、段階的に12年国民基本教育を推進することにした[33]。２００６年国立教育研究院の調査では、国民の78・４％が12年国民基本教育実施を支持している[34]。２００６年７月、台湾経済永続発展会議でも議題となり、「行政院が『温かい社会福祉計画』のなかで12年国民基本教育を推進し、教育部が２００７年から先行して私立高校生の授業料補助、高校の質を優れたものにする計画を行い、２００８年に全面的に小中学生の学習補助計画を推進、段階的に12年国民基本教育を進める。この期間に高校の地域化、受験の圧力からの解放、都市・地方の教育格差を是正すること[35]」を目標とした。

２０１４年度から、公立私立ともに高校の授業料が免除される。高校受験がなくなり、国民中学の成績も進学に関係がない。しかし、定員の25％未満は「特色招生」で試験を行い、生徒を入学させることができる。２０１１年８月に国民中学に進学した生徒は、12年国民教育実施の最初の生徒になる。国民中学では、教育の正常化、学力の質の確保のため毎年４月に３年生が国民中学教育会考を受け、適正な輔導のため１年生で知力診断テスト、２年生で性格診断テスト（性格検査）、３年生で興味診断テストを受ける[36]。

国民小学

国民教育は、地方制度法第18条で「直轄市が就学前教育、各学校教育、社会教育を運営、管理し、直轄市は同法第19条規定で、県（市）就学前教育、各学校教育、社会教育の運営及び管理をする[37]」と規定されている。

台湾は学区制で、日本同様、基本的には学区内に１校ある公立国民小学に行くことが一般的である。学区内の国民小学が定員を超える場合は、別の学区の国民小学に入学の申請をする。保護者が子どもの入学

国民小学の蒋介石像（地方の国民小学には、初代総統の蒋介石像がある）　2010年12月筆者撮影

に選択肢があるとしたら、定員に満たない他学区の国民小学か、私立国民小学への入学である。

『子女教育専刊　孩子、我養得起你』によると、「私立国民小学は定員が少ないため、付属幼稚園から通園させる。付属幼稚園以外の子どもは抽選[38]」で入学か決まるという。私立国民小学でも助成金が地方政府から拠出されるため、その地方の戸籍が求められる。[39]保護者の中には公立国民小学1、2年生は一律半日授業、3年生以降は全日、私立国民小学は1年生から全日制[40]であるので、授業時間の長い私立国民小学入学を好む親が多い。自分の子どもをどちらに行かせるのか、将来のことを考えて決める。

台湾では学校裁量課程が実施され、公立の国民小学とはいえ、各学校ごとに特色が見られる。英語教育は、国民小学5、6年生は2001年度から、3、4年生は2005年度から実施された。しかし、「台北市、新竹市、台中県、南投県ではアメリカ英語を小学1年生から学ぶ[41]」。市県、学校によっては英語教育の取り組み方も違うのである。

小学生の一日

台湾の小学生の朝は早い。というのは、保護者が朝8時までに出勤するため、朝7時頃小学生も家を出る。多くは歩いて通学するが、なかには保護者に車で送ってもらうこともある。朝7時半頃に国民小学に到着して、授業を受ける。

現在の課程は学校の自由裁量の時間が多く採られており、教科書も年々児童の身の丈に合ったものとなってきている。放課後は学童保育（after school child care、国民小学内の課後班か、地域の安親班）に行ったり、補習班に行ったりする。安親班、補習班のマイクロバス、送迎バスが学校まで迎えに来る場合がある。しかし送迎費は当然支払いが必要となる。

台湾では共働きの親が多いので、公的、民間のものまで学童保育は多岐に渡る。

劉翠華によると、「国内の放課後サービスを実施する機関は私立幼稚園、託児所、民間補習班設置の安親班、才芸班、コミュニティなど非営利のもの、国民小学の放課後託育など[42]」がある。「安親班の名称以外に、家教班、課輔班、教育センター、文教センター、課後託育センター、コミュニティの学童保育、放課後輔導託育、放課後活動、安親課輔班、安親教室、安親学苑、安親課輔学苑、家教班など[43]」多岐にわたる。

銭MONEY編集部『子女教育専刊　孩子、我養得起你』（２００４年８月）によると、学童保育は、安親班を主とするもの、安親班におけいこごとがついた総合才芸班付設安親班、単科才芸班付設安親班、アメリカ英語補習班付設安親班、校内課後班[44]がある。校内課後班は国民小学に付設され夕方４時半まで子どもを預かるものである。台北市では、より使い勝手がいいように夜６時までとなった。校内課後班は、校内の教師、あるいは校外の補習班の教師で、学校の課程と合わせ教材を編集する。[45]校内課後班も学外の機関と連携することがある。

民間の学童保育の安親班は夜８時までが多い。保護者が仕事で迎えに来れない子どものために送迎サー

台湾の安親班（手前の柵から先は保護者も入れない。安親班の先生が保護者の迎えを待っている）
2010年12月筆者撮影

ビスをしているところもある。割高ではあるが、夜8時過ぎまで宿題、英語、おけいごとをしてくれる民間の安親班を選ぶ保護者も多い。例えば南投の安親班は、英語プログラムを導入し、高学年には課題が終わったら先生に見てもらうという教育も行っている。

劉翠華によると、「国民小学の課後託育、民間課輔班、才芸班は補習班の一種で、『補習及進修教育法』で所管し」(46)、学校外の教育機関である学童保育も法規定があり、所轄官庁による厳しい監督がなされるという。才芸班、短期補習班は、公私立短期補習各校管理規定（教育局）に基づいて県市（直轄市）に認可されたもので、そのため補習班の学童保育は必ず「政府註冊（政府認可）」で、専門的な教師（技芸類は大卒、高校卒は技能証明書、文理補習班は専科大学以上あるいは国民小学教師の資格、検定合格者）の指導が要求される。日本の塾、おけいごとには教師に資格が不要であるのとは大きく異なり、教育行政は、学外の教育事業に対しても、質の保障のため運営管理を厳しく行っている。各県市教育局ホームページでは、届け出された数以上の児童生徒を収容した補習班が摘発され、補習班名とどのような違反があったのかが掲載される。

補習班は、台湾の駅前、地方のバスターミナルなどに集中している。小学生向けの補習班は放課後の児童の安親班と才芸班が一緒になったものだが、中高生向けの補習班は予備校である。

一方、安親班は社会局管轄下にあり、「児童託育センター設置基準で社会局に認可を受け、1学期6000—8000元で、12歳以下の需要がある国民小学の児童と、託児所の業務を兼ねて行う場合は審査を経て学齢前の児童も預かることができる」という。「大学生、主婦が（専科以上の保育関係卒業者は輔育員で、高校の幼児保育科、家政科などを卒業、まだ主管機関の専門訓練に合格していない者は助理保育員として）勤務」し、「作業の指導が主で、教室は比較的小さい」。「児童福利専業人員資格要点」（1995）で「学歴は高卒以上」であることが要求されている。[47]

国民中学

詹棟樑によると、1968年1月の「九年国民教育実施条例」が9年国民教育実施の法令の根拠[48]となり、国民中学の学区制、無償教育、雑費などの減免を規定した。

1979年、政府は国民教育法を公布し、九年国民教育実施条例を廃止した。[49]国民中学の入学は、国民小学が毎年5月末に卒業生名簿をつくり、主管教育行政機関に国民中学入学を出願し、6月下旬に、主管教育行政機関が学区ごとに保護者に通知するものである。[50]「国民中学の修業年限は3年で、当初は留年制度がなく、ただ特別支援教育の児童生徒の修業年限は短縮延長が可能で、特別支援教育法の規定によって処理した。優秀な児童生徒は規定によって、飛び級ができ、修業年限も短縮し、卒業もできる[51]」。

中学生の一日

朝7時頃、国民中学に行き、その後、夕方5時頃に帰宅するのが普通である。8時間目まであり、8時

中高生の通学
2009年９月筆者撮影

表１　国民中学の時間割

7：10	学校到着
7：10—７：25	掃除
7：25—７：55	自習
7：55—８：10	朝会
8：20—９：05	１時間目
9：15—10：00	２時間目
10：10—10：55	３時間目
11：05—11：50	４時間目
11：50—12：25	昼食
12：30—13：10	休み時間
13：20—14：05	５時間目
14：15—15：00	６時間目
15：10—15：55	７時間目
16：05—16：50	（８時間目）

出典：http://www.hpjh.tcc.edu.tw/hp_web/student_3.html 2011.6.26参照。

間目が５時頃に終わる。

都市部では、受験を目指す者は補習班に通う。補習班は10数人のクラス、40人のクラス、２００人のクラスまで多様である。小さい補習班だと１、２教室、大きいものは10教室以上を持っている。

高校入試

１９５０年の国民中学卒業生の高校進学率は51・51％、１９６８年に83・97％、１９７６年に61・57％、１９８６年には77・13％、１９９０年に84・70％、２００９年97・63％(52)であった。

12年国民教育が推進されているものの、現在は高校入試は行われている。しかし、「高校全入の前提のもと、高校の均質化、区域の均衡化の理念を実現するために、学区内に優秀な生徒が大学に進学する高校の設立と、生徒が家から近い高校に入学する高校の地域化[53]」が進められている。2014年度からは、毎年5月に高校入試が免除される生徒、毎年6月に「特色招生」の試験で高校に入学する生徒が決まる。入試の制度改革は受験生や保護者の希望に沿ったものにならないと、大きな反発を招き、制度改革が進まない。たとえば高校の均質化のために、教育部は、以前、全国区で有名高校の生徒を募集したが、現在では15学区で各区内の生徒を募集し、登記分発（大型電算機で学力別に合格者決定）を主とする生徒募集をしている。

国民中学学生基本学力試験

2014年度から国民中学学生基本学力試験（高校入試にも相当）は廃止され、毎年4月の国民中学教育会考となる。国民中学教育会考は入試とは関係がない。

現在は、教育部のホームページによると、毎年5、7月、国民中学学生基本学力試験が2回あり、高校の合格は6月、8月となる。国民中学学生基本学力試験の前に美術・音楽などの実技試験があり、その後第一次国民中学学生基本学力試験、個人申請、学校推薦、登記分発申請、第二次国民中学学生基本学力試験、登記分発申請となる。国民中学学生基本学力試験は学校が一括申請し、受験回数は1回でも2回でもいいが、1回目の試験の結果が思わしくなければ、2回目の成績を利用して申請ができるため、受験生に複数受験の機会がある。

国民中学学生基本学力試験の申し込み費用は500元、低収入の子女あるいは直系の尊属が失業給付を受けている者は申し込み費用を免除される。

台湾の高校入試は多様な入試方法で次の方法がある。
①個人申請（普通科高校、職業高校）15学区
国民中学学生基本学力試験の中国語、数学、英語、社会及び自然の5科目の点数に、他に1・2科目、国民中学学生基本学力試験の作文試験の点数、国民中学の成績、日常生活態度、特別な実績も採点する。書類審査の方式を採る。普通科高校と職業高校1校を同時に出願できる。
②学校推薦（普通科高校、職業高校は13学区、五専は北、中、南区聯合推薦委員会）
国民中学学生基本学力試験の中国語、数学、英語、社会、自然の5科目と作文試験の点数は総合点の50％を超えないという条件がある。各校の入学者募集の学科、コースの性質に合わせ、生徒の国民中学での芸術と人文、健康と体育、総合活動学習領域の成績、日常生活の態度、あるいはその他の才能等を参考にして判断する。他に、実験、口述試験、小論文、実習、演技、実技試験などを行うことができる。1校を出願できる。
③登記分発（大型電算機で一括配分）入試（高校、職業高校、五専……）
国民中学学生基本学力試験は中国語、数学、英語、社会と自然の5科目、作文試験の点数で判断される。80校出願できる。特別な才能がある場合、現行の各進学優待弁法により必要な証明書を提出する。

しかし、国民中学学生基本学力試験の結果は生徒に知らされないことから、張芳全は、「2002年、教育部は第一次国民中学学生基本学力試験実施の後、民間の圧力によって成績の組を公表すると言ったが、

後で、公表しないと言った。保護者と教師は成績表を得ないと成績の相対的な位置が理解できず、第二段階の学校に生徒がどう申請したらいいのか分からない[54]」「教育部が公表しなかったら、民間の補習班が去年の組の成績を販売し、保護者は補習班を儲けさせ、進学競争が激しくなる[55]」というように、教育部が試験の結果を公表すべきだと述べている。

このように台湾の高校入試は多様であるが、補習班に行く生徒が多いことから、国民中学学生基本学力試験を廃止し、入試免除で高校に入学できるようになる。

12年国民教育

台湾の12年国民教育は、教育部のホームページによると、次のような変遷を経て実現のため進められた。

１９６８年　９年国民教育実施条例
１９７９年　国民教育法施行
１９８２年　強迫入学条例
２００６年　国立教育研究院籌備処「台湾地区民衆対重要教育議題看法之調査結果報告」78・4％の国民が12年国民基本教育実施を支持
２００７年　12年国民基本教育を推進。経済的弱者の私立高校生の授業料補助及び高校の質を高める計画
２００８年　国民小中学の児童生徒の学習支援計画

２０１４年　高校の授業料免除、高校受験の免除（国民中学の成績も関係ない。しかし、定員の25％未満は「特色招生」で試験）

台湾では、20数年、12年国民教育の重要性が主張されてきた。その理由としては、第一に高校受験の負担をなくし、第二に教育の質を高めることにある。台湾の高校改革の方向性は、「２００９年には8割公立高校、私立高校の質を上げ、高校の質を均一化し、有名校・エリート校、非有名校・非エリート校の格差を次第になくす」というものである。すべての子どもに高校教育を保障する理念が大変強く反映されている。台湾では、高校入試の多様化、授業料補助、高校の地域化、学校間格差の是正を集中的に行うことが、12年国民教育への近道だと考えられている。

12年国民教育の3段階の推進は、次のとおりである。

1．準備段階：２００3年8月から「高校の地域化中期計画」「優れた質の高校への補助計画」「優れた質の高校の産学連携計画」等12項

2．啓発段階：２００7年から経済的に弱者の私立高校生の授業料の補助及び高校の質を上げる

3．全面実施段階：２００9年8月から、国民中学学生基本学力試験の申請入学の比率を増やす、産業の特殊な需要に応じた学科、体育科、特殊な地区の高校では入試免除、優れた質の高校を拡大、保護者の経済的負担を減らし、生徒の進学圧力を緩和する

教育部のホームページによると、12年国民教育は、義務教育と職業教育の接続から、その理念が引き継がれている。１９８９年に実用技能班が授業料免除となり、後期中等教育の無償教育の前芽とみることができる。１９９６年には、総合高校が試験的に行われ、１９９７年から技芸教育が推進され、２０００年から一部の職業高校では入試免除で登記入学が行われた。つまり、義務教育と職業教育との接続が、すべての子どもの高校教育の保障につながるという理解がなされている。

１９８３年　「職業教育を主とした国民教育の延長」計画。教育延長班の開設。
１９８６年　「職業教育を主とした国民教育の延長」第二段階計画の実施、教育延長班の調整、国民中学卒業生で進学しない者の1年〜3年課程。
１９８９年　「職業教育を主とした国民教育の延長」第三階段計画の実施。実用技能班の開設。（1）自ら入学（2）選択性（3）授業料免除。
１９９３年　「国民中学技芸教育の発展と改進方案—国民教育の目標に向かう10年」、国民中学の技芸教育班を開設し実用技能班と接続。職業学校法を修正し、実用技能班を正式な学制に入れる。
１９９４年　部分的に完全中学実施。
１９９６年　総合高校開始。
１９９７年　職業高校で２０００年から試験免除の登記分発入学。職業高校の試験免除の多様な入学方案。普通科高校、五専、職業高校は２００１年度から多様な入学方式を採用。

2001年　個人申請、学校推薦、登記分発入試では、国民中学学生基本学力試験及び国民中学での成績を採用する。
すべての私立高校生に毎年授業料を1万元補助する。(56)

しかし、台湾省教育会の調査によると、国民中学の「6割の教師が、12年国民教育は進学の圧力を緩和することにはならない」としている。

実用技能学程、重点産業の専門班

実用技能学程及び重点産業専門班では、未進学、未就業の国民中学卒業生が適性な学習をするよう支援するものである。2006年度から約7500人の未進学、未就業の国民中学卒業生（約2・4％）が実用技能学程、調整式教育、産業との連携クラス、職業高校重点産業科で就学する方案である。(57)

産業が必要とする学科、僻地の職業高校の入試免除

2007年から優先的に「産業が特に必要とする学科」「僻地の職業高校」の高校入試を免除した。「産業が特に必要とする学科」は、海事水産、漁業、水産養殖、航海、輪機科、模具（型打ち用具）科、精密機械科、木工科、紡織科、染色科、服装科、農業科（森林、畜産保健、野生動物保護）である。「僻地の職業高校」は該地区の唯一の学校、あるいは重点的に原住民生徒の就業指導専門クラスを持っている高校である。実務教育と実習によって、生徒の就業能力、産業が必要とする専門的な職業能力を養成するものである。(58)

高校

台湾の高校進学率は95％ほどで、すでに飽和状態ともいえる状況にある。台湾においては普通科高校335校のなかで付設総合高校は124校ある。総合高校は「学術学程」と「専門学程」を同時に設置している。「学術学程」は普通科高校の科目、「専門学程」は職業高校の科目に類似している。

入試の一部免除と多様な入試を行う高級中等進修学校もある。

大学入試

台湾では有名国立大学への進学熱が過度な受験戦争を招き、都市部の補習班街では授業が始まる前になると中高生であふれ返る。

台湾の有名中学、有名高校と言えば、高校では台北の第一女子中学（高校）がある。有名進学校から有名大学への進学は、マスコミによって、どこの高校から何人、台湾大学の医学部、法学部に合格したかという話題や、複数受験が可能な台湾では誰がどこの有名大学に推薦、一般受験などで何校合格したのかが、とても大きな話題となる。有名高校から有名大学に合格した生徒は新聞紙上で大々的にその生活、親の子育てなどが詳細に報道され、注目の的となる。

台湾で最難関大学の台湾大学は、日本植民地時代は台北帝国大学と言っていた。日本植民地当時の建物は、正門付近から続くヤシの実の並木通りにある。大学図書館は、時期によって異なるが、朝8時半から夜10時半まで開館しており、日本の大学図書館に比べて多くの利用がある。

台湾における高校卒業生の進学率（大学進学率）は、1950年39・76％、1968年38・95％、

１９７６年42・39％、１９８６年40・98％、１９９９年30・14％、２００２年46・58％、２００６年69・79％、２００９年76・91％(59)である。すでに大学は全入時代に入っている。そのため地方大学の赤字経営、そして学力が極端に低い学生の入学などの問題がある

大学入学の多様化

台湾の大学入試は、２００２年度から大学入試制度が変わった。現在では、大学入学試験センター（ＣＥＥＣ）(60)が学科能力試験・指定科目試験、大学実技試験委員会聯合会（ＣＡＰＥ）(61)が実技（音楽、体育、美術）試験、大学推薦入学委員会が推薦入学、大学試験入学分発委員会が各大学の条件によって学科能力試験、指定科目試験（各大学が指定）、実技試験に参加する者の入学決定をしている。各大学が問題を作成せず、大学入学試験センター、大学実技試験委員会連合会が問題を作成する。

日本では大学入試センターが試験問題を作成し、センター試験を行うが、国公立大学の二次試験、私立大

台湾の補習班
2010年12月撮影

表２　受験方法

学科能力試験のみ	推薦入試（繁星推薦、個人推薦）
指定科目試験のみ	登記分発入試を必要としない高等教育機関
学科能力試験＋指定試験科目	推薦入試と登記分発入試

出典：http://nsdua.moe.edu.tw/index.php?option=com_content&task=blogcategory&id=13&Itemid=59　2011.10.18参照。

学の試験は各大学が問題作成をする。しかし台湾では、全国どこの大学、国私立大学でも統一入試問題となるのである。統一入試問題で受験生と大学の負担を軽減しているが、有名大学進学のために寝る暇も惜しんで勉強する受験生には以前と変わらない厳しい競争がある。入試の業務は各大学が行うこととされている。

２０１２年度の受験生は次のように、推薦入学、試験入学で受験方法を選ぶことになる。

推薦入試には、繁星推薦、個人申請の２種類ある。繁星推薦は、高校が大学の条件に合う現役の生徒を推薦するものである。高校の推薦によって学科能力試験、実技試験の結果で同一高校からは２人を限度に合格とする。[62]個人申請は１人６校（コース）を限度とする。推薦入試には、学科能力試験（中国語、英語、数学、社会、自然の５科目）、各大学、コースによって実技試験がある。

登記分発入試は、１００校まで志望校を書くことができる。

学科能力試験

次に大学入学試験のホームページから、学科能力試験、指定科目試験について説明する。

現行の学科能力試験の試験科目は中国語、英語、数学、社会と自然の５科目である。

学科能力試験の試験時間は中国語１２０分、その他４科目はみな１００分で、試験の範囲は、教育部１９９５年10月公布「高級中学課程標準」に依拠している。学科能力試験の問題はマークシート方式の選択問題で、中国語と英語の両科目はマークシート方式ではなく非選択問題である。

試験の各成績は級制を採用し、成績が良い１００分の１の受験生の平均を15で割り（少数第三位を四捨五入）、各科目の級は0点の者、受験しない者は0級で、最も成績が良い者は15級となる。

「原住民学生昇学優待及原住民公費留学弁法」の規定により、国民中学学生基本学力試験、四技二専の統一試験、大学の登記分発試験は、原住民で文化言語能力証明が得られる者の点数に総得点の35％を加え、2012年度から証明を得ていない者は10％を加えることになった。(63)

指定科目試験

指定科目試験の科目は、中国語、英語、数学甲、数学乙、歴史、地理、物理、化学、及び生物の9科目で、問題は選択問題、非選択問題の2種類である。各高等教育機関の指定により、どの指定科目を受験するのかを決める。試験時間は80分で、指定科目試験問題は、教育部1995年10月「高級中学課程標準」に依拠し、各科目の試験範囲は必修と選択の課程を含む。成績は、高等教育機関が定めた×1・00、×1・25、×1・50、×1・75、×2・00で加算する方式で計算する。つまり指定科目試験の結果を重視したいのであれば、得点×2・00となり、総得点に占める指定科目の比率が高くなる。

四技二専（四年制科技大学・技術学院、二年制専科学校）への進学

職業高校生の四技二専への進学は、普通科高校から大学に入学する入試とは異なる四技二専統一試験が用意されている。統一試験を採用せず技能コンクール、技能証書による推薦入学などもある。大学進学率が上昇するにつれ、職業高校生の進学率も上昇し、その受け皿として、一般大学とは別枠で四技二専への入試が行われている。向上心を持った職業高校生が高等教育機関に入学することが期待されたためである。

表3　2010年度四技二専各聯合募集委員会合格率一覧表

入試	募集定員（人）	出願者（人）	合格者（人）	総合格率
四技二専個人申請入試	44,270	72,017	31,293	43.45%
四技二専昼間部聯合登記分発入試	74,087	71,562	61,144	85.44%
四技昼間部申請入学聯合募集(普通科、資優班、芸術班、体育班などの学科能力試験を受ける高校3年生の申請のみ)	11,305	34,397	10,530	30.61%
四技二専技学校推薦入試	801	258	244	94.57%
四技二専推薦入試（審査あり）	10,087	17,455	6,716	38.48%
科技大学等の繁星計画聯合推薦入試	800	857	742	86.58%
台北区四技修部二専夜間部聯合登記分発	9,730	8,693	6,798	78.20%
桃竹苗区四技進修部二専夜間部申請入学聯合募集	7,242	6,661	5,440	81.67%
台中区四技進修部二専夜間部聯合登記分発入試	7,498	10,292	6,495	63.11%
嘉南区四技進修部二夜間部聯合登記分発入試	5,875	4,220	3,307	78.36%
高屏区四技進修部二専夜間部聯合登記分発入試	6,948	6,556	4,603	70.21%

出典：http://www.techadmi.edu.tw/　2011.8.31参照。

そのため、受験科目には、出願先大学の学部、学科の専門科目が課されている。

ホームページ[64]に、四技二専に該当する科技大学、技術学院、専門学校と専門学部、学科名の一覧が掲載されている。例えば日本語学科は、一般大学にも四年制技術学院の外国語学院にもある。一方、四年制日本語学科を持つ外語学院にも二年制の日本語学科もある。一般大学と四技二専の区別は、専門学院が昇格して高等教育機関となったのが四技二専である。

四技二専統一試験は中国語、英語、専門科目2科目である[65]。

職業高校生の繁星計画

「繁星計画」は、都市・地方の教育資源の格差是正、教育機会均等を体現するため、原住民、僻地の高校生の大学推薦入学募集計画をいう。普通高校でも優秀な生徒を募集する繁星計画は行われているが[66]、僻地の職業高校、高校付設職業学校、総合高校の優秀な生徒を募集する繁星計画もある。2006年度から国立台湾科技大学で始まり、2007年度からは国立台湾科技大学、国立台北科技大学、国立雲林科技大学、国立高雄応用科技大学等4校に拡大し募集された。2008年度は職業高校エリートクラス以外に、海事水産、観光、農業等の少ない学科に「繁星計画」を拡大した。2012年度は32校で1982人を募集する。各職業高校は8人まで推薦でき、生徒は20校（群）まで志望することができる[67]。

おわりに

台湾の教育政策では、中期教育計画との関係で毎年目指す教育理念、目標が示されている。特に、12年国民教育の実施は、東アジアの他地域でも影響を及ぼすことが考えられる。生徒の多様性の尊重、全人的な教育、キャリア教育の観点から、多様な職業教育を行っている。また、普通科高校から大学進学と、職業高校から四技二専への進学は異なる入試制度がある。台湾では、職業教育をどのように考えるのかが、12年国民教育、小中高一貫教育課程を考える上で重要になってくる。

注

（1）呉清山『解読台湾教育改革』心理出版社、２００８年、５頁。
（2）http://www.edu.tw/secretary/content.aspx?site_content_sn=19637　2010.11.29参照。
（3）丁志権「我国国民教育経費補助制度的回顧與前瞻」中国教育学会主編『跨世紀教育的回顧與前瞻』楊智文化、２０００年、２０５頁。
（4）台湾教育部ホームページ。「教育経費編列與管理法」は、http://law.moj.gov.tw/News/news_detail.aspx?id=71321 2011.6.30参照。
（5）呉清山『解読台湾教育改革』心理出版社股份有限公司、２００８年。
（6）周祝英『台湾教育面面観』世一文化事業股份有限公司、２００３年。
（7）周志宏『教育法與教育改革』高等教育文化事業有限公司、２００３年。
（8）蘆建榮『従根爛起』前衛出版社、２００３年。
（9）潘慧玲『教育改革：法令、制度與領導』心理出版社股份有限公司、２００７年。
（10）黄新憲『台湾教育的歴史転型』上海人民出版社、２０１０年。
（11）黄武雄『台湾教育的重建：面対当然教育的結構性問題』遠流、１９９６年。
（12）黄政傑『台湾教育改革１９９９上・下』漢文書店、１９９９年。
（13）林榮梓『教改野火集』領行文化出版社、２００３年。
（14）周平・蔡宏政『台湾教育問題的批判與反省』南華大学教育社会研究所、２００６年。
（15）許錦文『教育思想起：一位基層教育工作者的観察』遠景出版事業有限公司、２００８年。
（16）立法院国会図書館『教育改革　続篇一』立法院国会図書館、２００４年3月。
（17）国立台湾師範大学『教育発展的新方向：為教改開処方』心理出版社股份有限公司、２００３年。
（18）「創意台湾、全球布局—培育各尽其才新国民」杜正勝教育部部長（２００５—２００８）。
（19）「創意台湾、全球布局—培育各尽其才新国民」杜正勝教育部部長（２００５—２００８）。
（20）「創意台湾、全球布局—培育各尽其才新国民」杜正勝教育部部長（２００５—２００８）。

（21）「創意台湾、全球布局―培育各尽其才新国民」杜正勝教育部部長（２００５―２００８）。
（22）http://140.111.34.179/about04_principle.php　2010.11.29参照。
（23）http://www.tpde.edu.tw/ap/politics02.aspx　2010.11.29参照。
（24）http://www.ey.gov.tw/public/Attachment/01119443471.pdf　2011.5.10参照。
（25）http://www.edu.tw/files/site_content/B0039/06-教育部%20(中程).DOC　2011.6.30参照。
（26）「教育部99年度施政目標と重点」http://www.edu.tw/files/site_content/B0039/06-教育部.DOC。2011.6.30参照。
（27）http://140.111.34.179/about02_law.php　2010.11.29参照。
（28）http://140.111.34.179/about02_law.php　2010.11.29参照。
（29）http://140.111.34.179/about02_law.php　2010.11.29参照。
（30）http://140.111.34.179/about02_law.php　2010.11.29参照。
（31）http://140.111.34.179/about02_law.php　2010.11.29参照。
（32）http://140.111.34.179/about02_law.php　2010.11.29参照。
（33）http://140.111.34.179/about02_law.php　2010.11.29参照。
（34）http://140.111.34.179/about02_law.php　2010.11.29参照。
（35）http://140.111.34.179/about02_law.php　2010.11.29参照。
（36）『親子天下　十二年国教　実践指南給父母、老師、学生的新導航』天下雑誌、２０１１年9月1日、12頁。
（37）http://www.edu.tw/secretary/content.aspx?site_content_sn=21122　2010.11.29参照。
（38）銭MONEY編集部『子女教育専刊　孩子、我養得起你』銭MONEY、民富文化股份有限公司、２００４年8月16日、29頁。
（39）銭MONEY編集部『子女教育専刊　孩子、我養得起你』銭MONEY、民富文化股份有限公司、２００４年8月16日、30頁。
（40）銭MONEY編集部『子女教育専刊　孩子、我養得起你』銭MONEY、民富文化股份有限公司、２００４年8月16日、30頁。
（41）銭MONEY編集部『子女教育専刊　孩子、我養得起你』銭MONEY、民富文化股份有限公司、２００４年8月16日、

28頁。
(42) 劉翠華『託育服務概論—政策、法規與趨勢』楊智文化事業股份有限公司、２００７年、１３６—１３７頁。
(43) 劉翠華『託育服務概論—政策、法規與趨勢』楊智文化事業股份有限公司、２００７年、１３７頁。
(44) 銭 MONEY 編集部『子女教育専刊　孩子、我養得起你』銭 MONEY、民富文化股份有限公司、２００４年８月16日、37頁。
(45) 銭 MONEY 編集部『子女教育専刊　孩子、我養得起你』銭 MONEY、民富文化股份有限公司、２００４年８月16日、38頁。
(46) 劉翠華『託育服務概論—政策、法規與趨勢』楊智文化事業股份有限公司、２００７年、１３７頁。
(47) 劉翠華『託育服務概論—政策、法規與趨勢』楊智文化事業股份有限公司、２００７年、１３８頁。
(48) 詹棟樑『中等教育』師範大学書苑発行、２００５年、１０８頁。
(49) 詹棟樑『中等教育』師範大学書苑発行、２００５年、１０９頁。
(50) 詹棟樑『中等教育』師範大学書苑発行、２００５年、１１２頁。
(51) 詹棟樑『中等教育』師範大学書苑発行、２００５年、１１３頁。
(52) １９９４—２００９年度「近16年我国教育発展統計分析」『第八次全国教育会議』２０１０年８月。出典：http://www.edu.tw/statistics/content.aspx?site_content_sn=23553　2010.11.29参照。
(53) http://14011.34.179/news_detail.php?code=07 $sn=330 $page1=1　2010.11.29参照。
(54) 張芳全『教育議題的思考』心理出版社、２００５年、45頁。
(55) 張芳全『教育議題的思考』心理出版社、２００５年、51頁。
(56) http://140.111.34.179/about05_evo.php　2010.11.29参照。
(57) http://14011.34.179/news_detail.php?code=07 $sn=330 $page1=1　2010.11.29参照。
(58) http://14011.34.179/news_detail.php?code=07 $sn=330 $page1=1　2010.11.29参照。
(59) １９９４—２００９年度「近16年我国教育発展統計分析」『第八次全国教育会議』２０１０年８月。出典：http://www.edu.tw/statistics/content.aspx?site_content_sn=23553、2010.11.29参照。
(60) http://www.ceec.edu.tw/　2011.10.18参照。

（61）http://www.cape.edu.tw/　2011.10.18参照。劉語霏「大学入学者選抜制度」広島大学『ＲＩＨＥ』95、２００８年、23―34頁。

（62）http://nsdua.moe.edu.tw/index.php?option=com_content&task=view&id=17&Itemid=48　2011.10.18参照。

（63）http://nsdua.moe.edu.tw/　2011.10.18参照。

（64）http://ftp.ntut.edu.tw/jctv/union42/u42_student.pdf　2011.7.27参照。

（65）「２０１２年度二技昼間部募集変革の公布」http://www.techadmi.edu.tw/　2011.8.31参照。

（66）南部広孝「台湾の大学入学者選抜における『繁星計画』の導入と展開」広島大学『大学論集』39、２００８年、１２９―１４４頁。

（67）技専校院招生委員会聯合会「１０１学年度科技校院繁星計画聯合推薦甄選入学招生簡章」。

第4章 香港・台湾の教育課程

『ユネスコ「二一世紀教育国際委員会」報告書(1996)―通称ロドール・レポート』では、「知ることを学ぶ(Learning to know)」「為すことを学ぶ」「(他者と)共に生きることを学ぶ」「人間として生きることを学ぶ」[(1)]の4つが生涯学習社会における「学び」のあり方として示された。

『ロドール・レポート』では、「教育が寄って立つべき4本柱」として、「知ることを学ぶ」(Learning to know; 知識の獲得の手段そのものを習得すること)、「為すことを学ぶ」(Learning to do; 専門化した職業教育ではなく、様々な実用的能力を身につけること)、「(他者と)共に生きることを学ぶ」(Learning to live together, Learning to live with others; 他者を発見、理解し、共通目標のための共同作業に取り組むこと)そして「人間として生きることを学ぶ」(Learning to be; 個人の全き完成を目指すこと)」が掲げられた。[(2)]

渡部淳は、「二一世紀の学習において果たすだろう参加型学習の役割を考えるとき、これまでの教育現場での蓄積に学びながら、日本の教育風土に適った学習スキルの定着とその体系化を図ることが、早急に考慮されるべき課題である。むしろナショナル・プロジェクトとしてとりくまれる必要があるとさえ考えている」[3]と指摘する。

香港では、これらの動きに合わせ、学校教育も生涯学習者として児童生徒が「学ぶことを学ぶ」ように教育課程を編成している。参加型学習は香港、台湾でも重視されている。香港では授業の主導は教師であるが、小グループ学習を行う授業もある。また、情報化社会の中で必要なパワーポイントの使用、コミュニケーション能力形成のためにグループ学習で個人に発言権を与え、その上でクラス全員の前で発表するなどの機会を与えている。つまり、自分が授業に参加しているという意識を高めることをしている。

一方増田は、フィンランドでは「コアカリキュラムをもとに各自治体がカリキュラムを決定、student welfare（生徒サービス）をどう実践していくかは各学校、教師に任される」[4]と述べるが、学校裁量課程は、香港、台湾でも実現されている。フィンランドほどではないが、全課程の20％ほどは各学校の独自性に基づく課程となっている。しかし、香港では留年制はあるが、基本的には習得主義のフィンランドとは対照に学年主義である。そのため学校での授業を理解せぬまま卒業する者もいる。

香港の教育課程

香港は、PISAなど国際的な学力試験での成績が際立っている。そのため日本でも、たとえば、小野里聡[5]が、香港の科学教育の中央課程と学校裁量課程について触れている。中央課程と学校裁量課程とは、中央の課程と学校独自に編成した課程を指す。この学校裁量課程は日本ではなじみが薄いが、既にアジアの一部の国、地域では中央課程をもとに学校独自の学校裁量課程を作成することが一般的である。この学校独自の課程編成に加え、香港では優秀な生徒への支援も積極的に行われている。たとえば政府が数学オリンピック、物理オリンピックなどの国際コンクールに出場する生徒の養成に力を注ぐことからも、それは明らかである。

香港は、数学オリンピックでは、２０１０年、皇仁書院中学6年の生徒が、中国数学オリンピックで個人で第2位の成績、ドイツで行われた国際数学オリンピックで金賞を受賞した。２００８年、香港資優教育学院は「特別資優児童生徒養成支援計画」で、国際数学オリンピック香港委員会と共同で数学の優秀な生徒の養成をしたが、受賞した生徒もこの養成を受けていた。(6)

一方、物理オリンピックについては、香港資優教育学院が委託した香港科技大学の物理養成課程で、２００９年香港物理オリンピックで優秀な成績をあげた者が養成された。(7) これらの費用はすべて教育局が負担したという。

それでは現在の香港の教育課程は何を特徴としているのだろうか。２０１０年11月、教育局副秘書長陳嘉琪博士が、次のように課程改革について述べている。少し長いが引用する。

２００９年9月、我々は児童生徒の全人的な発達、生涯学習者となることを目標に、社会と国家のために優秀な人才を養成し、国際都市としての香港の競争力をつけるため、児童生徒の学習・教育改革をする。知識型社会の発展の中で、児童生徒は学科、学科を超えた学習の両者の新しい知を共同で構築することになる。２００２年『基礎教育課程指引』で、学校課程は釣り合いがとれ、関連性があり、楽しく、そして児童生徒と社会の多様な必要から、５つの基本の学習経歴と４つのカギとコミュニケーション能力、創意、批判的な思考力の養成をすることにした。我々は、児童生徒が中国語・英語、数学の広い知識の基礎を学び、さらに個々の児童生徒の「学習の差異」に対応し、多様性を尊重し、興味関心、学習動機、志向、知的能力を社会の多様な必要に合わせ、多様な人材養成をする（人文、文化、芸術、体育、クリエイティブ、設計、科学、科学技術、工商業、サービス、言語等の人材）。

この見解からも明らかなように、香港では、児童生徒が全人的な発達、生涯学習者となること、そのためにはこれまでとは異なる共同の知を構築し、新しい能力を養成し、教育課程改革で新しいタイプの児童生徒の養成を試みようとしているのである。これは、小学から高校まで一貫した課程のもと、学習の差異に応じた教育を行うことで、それぞれの児童生徒が自分の長所を発展させるというものである。

香港の課程の歴史

梁偉倫によると、香港の小学教育において合科的な課程などが、次のように年を追って実施されたという。

1975年　活動教育
1981年　プロジェクト学習、道徳教育指引（ガイド）
1985年　公民教育指引
1990年　『教育統籌委員会第四号報告書』
1992年　各科目を整合　課程発展処「科目統合小組」が成立

１９９６年　小学社会・科学・健康教育３科を常識科とする
１９９７年　単元教育　学校性教育指引
１９９９年　学校環境教育指引
　　　　　　科目を超えた学習　プロジェクト学習[8]

生徒の成績の格差是正

では、教育課程編成に関わりどのような政策が行われたのだろうか。

１９９０年代には生徒の成績の格差を是正するために学習支援策が実施された[9]。１９９３年『支援取録第5組別学生学校工作小組報告書』、つまり最も成績が悪い第5組（香港の中学生は第1組から第5組に分けられる）の教育に関する検討グループで、「課程剪裁」をすることが提案された。

「課程剪裁」とは、成績が振るわない生徒のため中央課程の必修課程の一部を削減し学習にゆとりを持たせ、生徒の関心に基づいた選択科目を受けさせるものである。「課程剪裁」は「中学の必修科目の重複をなくし、たとえば11科目を9科目にし、生徒の学習の負担を軽減する」という科目の減少で、そして、各学校で「課程剪裁」の判断がつかないと、「教育局の空降部隊が学校で教師が適当な学校裁量課程を編成することを助ける[10]」こととした。

１９９４年、教育署課程発展処は、この「課程剪裁」の学校裁量課程（school-based curriculum development）計画を実施した。「学校裁量課程剪裁計画」とは、「課程剪裁の推進モデルは、基本的には学校裁量課程を発展させた課程である[11]」というように、すなわち校内の生徒の状況を見て学校裁量課程を設計するということである。

一方で、優秀な生徒には、1994年から3年で、19校で試験的に「学業成績卓越学生学校裁量課程試験計画」が採られ、学校独自の学校裁量課程で成績優秀な生徒を養成した。[12]

これらの経験を踏まえ、科目・学習領域を超えた連携を行うため、課程発展議会『学会学習課程―発展路向』報告書（2001年）、課程発展議会『基礎教育課程指引』（2002年）が発表された。現在では、この2002年に発表された『基礎教育課程指引』が中央課程となっている。

梁偉倫によると、香港の小学課程を分類すると、6つに分類できるという。これまでの課程の歴史において、李偉成・林徳成は、中央課程⇒学校裁量課程⇒中央課程の変遷を整理している。

伝統式課程（数学、語学科目の単元教育）
融合式課程（多科目が並行して、エイズ、環境保護等について教育）
合科式課程（小学常識科の単元）
多学科式課程（他学科でも、例えば公民教育、道徳教育に関連する主題を教育する）
学科を跨ぐ課程（学科を超えたプロジェクト教育、専門的な研究、弾性的な学習時間の配分、多様な教材・評価）
学科を超える課程（1カ月、1週間、1日のプロジェクト教育を進行する。学習概念の関連を重んじる）。[13]

「中央課程の発展の失敗で、学校裁量課程の発展が広く関心を持たれ歓迎され、1970年代各学校が異なる環境と児童生徒の必要から自ら学習と活動内容を制定し」、「1980年代の課程は権力を基礎とする統一開発モデルに回帰し」、「1990年代は情報科学技術の発展と経済のグローバル化の影響で再び学校裁量課程が重視された[14]」。

香港では、これまで中央課程、学校裁量課程のどちらかが中心となる課程設計が行われてきたのである。現在の情報化社会、経済のグローバル化で1990年代から画一的な中央課程の全面的な実施ではなく、個々の学校の状況に合わせ設計された学校裁量課程が尊重された。現在は、まさに断片的な知識注入の伝統的な教授スタイルとは180度異なる課程設計を行っているといえる。

1999年、香港課程発展議会は『香港学校課程整体検視：改革建議』を発表し、「香港の未来のため、全人的発展の課程を提案し、課程を8つの学習範疇と改めた[15]」。これはこれまでの教科教育とは大きく異なる領域制の導入の始まりであった。つまり教科に分化された学びから合科的な学びへと向かったのである。

1999年から2000年に学校課程全体の研究がなされ、教育統籌委員会2000年9月『終身学習、全人発展―香港教育制度改革建議』で、生涯学習の重要性が提唱され、それと重ねて学校課程改革が進められ、2000年11月『学会学習課程―発展路向』が発表された[16]。

『学会学習課程―発展路向』は、ここ10年の改革の基礎となる重要な文書で、「香港の未来10年の課程を定め、生徒が全人的発達及び生涯学習者となることを願い、短期（2001―2002至2005―2006年）、中期（2006―2007至2010―2011年）及び長期（2011年以後）の発展的戦略及び措施を政府、学校、教師、教員養成機関、保護者及び社会に提案し、課程の発展のために貢献する」ものである。『学会学習―課程発展路向』の原則は、特に「学ぶことを学ぶ」、すべての児童生徒に基本的な学びを保障し、児童生徒中心主義、多様な戦略で児童生徒の多様な学びに応えるものである。中央課程の構造に合えば学校が弾力的に学校裁量課程を定めることができるとしている。

『学会学習―課程発展路向』の改革の重点としては次の点が挙げられる。

1. 知識の注入より学ぶことを学ぶ
2. 学術的に偏るより多様な全人的発展をさせる
3. 科目に縛られるより総合的な学習をする
4. 教科書主導より多様な教材を用いる
5. 教室での教育から社会的支援を行い、教室を出る
6. 伝統的な時間割から弾力的な授業時間の計画
7. 早すぎる分流（進学先の決定）から多くのものに接触し、児童生徒の潜在的能力を開発する

『学会学習―課程発展路向』では、8つの学習領域に加え、各領域の指引の目的・目標を超えた児童生徒が持つべき共通能力、価値観、態度、各領域の学習の目指すべき能力、それに関わる価値観、実践力が示され、構造的な構成になっている。中央課程における、学習領域（中国語、英語、数学など）は知識の基礎を作り、学習の主要内容となるもので、学科名称ではないという[17]。共通能力は児童生徒が「学ぶことを学ぶ」ことを助ける基礎で、価値観と態度は児童生徒の個人の特質を養成するものである。これらの領域、能力、価値観は結局のところ、社会への適応能力、独立して学び続ける基本的な能力を養成し、全人的な

発達を目指すものである（図1参照）。

繰り返しになるが、学習の差異については、学力に問題がある児童生徒に独自の課程を用意しつつ、児童生徒の自尊心を高めること、多様な評価をすることも戦略に掲げられている。

2002年、各学習領域の課程指引が発布されると、課程発展処と高等教育機関、専門家及び学校が連携して「種籽」計画を行った。「種籽」計画とは、課程改革のキーとなる指導者を養成する学校裁量課程の研究計画である。すべての学校は2010―2011年に新しい課程を全面的に実施することから、教育局のホームページに多くの教材、教育課程に関する情報が掲載された。例えば、課程資料庫（http://cd.ed.gov.hk）、香港資訊教育城（http://www.hkedcity.net）がある。

全方位学習

全方位学習の意義と目的は、全人的発達、生涯学習を目指すものである。「全方位学習は、児童生徒にその実際の状況環境から学ばせるもので、これらは実際の経験により児童生徒が有効に教室での学習では学習目標に達するのが難しい学習目標に達すること、例えば、日常生活における問題解決能力を身につけること、社会・人類のため福祉を考える前向きな姿勢を養成するものである。そのためには、児童生徒が絶えず異なる人、環境と接触することになる」[18]。香港の課程指引の目標として生涯学習者としての能力を身につけることを目的として求められているが、全方位学習では児童生徒のため機会を作り、彼らが実際の体験から学び、絶えず変化する社会の中で全人的発達の目的を実現し、生涯学習者となることを目的とする。

小中学の課程指引

現在、香港では、教育局教育課程組が、教育課程を担当している。１９８８年課程発展議会が成立し、幼稚園、小学、中学の課程大綱を制定した[19]。

課程大綱の核心課程は、課程発展議会によって改訂された[20]。王道隆らによると、当時から学校裁量課程が作られていたが、「毎週38時間のうち、学校は5時間自由に使える。課程発展議会は、その5時間を①中国語、英語、数学、②常識、③美労（美術）、音楽、体育で3時間を超えてはいけないとした[21]」。つまり、学校裁量課程は学校独自で時間配分をすることが可能であったが、既定の教科で3時間を超えてはいけなかったのである。

現行の課程指引では、『学会学習―課程発展路向』を受け、小学・中学について、教育課程の質の向上のため、「5つの基礎の学習」「7つの学習目標」「8つの学習領域」で、全方位学習（多方面にわたる学習）を推進し、「共通能力」「5つの価値と態度」を養成するよう述べられている[22]。

5つの基礎の学習には、「道徳教育及び公民教育」「物事の理解・判断力の発達」「社会のために尽くすこと」「体育・芸術を楽しむ」「職業に必要な知識・技術の養成」がある。モラルの養成と個人の社会化、そして物事の理解、判断力、社会の一員としてのホスピタリティの精神の養成、運動、芸術を楽しむこと、そして人格形成、生活に必要な職業能力の育成が併記されている。

日本とは異なり、教科教育ではなく、領域教育として8つの領域がある。8つの学習領域の共通能力は決して知識の多寡だけではない、個人集団における生活で必要とされる能力がコンパクトに集約されている。5つの価値と態度は、児童生徒に必要とされる価値観であるが、「堅固な信念」「他人を尊重」「責任感」は教育の場では普遍的に示されることであるが、「国民身分の認識」に関しては1997年の中国返還後に明らかに強化されている。「他の者のために働く精神」は、イギリス植民地、キリスト教などの影響でホスピタリティの精神が強く働いている。

また、小学―中学までの教育活動の4つのキー項目として、「道徳教育及び公民教育」「読むことから学ぶ」「課題研究」「情報科学技術の相互学習」がある。[23]具体的に図示すると次のようになる。

表1は、小中学の授業時間数を示したものである。教育局によると、「全日制と半日制の児童の総授業時間数は3400時間以上で、弾性的な授業時間は、全日制小学約10―19%(約420―800時間)、半

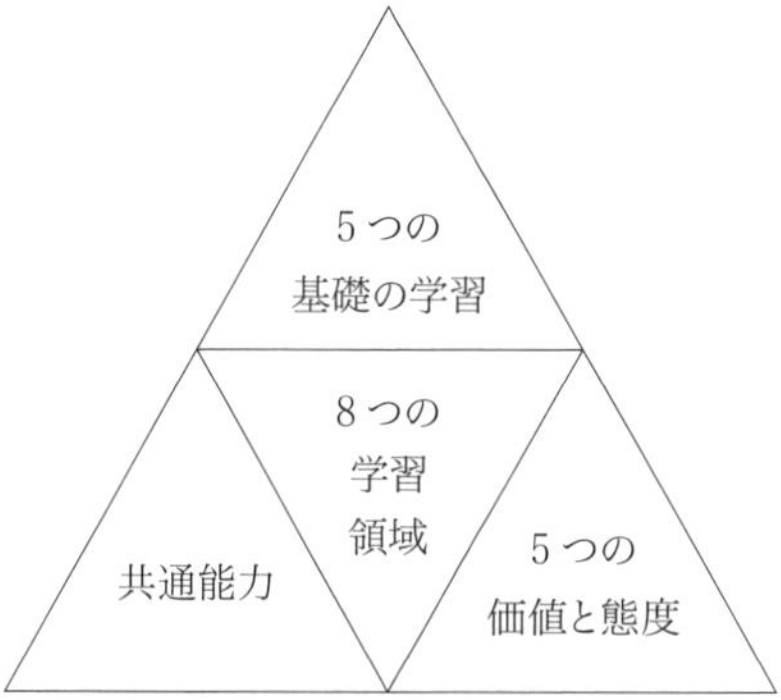

5つの基礎の学習

「道徳教育及び公民教育」「物事の理解・判断力の発達」「社会のために尽くすこと」「体育・芸術を楽しむ」「職業に必要な知識・技術の養成」

8つの学習領域

「中国語」「英語」「数学」「個人・社会及び人文」「科学」「科学技術」「芸術」「体育」

共通能力

「協力」「コミュニケーション能力」「創造力」「批判的思考能力」「情報科学技術運用能力」「数学能力」「問題解決能力」「自己管理能力」「学習能力」

5つの価値と態度

「堅固な信念」「他人を尊重」「責任感」「国民身分の認識」「他の者のために働く精神」

図1　香港の小学・中学の教育

出典:山田美香「香港道徳教育」日本道徳教育学会『道徳と教育』No. 328、2010年、p. 181。

表１　小中学の学習領域の授業時間

小学	中学	小１－小３	小４－小６	中１－中３
中国語	中国語	594–714時間 (25–30%)	594–714時間 (25–30%)	468–579時間 (17–21%)
英語	英語	405–498時間 (17–21%)	405–498時間 (17–21%)	468–579時間 (17–21%)
数学	数学	285–357時間 (12–15%)	285–357時間 (12–15%)	330–414時間 (12–15%)
小学常識科	科学	285–357時間 (12–15%)	285–357時間 (12–15%)	267–414時間 (10–15%)
	個人、社会及び人文	0	0	414-552時間 (12–15%)
	科学技術	0	0	219-414時間 (8–15%)
芸術	芸術	285–357時間 (12–15%)	285–357時間 (12–15%)	219–276時間 (8–10%)
体育	体育	120–189時間 (5–8%)	120–189時間 (5–8%)	138–219時間 (5–8%)

出典：http://www.edb.gov.hk/index.aspx?nodeID=6154&langno=2
2011.4.26参照。

日制小学約10―15%（約４００―６００時間）である」[24]と規定されている。また、中学は、「３年の最低必要授業時間が約２７００時間で、弾性的な授業時間は約５―15%で、３年で１３５―４０５時間」[25]である。

表1から小学は、母語である中国語（広東語）に25―30%、小学1年から英語も20%前後と、そのほかの領域に比べて言語教育に力を入れていることが分かる。この授業時間数はすべての各学校（官立・資助学校でも）に共通しているものであるが、授業時間に幅があることから分かるように、学校裁量課程の立て方が大きく異なる。

例えばある小学は朝7時半から読書が始まり、7時45分までに教室に入り、その後、朝の会が行われる。日本の小学校に比べると1時間早く活動を開始する。月曜日から木曜日まで30分授業の授業が11時間あり、午前の授業は1、2時間目、3、4時間目、5、6、7時間目で、3時35分に授業が終了[26]する。40分授業で7―8時間の授業がある学校もある。学校独自の学校裁量課程に合わせて時間割を作成する。

一般に香港の小学では、金曜日は、月曜日から木曜日と比べて活動が多く、早めに授業が終了する。

職業教育

中学においても職業導向課程として科学教育の中に車修理、ビジネスの基本、配膳サービス、パソコン、ファッションデザインなど多様な科目がある。(27) 中学3年の生徒に就業指導をし、彼らに適した選択科目を選べるようにするためである。

高校

2003年、香港の高校生の登校日数は154日と、日本225日、韓国220日、台湾200日、中国200日に比べると少ない。一般に高校は6―7時間授業で、45分授業、1クラス40人クラスで2名の教師がいる。(28)

香港の時間割は曜日制ではなく、5日、あるいは10日の循環制である。つまり、ある曜日が休日、祝日に当たるとその曜日の科目のみ授業時間数が少なくなるため、休日の次の日は休日の時間割とするもので、それを5日か10日で同じ時間割を繰り返している。ただ、職業教育が多い応用学習課程は、土曜日、平日の固定された時間に授業をすることになる。

新高校の『高校課程指引』(中4から中6) によると、必修科目は、中国語、英語、数学、通識教育の4科目である。これらの必修科目のほかに選択科目がある。

香港の高校では、必修科目はどのタイプの高校であっても必ず学ぶべき科目で、これ以外は、それぞれ

図2　高校の課程

必修科目 （英・中・数・通識）	選択科目 （20科目から2、3科目）
応用学習課程（2、3科目） その他の学習経歴	

出典：『学会学習―課程発展路向』2001年9月ネット版から筆者作成。

の高校の特徴に合わせ学校裁量課程が組まれる。各校の判断で、大学入試用の科目が多いか、職業科目が多いかを決める。

必修課程のうち通識教育は高校3年で270時間学び、6単元（個人の成長と人間関係、今日の香港、現代中国、世界、公共衛生、エネルギー科学技術と環境）で180時間、研究90時間（メディア、宗教、教育、体育、芸術、情報科学技術）とに分かれている。研究とは、生徒が主体的に課題設定し、自分で研究を進める時間を指す。

選択科目は20科目（20科目と「その他の言語」の中から2、3科目）あり、課程全体の20－30％を占めるが、ある生徒が選択した選択科目1科目は総授業時間数の10％以上を占めることになる。これまでは文理クラスに分かれると、選択できる選択科目は制限されたが、現在では、生徒は自由に文理科目を選択できるようになった。選択科目の「その他の言語」はフランス語、ドイツ語、日本語、ヒンディー語、スペイン語、ウルドゥー語で、この言語を選択した場合は、生徒は、香港考試及評核局のケンブリッジ評価試験を必ず受けないといけない[29]。

高校1年は、高校3年制の1年目で、それ以降の2年、3年の選択科目の参考とするということもあり、4つの選択科目を体験科目として受け、視野を広げることになっている。

高校では、以上の必修科目と選択科目に加え、「その他の学習経歴」においては、道徳教育及び公民教育、社会奉仕、芸術・体育、仕事と関連する経験[30]を学ぶ。その他の学習経歴は、『高校課程指引』によると、「高校課程の3つの部分の1つで、必修科目、選択科目を補足するもので、生徒の全人的発展を促すものである。これらは、道徳教育及び公民教育、社会奉仕、芸術、仕事と関係がある経験、集団活動を包括するものである。高校課程の構造は、7つの学習の根本理念を達成し、生徒が潜在的能力を発揮できるよう助けるものである[31]」という。

表2　高校の課程

学習領域	科目	学習時間の割合
中国語教育	中国語（必修科目）	12.5–15%
	中国文学	
英語教育	英語（必修科目）	12.5–15%
	英語の文学	
数学	数学（必修科目）	10–15%
通識教育	通識教育（必修科目）	10%以上
個人、社会及び人文教育	中国歴史	
	経済	
	倫理と宗教	
	地理	
	歴史	
	旅行とサービス	
科学教育	生物	
	化学	
	総合科学	
	物理	
科学技術教育	企業、会計、財務概論	
	設計、応用科学技術	
	健康管理と社会への関心	
	情報、情報科学技術	
	科学技術と生活	
芸術教育	音楽	5%以上
	視覚芸術	
体育	体育	5%以上
道徳教育及公民教育、社会奉仕、仕事に関連する経験		5%以上

出典：課程発展議会と香港試験及評価局連合編訂「応用学習課程及評価指引（高校課程）」2009年

表３　時間割

8：05―8：25	朝の会
8：25―8：55	クラス担任の授業
8：55―9：40	1時間目
9：40―10：25	2時間目
10：25―10：45	休み時間
10：45―11：30	3時間目
11：30―12：15	4時間目
12：15―13：20	昼食
13：20―14：05	5時間目
14：05―14：50	6時間目
14：50―15：35	7時間目

出典：図表2.3 2週間（10日循環制）時間表『高中課程指引立足現在創建未来（中４至中６）』、http://cdl.edb.hkedcity.net/cd/cns/sscg_web/html/chi/main02.html　2011.5.30参照。

「応用学習課程」は、「その他の学習経歴」の「仕事と関連する経験」の課程を指し、2010−2011年度から高校2年で開設し、30の応用学習課程で6つの学習範疇（創造的な学習、メディア及び意思を伝える、商業・管理及び法律、サービス、応用科学、工程及び生産）に分けられる。(32) 以前は職業導向課程と呼ばれ、「3年の高校課程で、広く専門的職業領域を学習し、児童生徒の基礎技能、思考能力、人間関係、正しい前向きの価値観と態度、職業と関係する能力を発展させる助けとし、将来進学、職業に就くため、生涯学習のための準備とする」ものであった。

「職業導向課程試点計画及毅進／中学協作計画」で、2004年度から2005年度に学校毅進計画が実施され、課程に7つの主な単元（語学、数学、情報科学技術、コミュニケーション技術等）と3つの選択単元（実用技能）が作られた。(33) 当初から職業導向教育には批判的な声もあったが、教育局では、「職業導向教育は職業訓練の一種で、一般には、学習能力が低い生徒に適していると言われているが、このようなラベリングは学校の職業導向教育を低下させる」(34)と、積極的に職業導向教育を推進する立場を堅持した。

具体的には、香港学術及職業資歴評審局によって職業導向教育が評価されるため、正式な手続きによって職業導向教育課程の成績が香港中学文凭考試（新しい中等教育修了試験、大学入試となる試験で2012年から実施）の成績と同等とみなされる。つまり、職業導向教育課程の選択科目を学ぶことで本人の経歴にマイナスにならないように配慮されているのである。[35]

応用学習課程は、「多くの高校生が高校の科目を負担に感じ、その学習モデルが生徒個人の学び、発達の必要に合っておらず、生徒の学科以外の能力が評価されていなかった。そのため、さらに多くの生徒の異なる必要、方向性、趣味を満足させるため、就職、進学の問題解決の助けとなるよう課程を編成した[36]」のである。

これらのことから、香港では、生徒の職業選択との関係で職業教育が導入されている。高校では従来、受験勉強を重視しすぎたきらいがあり、生徒の適性に合った高校教育が実現されつつある。また、官立、資助学校など公的資金で運営される学校でも学校裁量課程が重視され、科目の組み合わせや選択、時間割の組み合わせの独自性が認められている。[37]

通識教育

通識教育は「学会学習」という教育課程改革のキーワードを体現する科目であり、なおかつ自分、社会、国家に対する理解を深めるものであるとされている。通識科は必修科で、すべての高校1年から高校3年の生徒は、高校課程の12・5％の授業時間、この新しい学科を学習する。大学もこれを生徒の入学要求の1つとしている。

香港の通識教育は、「1970年代探究式学習が開始、1992年高級補充程度の通識教育の実施以外に、公民教育と思維技能等の学科を超えた課程の連携で、多くの実戦経験を積み重ねていった[38]」。「すでに実施されている1992年の預科の高級補充程度の通識教育科、2003年の総合人文科（中4から中

5）及び科学と科学技術科（中4から中5）の経験をくみ取り、学校を超えた学校支援パートナー計画を推進し、通識教育が各学校で行えるような支援が行われている」[39]という。

この通識教育の開設に際して出された一般の意見としては、総合的な科目であるため、通識教育の成績は「合格」「不合格」の2等級、「優秀」「普通」「不合格」の3等級が採用されるべきだ[40]というものであった。

また、新しい科目である通識教育については、「教育統籌局は各機構と協力して、一般に専門の教師は最低30時間から35時間の専門的な教育を受け、通識教育等の新科目の教師にはその単元を選択させる」[41]とした。つまり、十分な現職教育を行うことが提案された。

人件費に関しても、「通識教育を含め、新科目に必要な教師数については、全体の10％を超える教師の人件費の補助はない。しかし、代理で授業する教師の補助金は、現行の補助モデルで現金で補助する」[42]ことになった。

その一方で、通識教育は新高校では初めての科目であるため、林智中は、「内容・評価に、みな多くの問題があり、保護者も教師も心配している」「科目が少なくなり、英数の教師以外は通識教育の教師に変わった」[43]という指摘をしている。

大学入試科目となることについても、英語、中国語のどちらで通識教育の出題をするのか議論があった。鄭楚雄によると、ある英文中学校長は、「通識教育は独立した思考を養成する。多くの教材は中国語の情報なので、生徒は母語で学習するのがいい」[44]と考えた。結局、「通識教育は単元方式で問題を出し」、英文中学の生徒、中文中学の生徒のどちらにも不利にならないよう、「中国語、英語の問題で、受験生がその場で選ぶことができるようにした[45]」。

この教育課程改革とは別の問題として、教授言語を英語と中国語（広東語）の2カ国語とする場合、「同一の学校、同一の学年、異なるクラスで、2つの異なる教授言語があり、2つの言語で教育内容と進度を編成するのは教師である[46]」（2009年3月17日）と、教師の負担の大きさも指摘されている。

天主教、キリスト教

香港では、天主教、キリスト教が経営する学校が多いが、どのような宗教教育が行われているのだろうか。

謝家駒によると、「1860年以降、政府立学校における教会勢力は弱くなっていった。中央書院の院長は、学校での伝教に極力反対した。もし学生に道徳教育の需要があれば、中国の聖賢の書ですでに足りているので、政府は中学生に信仰を変えさせる意味はないとした[47]」というように、学校教育において宗教教育を重視してこなかった。「教会学校はキリスト教の教義を伝えるのが目的であるが、伝統的な道徳を重視しなかった。政府の学校は伝教には反対したが、道徳教育も重視しなかった[48]」のである。

徐錦堯によると、「香港の天主教教徒の社会的影響力は社会における人口比率より大きい。学校教育は、約300の中学、小学、幼稚園で香港の学校の4分の1を占める」という。天主教教徒ではない生徒も天主教の教育を受けるが、卒業後、天主教教徒になる生徒は少ない。

天主教香港教区会議では、「教会は学校運営上、聖書あるいは倫理、道徳、公民教育を教えるべきだ」とし、「学校は堂区と緊密な連携をとり、堂区の支援を受けるが、天主教の教師、生徒の全校に占める比率は低く、また牧職にある人も校内ではいない」[49]と、宗教教育を行う人的資源が少ないことが言われた。天主教の学校の教師はキリスト教のようにキリスト教徒であることを要求しない場合が多い。

２０１１年３月、筆者が訪問したキリスト教の中学では、信者の生徒は10－20％程度であった。しかし宗教的な行事や、校内の集会所、ホールの舞台には十字架、聖像が配置されている。教会から派遣されたボランティアによるバンド活動を見たが、講堂の中央には十字架、左右の壁には大型画面があり、イラスト入りの聖書の一節を映していた。ボランティアは、その映し出された聖書の一節をポップス風にアレンジして歌っていた。他に掛け合い漫才などで聖書の一節をもとにした演目があり生徒を沸かせていた。教室で聖書を読むだけのクラスもあるが、一般には体験的な宗教活動の方が効果が高い。中学では、特定の宗教的価値観より、聖書を用いて青少年期の生徒への心の支援している。

香港において天主教、キリスト教団体は、幼稚園から大学の学校経営、福祉施設、医療機関などで身近な存在で、生徒は宗教教育から普遍的な価値を学ぶことが多いが、特定の宗派の教義を学ぶことは奨励されていないようである。

香港の教育課程と教育改革

香港の教育課程は次のようにまとめることができる。

１．９年小中一貫教育と新高校課程が接続している。学習領域が８領域であること、共通能力、価値観と態度、５つの主要な学習経歴については、義務教育の９年一貫課程と新高校課程は全く同一である。必修科目である中・英・数・通識は小中学の同一領域と教育目標が同じである。つまり中央では、９年一貫課程に加え、高校3年課程の計12年で一貫した教育課程が設計されているといえる。

2．新課程指引に対して、教聯会の楊耀忠は、「小中学段階の学習目標は人の終生の学習目標を与えると定めているが、これは不適当である。本会は基礎教育の主要な目標は児童生徒に学科の基礎知識、基本的な方法を掌握させるという基点の上に総合的な探索能力、創造性の学習を進めるべきだと認識している」[50]と、生涯学習者の養成を学習目標とすることより、児童生徒の発達段階に照らした基礎教育、学習内容の習得を重視すべきだと批判した。また、「8大学習領域中の科学技術領域の科目が多すぎる」として、「本会は科学と科学技術を『科学と技術領域』と合併すること、また、『国情国史』を新しく増加することを提案する」[51]と、中国返還後の実情を踏まえ、これまで独立してあった中国歴史科が「個人、社会及び人文教育領域」の中に埋没したため、その復活を期待した。

3．『改革高中及高等教育学制―対未来的投資』（2004年10月20日）では、「広く深い教育」か「多様な教育」か、「基本的な学習」か「生徒の選択を重視する」のかなど、教育理念がどのように保障されるかが明確ではないが、一般の意見として、「生徒が異なる学習領域の科目の組み合わせを選択できることを希望する」[52]「それぞれの科目を基本、発展段階に分け、生徒がさらに多くの科目を学び、異なる能力の生徒が異なる学習を選択できる」[53]など、条件の整備などが挙げられた。

高校の選択科目が多様になり、梁兆棠は、「現在の教員養成の状況では、課程設計の訓練がそれほど設けられておらず、出版社も教科書を編集するとき、大量の専門家を準備しないといけなくなる」[54]と、その問題点を指摘している。

また、鄭漢文は、「毎週平均4―6時間の授業をどのように作り出すのか？ できることは、ただ選択科目数を減らす、あるいは組み合わせることだけだ。例えば歴史は2クラス開設していたが、現在は1クラスの開設である。では歴史科の教師は何を教えるべきか。その実、中国語・英語以外はあらゆる科目は同じ運命で、どの教師にも圧力がかかっている」(55)と述べている。

4．個別の差異に応じた多様な教育の保障という点から課程設計がなされ、それがその学校の学校裁量課程ともなっている。児童生徒の個性により多様な授業を提供するという視点が明確である。

香港の一部の学校では電子ボードやパワーポイントによる授業が恒常化し、小グループで考えさせ、すべての児童生徒が意見を出す雰囲気作りをしている。つまり、多様な教育課程は多様な教育方法の改革も導き、それらに対して教育局の支援も行われている。教科書で基本的な知識を学び、その後の段階で、児童生徒の意見を尊重し、意見交換のプロセスを大事にすることがすべての領域で重視されるようになった。

以上のことから、香港の学校改革は制度の改革にとどまらず、同時に教育課程、学校独自の課程の学校裁量課程やそれに伴う学校の特色を生かした教育を行うことで、より改革が具体的な成果を示すこととなっている。

台湾の9年一貫課程

教育部のホームページによると、国民小中学の各領域の課程は、1993年、1994年、2003年に改訂された。「台湾の中学生は、以前は、世界でも多い22科目を学習した。学科は細り、学習内容も細かい断片的な知識となり、中学生の智慧の発達の助けとはならず、課程は中学生の負担となり、心身に極端な圧力となり、学習効果が低くなった」(56)というように、多くの履修科目は生徒の負担であった。

教育部のホームページ、『諸外国の教育課程[57]』によると、国民小中学9年一貫課程は2001年度より国民小学1年、2002年度2、4、7（国民中学1）年、2003年度3、5、8（国民中学2）年、2004年度全面実施された。2005年、7年から9年（国民中学1―3年）の社会学習領域の基本内容が改訂、2006年、3年、5年の語文学習領域の英語の改訂がなされた。

「9年一貫教育綱要」には教科制ではなく領域制で、国民小中学9年間の全授業時間の中でそれぞれの領域をどれだけの比率で学ぶのかが記されている。授業日数は200日で、毎学期20週、週5日が原則である。毎週の「領域の授業時間数」と「弾性学習の授業時間数」は、表4のようである。

表4　「9年一貫教育綱要」の時間数

単位：時間

年級	授業時間総数	領域学習の授業時間数	弾性学習の授業時間数
1	22—24	20	2—4
2	22—24	20	2—4
3	28—31	25	3—6
4	28—31	25	3—6
5	30—33	27	3—6
6	30—33	27	3—6
7	32—34	28	4—6
8	32—34	28	4—6
9	33—35	30	3—5

出典：研究代表者山根徹夫『「教科等の構成と開発に関する調査研究」研究成果報告書　諸外国の教育課程(2)—教育課程の基準及び各教科等の目標・内容構成等—(アメリカ合衆国、イギリス、フランス、ドイツ、中華人民共和国、韓国、シンガポール、台湾)』平成19年3月、p. 349、教育部ホームページ参照。

台湾では、各学校の学校課程発展委員会が、学校の状況に応じて各学習領域の授業時間数、弾性的な時間を決めることになっている。

1．語文学習領域（中国語・英語）は、領域学習の授業時間の20―30％だが、国民小学1、2年の語文学習領域の授業時間は弾性的に生活課程と実施する。

2．健康と体育、社会、芸術と人文、自然と生活科学技術、数学、総合活動等の6つの学習領域の授業時間は各10―15％である。

授業時間は40―50分（国民小学40分、国民中学45分）だが、学校課程発展委員会が、各校の課程の実施及び児童生徒の学習の必要に応じて、弾性的に学期の週数、授業時間、授業時間数、学年、クラスの組み合わせを調節することができる。[58]

標準課程

課程の基本理念は、人としての情緒（自己理解、他の人・異なる文化等を尊重）、総合的な能力（理性と感性の調和、知行合一、人文と科学技術との整合等）、民主的な素養（自己表現、自ら考える、コミュニケーション、自分と違う者を包容、集団における協力、社会奉仕、法律を守る等）、郷土と国際意識（郷土の情、愛国心、世界観等）、生涯学習者となること（主体的な探究、問題解決、情報と言語運用等）を学ぶことになる。

課程の目的は、1．自己理解を進める、個人の潜在的な能力の発達、2．観賞力、表現力、審美及び創作力を養成、3．生涯の規画力と生涯学習の能力を養成、4．表現力、コミュニケーション力、分かち合う能力を高める、5．他人を尊重し、社会に関わる、集団のチームワーク、6．文化学習と国際理解を進める、7．企画力、組織力、実践力を高める、8．科学技術の情報の運用能力を高める、9．自発的な探索研究力を高める、10．自ら考える力、問題を解決する力を養成することにある。[59]上述の課程目標を達成するため、国民教育段階の課程設計は、児童生徒を主とし、生活経験に重心を置き、現代の国民に必要な基本能力を養成することになっている。

9年一貫教育における各領域別の配当は次のとおりである。

健康と体育学習領域、数学学習領域、語文学習領域の中国語は第一階段が1―3年、第二段階が4―6

表5　領域の配当

学習領域＼年級	1	2	3	4	5	6	7	8	9
語文	中国語			中国語			中国語		
			英語				英語		
健康と体育	健康と体育			健康と体育			健康と体育		
数学	数学			数学			数学		
社会	生活		社会		社会		社会		
芸術と人文			芸術と人文		芸術と人文		芸術と人文		
自然と生活科技			自然と生活科学技術		自然と生活科学技術		自然と生活科学技術		
総合活動	総合活動		総合活動		総合活動		総合活動		
六大議題									

出典：研究代表者山根徹夫『「教科等の構成と開発に関する調査研究」研究成果報告書　諸外国の教育課程(2)―教育課程の基準及び各教科等の目標・内容構成等―(アメリカ合衆国、イギリス、フランス、ドイツ、中華人民共和国、韓国、シンガポール、台湾)』平成19年3月、p. 348。

年、第三段階が7―9年、英語は第一段階が3―6年、第二段階が7―9年、社会学習領域、芸術と人文学習領域、自然と生活科学技術学習領域、総合活動学習領域は第一階段が1―2年、第二段階が3―4年、第三段階が5―6年、第四段階が7―9年となっている。

全課程の20％を占める学校裁量課程では、様々な取り組みがなされている。例えば進学校であれば進学支援が中心に行われ教科教育を行うが、一方で進学校でない場合は自然に親しんだり体験型の活動を重視したりする。また原住民地域では、独自の郷土語、文化を学び、舞踊のけいこをする。国民小学1―6年は、閩南語、客家語、原住民語等の3つの郷土語から1つを自由に選択できる。

これは外省人による台湾人の統治から、台湾の各民族のオリジナリティが強化、アイデンティティを確立する動きの一環である。

しかし改革が進むと同時に、現場では課程改革への対応で教師の仕事量が増大している。

課程改革は、保護者や学校の期待も大きく、教師はそれに応えようとするプレッシャーがある。中学生は高校入試も兼ねた国民中学学生基本学力試験を受験するが、教師はこの対応に加え、独自の教育活動を行う必要がある。そのため、各学校の課程発展委員会、各学習領域課程小組が、学期開始前に学校課程計画を決め、各学年、クラスの各学習領域授業時間数を決定するようにしている。

また、各領域と並行して重視される、「性別」「環境」「情報」「家政」「人権」「生涯発展」の六大議題をいかに各領域課程の教育に組み込むのかの計画も必要である。各国民小中学は、児童生徒の個別の差異に対して、選択課程を設計し、異なる状況の児童生徒に異なる課程を編成する。台湾では従来型の知識詰め込み教育、徳目主義ではない、市民性を育てようとする多様な教育が行われている。

このように台湾の国民小中学では、地域性と社会性を養成しつつ、楽しく関心が持てる授業が行えるようにしている。

後期中等教育共同核心課程

台湾では、2004年から普通科高校、職業高校、総合高校で『後期中等教育共同核心課程』によって授業を行い、それ以外は各校の独自性を尊重し、選択科目が開設された。

『後期中等教育共同核心課程指引』は、2004年に公示、2005年に改訂、2006年度から実施された。高校で7領域の共通課程を設置することで、教育の機会均等を図り共通の素養を備え、基礎学力とするものである。

・語文領域　中国語、英語
・数学領域　数学
・社会領域　歴史、地理、公民と社会
・自然領域　物理、化学、生物
・芸術領域　音楽、美術、芸術生活
・生活領域　生活科学技術、家政
・体育領域　体育(60)

共同核心課程の目標は、1.自己理解、生涯学習者としての能力を身につける、2.人文、社会、科学技術の基本的な知識を身につける、3.生活に必要な応用力、創造的な能力を身につける、4.社会の理想、信念に貢献できる、というものである。生徒が自己を理解し、基本的な知識、生活に必要な応用力を身につけ、共通能力の育成を図るものである。

注

(1) 渡部淳「今、授業の何が問われているのか」教育科学研究会編集『教育』No.699、国土社、2004年4月、10頁。
(2) 澤野由紀子『「ドロール・レポート」における生涯学習論』日本生涯教育学会『生涯学習研究e事典』http://

ejiten.javea.or.jp/content.php?c=TmpneE5qRXk%3D　2011.8.31参照。

（3）渡部淳「今、授業の何が問われているのか」教育科学研究会編集『教育』№６９９、国土社、２００４年4月、10頁。

（4）増田ユリヤ『教育立国フィンランド流　教師の育て方』岩波書店、２００８年。

（5）小野里聡「香港の義務教育における科学的生涯学習者の育成と教授言語―日本の理科教育・英語教育への示唆」名古屋大学大学院教育発達科学研究科教育科学専攻『教育論叢』第52号、２００９年、25頁。

（6）http://www.info.gov.hk/gia/general/2001001/28/P211001280137.htm　2010.11.26参照。

（7）http://www.info.gov.hk/gia/general/2001007/26/P201007260150.htm　2010.11.27参照。

（8）梁偉倫『課程改革：小学課程統整與専題研習』２００２年、３頁、表1・1。

（9）香港政策研究所『面向廿一世紀：大陸、台湾、香港教育発展文集』香港政策研究所、１９９６年、２３４頁。

（10）教育署課程発展処『従凝聚点滴到譜出彩虹　校本課程剪裁計画5周年特刊』２０００年、９頁。

（11）教育署課程発展処『従凝聚点滴到譜出彩虹　校本課程剪裁計画5周年特刊』２０００年、15頁。

（12）李子建「香港課程変革與実施：回顧及前瞻」李子建編著「課程、教学與学校改革　新世紀的教育発展」中文大学出版社、２００５年、32頁。

（13）梁偉倫『課程改革：小学課程統整與専題研習』２００２年、7頁、表2・1「統制分類序列」と香港の小学課程。

（14）李偉成・林徳成「学校本位課程面面観」羅耀珍・李偉成『香港学校的課程改革』現代教育研究社有限公司、２００４年、58頁。

（15）李子建「香港課程変革與実施：回顧及前瞻」李子建編著「課程、教学與学校改革　新世紀的教育発展」中文大学出版社、２００５年、34頁。

（16）『学会学習―課程発展路向』２００１年9月ネット版。

（17）『学会学習―課程発展路向』２００１年9月ネット版。

（18）http://www.edb.gov.hk/index.aspx?nodeID=3760&langno=2　2011.7.29参照。

（19）王道隆・崔茂登・洪其華『香港教育』海天出版社、１９９７年、62頁。

（20）梁偉倫『課程改革：小学課程統整與専題研習』２００２年、1頁。

(21) 王道隆・崔茂登・洪其華『香港教育』海天出版社、1997年、64頁。
(22) 山田美香「香港道徳教育」日本道徳教育学会『道徳と教育』No.328、2010年、180頁。
(23) 山田美香「香港の道徳教育」日本道徳教育学会『道徳と教育』No.328、2010年、180—181頁。
(24)『学会学習—課程発展路向』2001年9月ネット版。
(25)『学会学習—課程発展路向』2001年9月ネット版。
(26) http://www.edb.gov.hk/FileManager/EN/Content_4083/Chapter8-2(p218-219).pdf 2011.5.30参照。
(27) http://www.edb.gov.hk/index.aspx?nodeID=6154&langno=2 2011.4.26参照。
(28) http://cd1.edb.hkedcity.net/cd/cns/sscg_web/html/chi/main02.html 2011.4.18参照。
(29) http://www.edb.gov.hk/index.aspx?nodeID=6154&langno=2 2011.4.26参照。
(30)『第1冊実現新学制願色的児童・生徒課程—全人発展・終身学習』高中課程指引の12小冊子のうちの1冊、1・5。
(31) http://cd1.edb.hkedcity.net/cd/cns/sscg_web/html/chi/main02.html 2011.4.18参照。
(32) http://www.edb.gov.hk/index.aspx?nodeID=6154&langno=2 2011.4.26参照。
(33)『改革高中及高等教育学制—対未来的投資』(2004年10月20日)。
(34)『改革高中及高等教育学制—対未来的投資』(2004年10月20日)。
(35)『改革高中及高等教育学制—対未来的投資』(2004年10月20日)。
(36)『改革高中及高等教育学制—対未来的投資』(2004年10月20日)。
(37) http://cd1.edb.hkedcity.net/cd/cns/sscg_web/html/chi/main02.html 2011.4.18参照。
(38) http://334.edb.hkedcity.net/doc/chi/ls_final_c_070326a.pdf 2011.4.18参照。
(39) http://334.edb.hkedcity.net/doc/chi/ls_final_c_070326a.pdf 2011.4.18参照。
(40)『改革高中及高等教育学制—対未来的投資』(2004年10月20日)。
(41)『改革高中及高等教育学制—対未来的投資』(2004年10月20日)。
(42)『改革高中及高等教育学制—対未来的投資』(2004年10月20日)。
(43) 林智中、2004年11月16日『明報』、香港教育学院『唯教・唯大 香港教育学院15周年記念教育評論結集』2009年、106頁。

(44) 鄭楚雄『那年那月、教育大事件』進一歩多媒体有限公司、2010年、62頁。
(45) 鄭楚雄『那年那月、教育大事件』進一歩多媒体有限公司、2010年、62頁。
(46) 鄭楚雄「評過度『三不批』」『教場観隅録』進一歩多媒体有限公司、2009年、178頁。
(47) 謝家駒「分析香港的教育政策」香港専上学生聯会、香港中文大学学生会『香港教育透視』華風書局、1982年、38頁。
(48) 謝家駒「分析香港的教育政策」香港専上学生聯会、香港中文大学学生会『香港教育透視』華風書局、1982年、39頁。
(49) 教区会議秘書処編印「天主教香港教区教区会議」第二草案、2001年1月、90頁。
(50) 楊耀忠『教育新浪潮—教聯会銀禧文集』香港教育工作者聯会、2001年、252頁。
(51) 楊耀忠『教育新浪潮—教聯会銀禧文集』香港教育工作者聯会、2001年、252頁。
(52) 『改革高中及高等教育学制—対未来的投資』(2004年10月20日)。
(53) 『改革高中及高等教育学制—対未来的投資』(2004年10月20日)。
(54) 梁兆棠「有関《学会学習》諮詢文件的回応」1999年、楊耀忠『教育新浪潮—教聯会銀禧文集』香港教育工作者聯会、2001年、291頁。
(55) 鄭漢文『通識的路如何走—通識教育手記1集』従心会社有限公司、2008年、83頁。
(56) 銭MONEY編集部『子女教育専刊　孩子、我養得起你』銭MONEY、民富文化股份有限公司、2004年8月16日、27頁。
(57) 研究代表者山根徹夫『「教科等の構成と開発に関する調査研究」研究成果報告書　諸外国の教育課程(2) —教育課程の基準及び各教科等の目標・内容構成等— (アメリカ合衆国、イギリス、フランス、ドイツ、中華人民共和国、韓国、シンガポール、台湾)』平成19年3月、344頁。林榮梓『教改野火集』領行文化出版社、2003年、26頁。
(58) 研究代表者山根徹夫『「教科等の構成と開発に関する調査研究」研究成果報告書　諸外国の教育課程(2) —教育課程の基準及び各教科等の目標・内容構成等— (アメリカ合衆国、イギリス、フランス、ドイツ、中華人民共和国、韓国、シンガポール、台湾)』平成19年3月、342頁。

（59）研究代表者山根徹夫『「教科等の構成と開発に関する調査研究」研究成果報告書　諸外国の教育課程（2）—教育課程の基準及び各教科等の目標・内容構成等—（アメリカ合衆国、イギリス、フランス、ドイツ、中華人民共和国、韓国、シンガポール、台湾）』平成19年3月、343頁。

（60）http://www.edu.tw/high-school/content.aspx?site_content_sn=8412　2010.11.29参照。

第5章　すべての子どもへの配慮

日本では親の経済格差による子どもの教育格差が大きく報道されている。しかし、多様な民族構成の台湾や経済格差が大きい香港ほどの格差が広がっているのだろうか。それとも香港、台湾では福祉的な教育政策が功をなし、教育格差是正は政策的に成功しているのだろうか。

香港の児童生徒の親は、第一次産業からサービス業、ホワイトカラーまで多様である。

曹啓楽は、「1961−1981年、香港の職業構造では、農業漁業に従事する人、工場従業員は少なくなったが、工業に従事する人はきわめて大きな比率である。サービス業、事務職は増えた。専門技術者、行政管理担当者はあまり増えていない(1)」という。「1960年末から、香港社会の価値観は混とんとし」、「最も流行したのはお金もうけと、盲目的な消費(2)」だったという。

この時期は香港の高度経済成長期に相当し、同時に保護者の子どもへの教育投資が増える時期でもあった。曹啓楽は、「総合的に職業構造、収入の分配の両方の資料から言えることは、香港は階級変動が小さく社会階層が固定していると説明できる」[3]と言うが、階級変動が大きくないことは、すなわち親子で階級が固定されていることである。香港では豊かな層と貧しい層では生活格差が極めて大きいのである。「香港の雇用されている者の収入の中位は、１９９７年の９６００香港ドルから２００８年には１万５００香港ドル、と９・４％増加した。しかし年齢組別では15―19歳、20―24歳の中位の収入は上がっていない」[4]ということから、若年層では中間層の収入が上がっていない。これは、若年層の将来展望、仕事へのやる気と大きく関わってくる。

１９９６年、香港の毎月の世帯収入が２０００香港ドル以下だった世帯は３・０％、２００６年は５・３％、２０００―３９９９香港ドルだった世帯は１９９６年３・７％、２００６年５・３％など、中下位層が増加している。一方、毎月の世帯収入が６万香港ドル以上の世帯は１９９６年６・９％、２００６年８・３％と増加している[5]。つまり、上位層の増加と中下位層の低収入化が見て取れる。１９９６年、毎月の世帯収入の中位は１万７５００香港ドル、２００６年１万７２５０香港ドルであった[6]。

香港では、自営業、専門家、公務員などの収入は多いが、第一次産業、サービス業、非技術者の給与は相対的に低い[7]。

呉明欽は、戦後の香港の教育について、「香港の教育問題の核心は、あるべき大原則、明確な総目標に欠け、経済主導で教育が発展してきた」[8]と言うが、経済格差是正という点で、最近香港で福祉的な政策が行われたのは、２００８―２００９年度からの高校授業料無償化以外になかったと思われる。従来からある生活保護という福祉的な枠組み以外に経済格差とそれに連動する教育格差を是正するものはなかった。香港では、日本の生活保護に相当するものが総合援助である。

鄭功成、張奇林、許飛琼は、「1998年総合援助を受けたケースは21万8361件である。1997年総合援助を受けた世帯の平均人数は2・1人で、香港では平均45・8人に1人が貧しいということである。香港社会服務聯会は、低所得者は総人口の約10％程度の60万人だと考えている。香港社会保障学会は、1997年の低所得者は85万人で、香港の貧富の差は拡大しており、最高収入層の20％の家庭で全香港の総収入の50％を占め、最低収入層の20％で全香港の収入の4・3％を占めている」(9)と述べている。

鄭功成らは、香港は、1970年代以降、香港政庁が社会保障制度の建設を重視し始めたという。(10)その後、続々と、1971年現金での公共援助法案、1973年老人補助制度と障害者補助制度、1977年新しい失業保険政策、1978年交通事故援助基金制度と、社会保障制度の整備を図ってきた。(11)

また、香港教育工作者聯会『教育工作者意見調査』（2003）によると、香港では、「貧しい者を助けることへの関心」は52・3％であり、18・2％が助ける可能性がある、(12)ということから、香港では社会的な関わり、社会的弱者への支援への関心が高いことが分かる。天主教、キリスト教、慈善団体が多い香港ならではである。

一方、台湾では、張芳全によると、2005年児童基金会の調査で、国内の貧しい児童は10人に1人であるという。貧困の原因は、「1．親、あるいは主な家計支持者が仕事、収入がない、2．シングルの親の家庭で経済的支柱に欠ける、3．地域が貧しい、4．世帯人員が多すぎる、5．家庭に心身障害者、重病、けがをした者が多い、6．大きな環境の要素、7．経済構造がよくない、8．政府の政策の問題、9．外からの圧力」(13)とされる。「最低所得と最高所得の組の倍数の差は1976年4・18倍、2003年6・07倍で、貧しい者は貧しく、富む者は富み、差は拡大している」(14)というように、台湾では階級格差が大きくなっている。そのため、そのひずみが学齢期の子どもに及び、「近年の台湾の児童生徒は授業料も出せず、教科書を買う金もなく、給食費を負担できず、三食続かず、―(中略)―、課外の補習、参考書を買うお金もなく、彼らは、学習の最初の段階で既につまずいている」[15]という状況にあるという。

これらのことから、香港、台湾では生活保護受給者の増大、国内の経済格差からどのような教育政策を行い、国際的に競争力を持つ人材育成に成功しつつあるのだろうか。その福祉的な教育政策についてみていくことにする。

日本、香港、台湾

「2008年所得再分配調査結果」では、日本の世帯単位のジニ係数は0・5318、再分配所得後は0・3758[16]であり、所得再分配の効果はあるものの、多くの国民は所得再分配に対して不信感を募らせている。

一方、2011年3月末、生活保護受給者は202万2333人[17]と戦後最高水準となり、60人に1人が受給している。

日本の生活保護制度の生活扶助としては、生活補助基準第一類費、第二類費、加算額に加え、必要に応じて住宅扶助、教育扶助(義務教育を受けるために必要な最低の学用品費)、介護扶助など[18]が給付される。モデル給付としては、標準3人世帯(33歳、29歳、4歳)で17万5170円[19]である。この他、生活保護の教育扶助以外の援助に就学援助がある。

鳫咲子は、就学援助は「就学困難な児童及び生徒に係る就学奨励についての国の援助に関する法律(就

表１　台湾における世帯収入と生活補助費

省市別	低収入世帯類別	家庭生活補助（扶助）費	児童生活補助費	就学生活補助
台湾省		（最低生活費 10,244元/人/月）	（15歳以下）	（高校以上に在学）
	第一款	9,829元/人/月		
	第二款	5,000元/戸/月	2,200元/人/月	5,000元/人/月
	第三款		2,200元/人/月	5,000元/人/月
台北市		（最低生活費 14,794元/人/月）	（18歳以下の児童あるいは青少年）	（18歳以上で在学）
	第０類	14,794元/人/月 ３人以上11,246元		
	第１類	11,477元/人/月		
	第２類	5,813元/世帯/月	6,213元人/月	5,000元/人/月
	第３類		5,658元/人/月	5,000元/人/月
	第４類		1,400元/人/月 （６歳以下１人2,900元）	5,000元/人/月

出典：http://sowf.moi.gov.tw/10/new/100年度低収入戸生活扶助現金給付項目及標準.htm 2011.6.17参照。

学奨励法）」等[20]によって、「生活保護世帯の小中学生（要保護者）に対して、教育扶助の対象とならない修学旅行費などを支給するとともに、教育扶助を受けていない要保護者、生活保護の対象に準ずる程度に困窮している小中学生（準要保護者）に義務教育に伴う費用の一部を給付している」[21]と、その性格を説明している。

要保護者の補助対象品目は、学用品費、体育実技用具費、新入学児童生徒学用品費等、通学用品費、通学費、修学旅行費、校外活動費、クラブ活動費、生徒会費、ＰＴＡ会費、医療費、学校給食費である。

日本の場合、生活保護、就学援助を受ける児童生徒の割合は、都道府県によって大きく異なるが、２００８年度大阪府は就学援助を受ける割合は27％[22]と高い。

一方、２０１０年末の統計によると、台湾の低収入世帯は計10万９８５１世帯で、27万６５７８

人で全国総世帯数の1・38％、全国総人口の1・19％を占める。[23] 台湾の生活保護である社会救助は、「自発的に関わり、必要性を尊重し、自立を助ける」の原則で、1999年家庭生活補助234万27人、就学生活補助49万9523人、2009年家庭生活補助417万5141人、就学生活補助201万9397人で、[24] 2009年の数字は全人口の18％程度と高く、台湾では社会救助に頼る人口が多いことが分かる。

台北市で2010年7月1日から12月31日の最低生活費は1人毎月1万4794元、[25] 台湾省では最低生活費が1万2444元[26]であった。この最低生活費の計算は、景気、物価、地域、その他の要因によって異なる。

教育費の支出

それでは、次に政府の教育費支出と保護者の教育費負担について述べる。

教育費の公費負担と私費負担の割合は、日本は1：2、台湾は4：5[27]である。つまり、台湾のほうが、日本に比べて教育費全体に占める公費支出の割合が高いのである。

これは教育が政府の重要な施策で、教育投資は個人の投資で終わらせないという理念が国民的に合意された結果であろう。しかし、香港、台湾にあっても、保護者の学歴と教育費の支出には正の相関関係にあり、教育費の公費負担の割合が高いことが、すなわち国民の教育機会の平等を保障している結果とはなっていない。

たとえば台湾では、2010年9月の工業・サービス業の平均給与は4万3106元、[28] 台湾の就業者の平均月収は、２００８年国民中学卒業者は２万８１８０元、大学卒業者は３万７２９６元[29]と、学歴と平均所得の関係を示すデータがある。また、所得が多いほど、各世帯の教育費支出も多いというデータもある。

1世帯あたりの1年の可処分所得と教育研究費は、１９９７年可処分所得の平均が86万３４２７元、教育研究費が平均３万７０６９元で所得の４・29％であり、２００９年可処分所得の平均が88万７６０５元、教育研究費の平均が４万２５１０元である。

可処分所得を５つの組に分けると、可処分所得が最も少ない組は、１９９９年31万２４５８元、教育研究費は所得の２・５％で７８００元、２００９年の可処分所得は28万２２６０元、教育研究費は６７３０元で、実質、所得の２・４％を教育研究費に用いている。可処分所得が最も多い組は、１９９７年可処分所得が１６８万９５１７元で、教育研究費は所得の３・６％の６万５６９元、２００９年は可処分所得が１７９万４１８元で、教育研究費は所得の４・２％の７万５３１４元[30]を用いている。

１９９９年と２００９年では、可処分所得が最も多い組の教育研究費支出の割合が増えた。２００９年、可処分所得が最も多い組は最も低い組の10倍以上の教育研究費を支出し、最も所得が低い組は平均の５分の1、最も所得が多い組は平均の２倍の７万元以上を教育研究費に用いるなど、可処分所得が多い方が教育研究費も多い。

子ども一人当たりの家計支出

日本では、幼稚園から大学卒業までの学習費等の総額は、公立に通った場合と、私立に通った場合で大きな差が生じる。２００８年文部科学省学習費調査によると、学習費総額が小学校から高校までの公私立

表2　日本における学校種別の学習費総額　　単位：円

幼稚園		小学校		中学校		高校	
公立	私立	公立	私立	公立	私立	公立	私立
229,624	541,226	307,723	1,392,740	480,481	1,236,259	516,186	980,851

出典：平成20年文部科学省学習費調査、http://www.mext.go.jp/b_menu/toukei/chousa03/gakushuuhi/kekka/k_detail/__icsFiles/afieldfile/2010/03/19/1289326_2.pdf　2011.6.20参照。

別学年別の支出で最も高いのは、私立小学校1年生で約168万円である。公立だと、中学3年、高校1年生が多い。「授業料を必要としない公立小学校及び公立中学校においては『学校外活動費』の構成が高く、63%を超える」[31]が、学校外活動費は塾やおけいこごとなどの費用を指す。学校外活動費は、公立中学校が30万5009円、私立中学が28万9075円、私立高校が19万7898円[32]となっている。

また、「公立高等学校の内訳の構成比で最も高いのは、授業料の32・7%、通学関係費の22・6%[33]」であるが、現在公立高校は授業料無償で、私立高校も公立相当額を無償化、世帯収入による補助金の助成があるため、今後は交通費、学校外活動費が増えていくだろう。

公立高校の授業料無償化の措置は、月額9900円（年額11万8800円を限度として）支給するものである。生徒は学校に授業料を支払う必要がない。また、私立高校に通う生徒に対する就学支援金は、年収250万円未満程度の世帯の生徒は月額9900円（年額11万8800円）を加算、年収250万円〜350万円未満程度の世帯は月額4950円（年額5万9400円）を加算[34]している。

公立高校の授業料無償化に伴い、公立幼稚園から公立高校に通えば学習費が142万円程度となる。

香港の教育費

香港では、幼稚園の申請費が30香港ドル、入学金が半日制660香港ドル、全日制1150香港ドル、あるいは毎月の授業料の半分となっている。[35]

幼稚園の授業料は、午前・午後班は年1万5000—2万香港ドル、全日制は3万香港ドルで、就学前教育学券（バウチャー）を使うと、午前・午後班は10分の1から半額、全日制は半額—7割の授業料となる。[36]各園は政府の規定により認可を受け授業料を決定しているものの、バウチャーを使ってもその割引率、額はまちまちである。香港では、午前班、午後班があるが、その背景には中産階級以上にはメイドさんがいることが挙げられる。この他、雑費として、夏の制服250香港ドル、冬の制服400香港ドル、かばん100—200香港ドル、学習費300—800香港ドルなど、学校によって値段は違うが、必要な物をそろえる費用が必要となる。

幼児センター（Child Care Centre）（0—2歳）は全日制で毎月4000—6000香港ドル程度である。乳児対象の幼児センターは概して高く、毎月、日本円で6万円前後する。インターナショナル・プレスクール（2—3歳）は毎週5日、全日制で1万香港ドル以上するところや、1日3時間でも毎月6400香港ドル程度と高い。

ここに、おけいこごと、例えば英語、水泳教室、知能開発教室などの費用も加算される。

香港では、官立、資助小学の授業料は無料だが、保護者教師会費に40香港ドル、この他の費用に300香港ドルが必要である。私立小学の授業料は安いものは1年で1万3000香港ドル、高いと1年で7万香港ドル、直接資助小学（一部政府の助成あり）の授業料は7000香港ドルから7万香港ドルで、[37]直資小学は経費の10％を授業料減免に用いることが規定されている。

インターナショナルスクールは、1年7万3000香港ドルから16万7000香港ドル(38)で、一般の香港人には手が届かない高嶺の花である。

これ以外に、制服、かばんなどの費用が加わる。授業が終わった午後3時から5時までの放課後の学芸クラスは、スポーツ、数学オリンピック、将棋、水墨画は半期で10回から10数回で500香港ドルから1000香港ドル(39)の費用が必要である。しかし、保護者の負担を減らすため、官立、資助小学では有料だった活動を一部無償にしたり、成績が良くない児童の補習を行っている。

中学は、官立、資助（補助）の場合、授業料は無料である。直資中学は学年によって授業料が違う場合があるが、3500香港ドルから2万香港ドル、香港で唯一の私立中学、保良局蔡継有学校は7万3000香港ドルである。

このほか、中学生には、おけいこごと、予備校である補習社の費用が必要である。補習社は値段がまちまちであるが、高校生の場合、週1回1時間15分程度で400香港ドル、日本円で4000円ということもある。しかし、1週間に1科目のみ1時間の授業を取ることは少ないので、1カ月数万円の出費は必要である。中産階級以上であれば、香港では、幼児期から日本円で毎月10万円以上、学校外学習費を負担しているという。

大学の1年の授業料は、副学士課程は自資課程4万5000香港ドル、全日制政府資助課程3万1575香港ドル(40)、全日制学士学位課程は4万2100香港ドルである。自資課程とは、香港の私立大学、専上学院の自資学士学位課程（Self-financing Degree）で、資助課程とは大学教育資助委員会が補助する学位課程、政府資助学士学位課程（UGC-funded Programmes）[41]である。

樹仁大学は自資学士学位課程の学費が1年4万9000香港ドル、珠海学院は4万8000香港ドル[42]、香港以外の学生は10万香港ドル[43]である。大学の授業料水準は、日本の国立大学とあまり変わらない。

しかし政府資助課程の学生の平均コスト、つまり大学がかけるコストは、2009―2010年度で副学士課程15万5000香港ドル、学位学士課程22万5000香港ドル[44]と、学生が支払う授業料の3―5倍かかっているという事実はある。

台湾の教育費

一方、教育熱心な台湾では平均的な家庭でも、幼児期から、英語、パソコン、おけいこごとに通うことから、教育費が少ない世帯は子どもの教育で、大きく「遅れをとる」ことになる。

次のデータは、すべて、今周文化事業公司『聡明搞定子女教育金』に拠った。

乳幼児から幼稚園まで（1―3歳）の場合、ミルクと紙おむつで平均毎月5000元、ベビーシッターを雇うと、昼間のみであれば毎月1・5万元から2万元で、1日中であれば毎月2・5万元からとなる。こうなると、ベビーシッターよりフィリピン人のメイドさんなどを雇用した方が安いことになる。

この時期は毎年約25―40万元必要で、1―3歳で計75―120万元である。しかし、台湾の場合、祖父母、親戚が子育てに協力的であるので、母乳と布おむつでベビーシッターを雇用しなければ、1―3歳はそれほど費用はかからない。

楊暁苓・胡倩瑜によると、台北市の「就学前の託児の方法は、0―3歳は、母親自らが52・31％、その次に29・48％が親族、ベビーシッターが『家庭で』、わずか17・3％が託児所で[45]」というように、親族ネットワークで保育が可能であるので、家庭で育てる割合が高い。関連機関へのインタビューによると、日本でいう保育所の乳児保育は集団での保育で病気になりやすいので、乳児保育の必要性は見られないというものであった。

しかし、幼稚園、託児所に入園すると、公立幼稚園の授業料・雑費は毎年4・5万元、私立幼稚園授業料・雑費は毎年9―30万元と費用もかかり、幼稚園・託児所の3年間で毎年約15―40万元、計45―120万元の費用が必要である[46]。2011年度から、すべての5歳児は授業料免除の対象となったが、現在は2歳前後の入園が一般的であり、この時期からおけいこごとも開始される。園の費用に関しては、後述するように条件が適合すれば、政府による授業料の減免制度などが適用される。

国民小学附属の公立幼稚園は私立幼稚園の10分の1の授業料・雑費[47]である。しかし政府により、幼託一元化、公立幼稚園・託児所の撤退、公設民営託児所の開設など、財政のスリム化が行われているため、公立に入園するのは難しい。「公立幼稚園、託児所は全国の3割で、公開抽選の方法で入園する。人数に限度があるので、政府は満5歳の幼児に対して、立案（政府認可）私立幼稚園、託児所の園児に幼児教育券を出し、1人1年1万元、毎学期5000元を補助[48]」している。私立幼稚園の授業料は高いので、幼児教育券を出しているのである。

この施策について、蘆美貴・謝美慧は、教育券の実施は、「教育自由化と選択の多様化の実行[49]」で幼児教育の公私立の差を縮小し、「幼児教育資源を拡充し、幼児教育の機会を増やす」ことが目的だと述べている。

幼託一元化前から、台湾では保育料以外、幼稚園、託児所の保育時間、保育内容に大きな違いはなかった。そのため幼稚園に預けるのか、託児所に預けるのかの選択より、どこの幼稚園、託児所に預けるのか、私立ならば保育料がどれだけかかるのかということが問題となっていた。

義務教育の国民小学（7―12歳）は、授業料無償であり、毎日の給食費などの雑費は1年1万元を超えない。しかし、共働きの場合は2―5時間安親班に通うことで毎月5000―1万元程度必要である。国民小学の放課後輔導班であれば1学期1万元にはならないが、これに1つでもおけいこごとをさせれば、毎月少なくとも2000元はかかる。そのため1年で15―30万元、国民小学6年間で計90―180万元必要である。[50]

国民中学は授業料無償、教育部の授業料補助の政策で、2010年8月の新高校1年から私立高校は公立の授業料と同じレベルの1学期5000～6000元を払えばよくなった。[51]「国民中学3年・高校3年の進学準備の補習費で1年10万元以上[52]」かかり、補習班にお金がかかるこの時期は、大学受験に向けて費用がかかる時期である。

幼稚園から私立にすると、大変な費用がかかるが、台湾では国民小学、国民中学ともに公立が大半である。私立高校は、進学に熱心な層の中高一貫校、学力が低い層の職業高校がある。政府は、特に私立職業高校生を念頭に置き、私立高校生への授業料補助を行っている。2010年から「斉一公私立高中職（含五専前三年）学費方案」で、年収90万元以下の世帯だと、授業料から公立の授業料を引いた差額が支払われる。この規定に合わない、直轄市政府が補助する私立高校生には1学期5000元の補助がある。

大学（19―22歳）は、「国立大学人文学系が最も安く1学期の学雑費が約2万元、私立大学医学系が7・

表３　４年間の大学生活で必要な費用

授業料、雑費	176,000元
住居費	144,000元
生活費	288,000元
書籍費	24,000元
留学費	最低45,000元
補習費	約60,000元
計	737,000元

出典：今周文化事業公司『聡明搞定子女教育金』今周文化事業股份有限公司、2009年８月18日号、p. 42。

５万元で、生活費は、学内の宿舎で1年約2万元、学外は毎年５万元以上である」[53]。大学の授業料は、1年で国立大学人文学系が約10万円、私立大学医学系が約37万円である。この時期の費用は毎年15－50万元、４年間で計60－２００万元である。４年間の大学の教育費は表３の通りである。

大学進学熱が高い日本、香港、台湾では、塾、補習社、補習班の学校外学習費がかかるが、高校まで公立（官立、資助校）であれば負担も少ない。

児童手当、子ども手当て

民主党が2年目以降は2万６０００円支給と謳ったマニュフェストは、破棄され、朝日新聞[54]によると、２０１2年４月からは児童手当の復活となる。子ども手当は、中学生まで毎月1万３０００円だったが、２０１1年10月からは、３歳未満が1万５０００円、３歳から小学生までの第1、2子が1万円、第３子以降が1万５０００円、中学生が1万円となった。２０１2年４月から所得制限も実施される。理念的に支援が必要とされる世帯へのピンポイントの支援（生活保護、就学援助、各種手当て）と、広くすべての子どもへの家庭への支援（子ども手当て⇒児童手当）の両輪があってこそ、子育て支援を活性化するものであった。しかし、すべての子どもに、社会全体で子育てを、という理念は、政策的には低く評価され、いとも簡単に反故にされた。

幼稚園の教育補助

日本では、幼稚園の授業料の補助は所得に応じた個人給付だが、実際は、幼稚園就園奨励費補助制度で幼稚園が代理受領[55]する。保育所では、所得（市民税課税額）に応じた保育料が保護者に請求される。保育料が無料である世帯もいる。

台湾では、ジニ係数は1980年代から格段に大きくなっていたが、その経済格差の是正に幼児教育はどのように位置づけられているのであろうか。台湾では、原住民地域、貧困地域の幼稚園の1年間の就園が彼らの教育権の保障、社会的格差の是正につながるものとして、小学入学前1年間の就園が可能となるような経済支援を行っている。

台湾の低所得者層への政府の支援としては、今周文化事業公司『聡明搞定子女教育金』によると、次のようなものがある。

「扶持5歳幼児教育補助」は、経済的弱者の家庭の満5歳の幼児に対する就園補助で、対象は満5歳から6歳未満の公私立幼稚園・託児所の幼児である。家庭の収入によって異なる補助額となり、最低1.2万元から最高6万元を補助するものである。2010年度から離島三県、原住民地区の5歳の幼児、2011年度から一般地区の年収110万元未満の世帯の幼児は、公立幼稚園・託児所及び私立幼稚園・託児所の授業料が免除される。上述の授業料免除のほか、世帯収入が70万元未満の家庭は、所得によって定められた級に応じて、その他の就園費用を補われる[56]。

2011年8月から「5歳幼児学費免除教育計画」で、2005年9月2日から2006年9月1日の間に出生した公私立園に就園するすべての5歳児は、2011年度の授業料免除の対象となった[57]。

表4　離島及び原住民地区（2010年度から補助）

補助対象	公立			私立		
	授業料	経済的弱者への補助額	幼児補助額度の合計	授業料	経済的弱者への補助額	幼児補助額限度の合計
低収入世帯 低中収入世帯 30万元以下	授業料免除	なし	なし	授業料免除（3万元/年）	3万元/年	6万元/年
30-50万元未満					2万元/年	5万元/年
50-70万元未満		1.2万元/年	2.6万元/年		1万元/年	4万元/年
70-110万元未満		—	授業料免除		—	3万元/年
110万元以上		—	授業料免除		—	3万元/年

出典：http://www.ece.moe.edu.tw/5歳幼児免学費教育計画簡介.html　2011.6.17参照。

表5　一般地区（2011年度から補助）

補助対象	公立			私立		
	授業料	低収入世帯の加算額	1人の幼児の補助限度	授業料	低収入世帯の加算額	1人の幼児補助額限度
低収入世帯 低中収入世帯 30万元以下	授業料免除	なし	なし	授業料免除（3万元/年）	3万元/年	6万元/年
30-50万元未満					2万元/年	5万元/年
50-70万元未満		1.2万元/年	2.6万元/年		1万元/年	4万元/年
70-110万元未満		—	授業料免除		—	3万元/年

出典：http://www.ece.moe.edu.tw/5歳幼児免学費教育計画簡介.html　2011.6.17参照。

　公立幼稚園、託児所の5歳児の保護者は申請書を記入する必要はなく、国が授業料不徴収という方法をとる。これ以外に社会的弱者に対する補助があるが、世帯年収によって申請資格の有無、補助額が異なる。私立園も授業料不徴収が原則だが、それが困難な場合は、国から園が補助を受けたのち保護者に還付する。幼児1人1学期最高1万5000元の補助額を限度とする[58]。

　この他、2011年7月まで幼児教育券制度があり、満5歳から6歳未満の実際に私立幼稚園に通う幼児に毎学期5000元を補助していた。

「扶持5歳弱勢幼児及早教育

計画」は、幼児の入園、優れた質の環境、設備、教師の質、教育水準を高めるものである。「幼児託育補助」（建構友善托育環境～保母托育管理與托育費用補助実施計画）[59]は、「父母が被雇用者で年収150万元以下か、家庭に2歳未満の身体障がい児がいる者に専門的な証明書をもつベビーシッターの費用を補助するものである。一人の幼児に毎月3000元の補助である。低収入の保護者、あるいは2歳未満の身体障がい児がいると毎月5000元、非就業者の低収入の保護者で2歳未満の子どもがいると毎月2000元の補助がある」[60]ものである。2008年1月1日から2011年12月31日まで実施された。

「公立幼稚園課後留園補助」は、世帯所得が30万元以下の、5歳児の預かり保育への補助である。補助金額は3500元を超えないことが原則[61]である。

「中低収入戸幼童託教補助実施計画」は、2008年から直轄市では家庭総収入が消費の8割、それ以外では消費の9割を超えない家庭に、2歳から5歳未満の託児所に入所する幼児に毎学期6000元[62]を補うものである。

教育部ホームページによると、2005―2008年、原住民地区の幼稚園が不足している地域で国民小学付設幼稚園を147園増設し、国民小学付設幼稚園の比率はもともとの36％から76・07％と増加した[63]。また、原住民の幼児への「原住民幼稚園補助」は、「公私立幼稚園の原住民の満5歳の幼児が、家庭の所得により補助を受けることができる」が、「幼児教育券と扶幼計画の補助は重ねて受けることができなかった」[64]という。「扶幼計画学費補助」を受けた人数は2008年上半期で6万344人、下半期で4万9880人、2009年上半期で5万661人で大幅に人数が上昇し、保護者の負担が軽減された。

一方、香港は天主教、キリスト教会、仏教団体の学校が多く、複数の宗教団体がそれぞれ幼稚園、幼児センターから小学、中学までを持っている。そのため、姉妹校が多い。これは一つの宗教団体の信者が一貫して就学前教育から中等教育を受けるのに便がある。しかし、信者以外が、通園、通学の利便性や教育特色にひかれて入学する就園、就学が一般的である。香港の特色としては、その宗教団体経営の教育機関が低所得者層向けのものから高所得者層の向けのものまで就学前教育から高校まで用意していることである。同じ宗教団体が、中国語で教育する幼稚園を経営する一方で、外国人を講師に呼び、英語を教授言語とした教育を強調した授業料が割高な幼稚園も経営している。

香港特別行政区内では行政コストの削減のため幼保一元化は完了しているが、教育局が管轄していた幼稚園と、幼保一元化に伴い幼稚園付設となった社会福利署管轄であった幼児センターがそれぞれ存続している。しかし運営主体は、幼稚園、幼児センターどちらも複数経営している場合が多く、現場レベルでは一元化は難しくない。香港では、幼保一元化を経て、就学前教育の重要性が言われている。

授業料を減免する「幼稚園及幼児中心学費減免計画」は、２００９―２０１０年度で申請数が４万５５７２人で、半額免除が７４６０人、４分の３免除が１万２５人、全額免除が１万４１７７人である。約15万人いる幼児の５分の１ほどが減免の申請をし、実際は全額免除が全体の10％、４分の３免除、半額免除が10％ほどと、全体の約20％が減免の対象となった。

非営利の幼稚園の最高授業料減免額は半日班で１万８０００香港ドル、全日班で２万９３００香港ドル、幼児センターの月額最高補助額は２歳以下４７３５香港ドル、２―３歳で３１８３香港ドル[65]である。

このほか、授業料に関しては、２００７―２００８年度から「就学前教育学券計画」が開始された。この計画に参加している非営利幼稚園が教育局に申請し、保護者・監護人か、幼稚園に授業料相当分の一部を付与するものである。香港は公立（官立）幼稚園がないため政府の運営費補助がある非営利の私立幼稚園か、そうでない私立幼稚園という区分がなされる。非営利の私立幼稚園の授業料も割高であるので、既に述べたように教育学券、バウチャーで授業料の一部の負担をしてもらえる。非営利でない私立幼稚園への授業料減免の補助はない。教育局のホームページからも『幼稚園概覧』に教育学券使用前後の授業料がすべて記されているので、保護者は授業料を基準に園を決定できる。

保護者が授業料支援を受けられるのは年1万4000香港ドル、一般には年少（K1）、年中（K2）、年長（K3）の3年で、延長はできない。2010−2011年度の申請資格は、香港住民で香港居留権、入境権があり、いかなる居留条件（居留期限以外）もつかない、有効な香港居留許可がある者及び2007年12月31日あるいはその前に出生した者である。総合社会保障援助を受けていても、「就学前教育学券計画」に申請し扶助を得ることができる。しかし、社会福利署「幼児センター繳費資助計画」と「就学前教育学券計画」の両方の扶助は得られない[66]。つまり、教育局の支援と社会福利署の支援を一緒に受けることはできないことになっている。教育学券で負担が少なくなった授業料も支払えない場合は、前述の減免制度を利用することになる。

これらのことから、幼児期は、台湾では5歳児を中心に経済的に授業料を負担できない原住民、低所得層向けの多様な支援をしている。一方、香港では、3年間の教育学券制度と授業料減免制度がある。

日本の学校

日本では小中学生への公的扶助は、生活保護、就学援助以外はない。高校生になると、公私立高校の入がある。

学金（公立高校は授業料無償）、私立高校の場合、授業料負担もあることから奨学金、各種財団等の支援がある。

2007年の高校生の奨学金受給者は21万6853人、約21万人である。約336万人いる高校生の6―7％程度である。高校生の場合は、公益法人、地方公共団体の奨学金などを利用している。たとえば就学援助受給率が高い大阪府の公的な奨学金は、大阪府育英会奨学金、市町村奨学金制度、大阪公立高等学校定時制課程及び通信制課程就学奨励費がある。支援金・貸付制度は大阪府育英会入学資金貸付、生活福祉資金貸付制度の教育支援資金、母子寡婦福祉金貸付制度がある。[67] このほか、各銀行の教育ローン、日本政策金融公庫の教育一般貸付がある。日本学生支援機構の奨学金貸付（2005年、高校の奨学金業務は各都道府県に移管）は、中学校卒業以上の修業年限が6カ月以上の教育施設に通う者が300万円[68]を借りることができる。この教育ローン利用者の教育費負担の実態調査（2010年）では、高校入学から大学卒業まで1059万8000円の費用を負担しているという。[69] 高校、大学の入学金、授業料など、一度に多額の納付金が必要な場合利用されるが、借りられるかどうかという問題より、多額の借金をしてでも進学するかどうかの選択を迫られる。

2012年度文部科学省概算要求によると、「高校生に対する給付型奨学金事業の創設」（102億円）で、低所得世帯の生徒等に対し、授業料以外の教育費負担を軽減するため、「低所得世帯の生徒に対する給付」は年収約250万円未満世帯、約42・5万人に年額1万8300円（教科書等の図書費相当額）を支給、「特定扶養控除見直しに伴い負担増となる生徒に対する給付」は約15・9万人に46000―37000円を支給するはずであったが、2012年度予算では見送られた。大学等奨学金事業の充実は、「経済的に

表6　2007年の学校別奨学生数　　単位：人

区分		計	地方公共団体	学校	公益法人	営利法人	個人・その他	日本育英会(当時)
奨学生数		376,179	132,443	76,593	158,918	152	8,073	1,036,595
	大学院	16,045	212	13,033	2,703	21	76	86,305
	大学	102,384	26,624	47,647	26,482	80	1,551	754,911
	短期大学	5,219	1,437	2,625	1,141	1	15	52,133
	高等専門学校	10,643	4,787	442	1,154	10	4,250	6,343
	高等学校	216,853	89,788	7,681	118,513	19	852	1,738
	専修学校	20,280	8,509	4,653	6,651	21	446	135,165
	その他	4,755	1,086	512	2,274	0	883	—

出典：平成19年「育英奨学状況」http://www.stat.go.jp/data/nihon/22.htm　2011.6.23参照。

困窮する学生等が修学を断念することがないよう、無利子の奨学金貸与のみでは修学が困難な者に対して、給付型の奨学金を支給する」ものであったが、大学の給付型奨学金制度も見送られた。

台湾の学校

台湾では、国民小学への学区内の入学はすべての住民の子弟に保障されている。しかし、定員より多い児童の入学は認められず、ごく一部入学できない場合があるが、原住民や社会的弱者の世帯に限っては、優先的に学区内の国民小学入学が認められている。

入学後の支援（2009年6月30日まで）については、失業した世帯の生徒（1462人、補助金額785万元）、職業高校協力班の生徒（3万3282人、補助経費3億5000万元）、失業した世帯の高等教育機関の学生（1899人、補助金額1690万元）を補助している。

教育部の中期施政計画（2010—2013年度）[70]には、次の経済的支援が挙げられる。

・国民小中学生の給食費補助（失業して1カ月以上あるいは収入

がない者、身心障がい等の子女）は教師が認定すれば、証明がなくても補助を受けられる。
・保護者が事故に遭ったり、突発的な家庭の変化があれば、国民小学生に毎学期1500元、国民中学生に1600元を支援する。
・失業した世帯の高校生への補助。失業者（1カ月以上6カ月未満）の子女に対して就学費（公立職業高校は毎年8000元、私立学校は毎年1万6000元）を補助する。
・実習ができない生徒に授業料補助のほか、世帯年収入60万元以下の生徒には全額授業料補助、80万1元以上の生徒・学生には現行の私立学校との授業料差額補助規定により1万元の授業料（毎学期5000元）を補助する。
・失業者（1カ月以上6カ月未満）の子女は、その就学費用（公立は毎年1万元、私立は2万元）を補助する。
・緊急支援助成金は、最近経済的に困窮した者、家庭が突然困難な状態に陥った者に、高等教育機関が困難の状況によって生活補助をする。
・高校生、大学生向けの学資ローンは、申請資格を緩和し、失業者（1カ月以上）の生徒・学生は、学校の審査を経て申請できる。低収入で毎月の収入が2・5万元未満、あるいは失業した世帯の生徒・学生のローンの申請条件を緩和し、1年に1回、多くて3回申請でき、その間の利息は政府が負担する。

つまり、給食費、授業料、生活費に関する補助がなされ、学校生活で必要とされる費用が保障されている。給食費は、2000年まで教育部の補助であったが、2011年から、行政院主計処が直接県市政府に交付した。[71]

さて、「斉一公私立高中職（含五専前三年）学費方案」（2010年度）は、世帯年収が90万元以下の私立高校生が公立高校の授業料の負担で就学できるものである。[72] このほか、心身障がい者、低収入、特別な境遇の子女、原住民等の私立高校生は授業料が免除される。2007年度から、家庭の年収が30万元以下の者は公立学校と同じ授業料のみを負担し、年収入が30万元から60万元の者は授業料補助が1万元増加された。2011年度から公私立職業高校の授業料は、世帯年収114万元以下の者は免除された。世帯年収114万元を超す者は公私立、普通科・職業高校の別で授業料補助金が決まる。

授業料、雑費の減免（後期中等教育以上）には、次の規定がある。

・軍人、公務員、教師の遺族は保障の期間内であれば授業料、雑費の全額免除
・軍人、公務員、教師の遺族は保障期間満了であれば一定額の免除
・現役軍人の子女は30％減免
・身心障がい者の生徒の就学費は身心の障がいの程度で減免
重度の者は授業料、雑費の全額免除、中度の者は70％の減免、軽度の者は40％の減免
・身心障がい者の子女の就学費用はその父母の身心障がいの程度で減免
重度の者は授業料、雑費の全額免除、中度の者は70％の減免、軽度の者は40％の減免
・低収入世帯は授業料、雑費の全額免除
・特殊な境遇の家庭の高校生以上の子女は60％の減免

表7　「斉一公私立高中職(五専の3年までも含む)学費方案」
(2010年度)

高校	世帯	世帯収入90万元以下	世帯収入90万元を超える
公立高校	一般	補助なし	補助なし
	低収入世帯	社会救助関連法令で全額補助	社会救助関連法令で全額補助
	特殊な事情	関連規定による補助	関連規定による補助
私立高校	一般	授業料は公立学校の授業料に照らして補助	1万元補助
	低収入世帯	社会救助関連法令で全額補助	社会救助関連法令で全額補助
	特殊な事情	関連規定による補助	関連規定による補助

※特殊生：指身障学生或身障人士之子女、軍公教遺族及傷殘榮軍之子女、原住民、特殊境遇婦女之子女等。
出典：https://helpdreams.moe.edu.tw/AidEducation_5.php　2011.6.18参照。http://w3.tpsh.tp.edu.tw/tuition.pdf　2011.7.29参照。

・原住民の生徒は一定額の免除（国立・私立の専科以上の学校）

「高校学費免除方案（節録本）」（教育部2011年5月19日）によると、12年国民教育の完成として、2014年度から公私立高校の授業料無償化が実施される。現在は、「職業高校学費免除」「斉一公私立高中職学費方案」で、産業界が必要とする職業高校生を養成し、その一方で、政府の財政負担を考慮し、段階的に社会的弱者に教育機会を与え、社会公正を実現している。しかし、私立高校の授業料無償化は、私立小中学の授業料は無償でないことから、その整合性が問われる。

このほか、児童生徒・学生の1週間以上の入院に1万元、死亡に1万元、全民（国民）健康保険が適用される重大な疾病には2万元の補助がある。しかし世帯総収入が最近1年で100万元以上、あるいは土地及び家の価値が合計1000万元以上、あるいは児童生徒、学生の故意の違法行為があったり、学生が18歳以上であれば給付されない。

また、児童生徒・学生の父母の状況で、養育する父母がいない場合1万元、父母が両方死亡すると6万元の補助がある。

２００３年度、失業した父母の子女は公立高校だと毎学期３０００元の補助、私立高校は５０００元、公立大学５０００元、私立大学1万元の補助がなされた。(73)

保護者向けの学資ローンには、教育部指定の台湾銀行、台北富邦銀行、高雄銀行の教育ローンがある。卒業後1年で返還することになっている。1学期借りると1年の返還期間という計算で、８学期借りれば８年の返還期間で、月ごとの利息も払うことになる。(74)

一方、一般の保護者向けの教育雑誌では、子育てのポイントなどの紹介と同時に、教育保険、教育定期預金、貴金属、株、外国為替で子育て費用を捻出する方法も紹介している。外国為替については、「留学費用にする。しかし、投資の３、４割を超えてはいけない」(75)と注意もされている。

以上から、台湾では、学校に関する費用は、政府による多様なセーフティーネットが機能していることが分かる。あくまで受益者負担主義による個人の教育費負担という原則はあるものの、社会的弱者のための就学扶助がある。

台湾原住民への政策

台湾の原住民は14民族である。彼らは一般に都市部ではなく山間部に住む場合が多い。

国民小学に、アミ族2万８３３１人、タイヤル族1万４３２６人、パイワン族1万３３８４人、ブヌン族８５３９人、タロコ族４７４９人、国民中学にアミ族５５３２人、タイヤル族２４８４人、パイワン族２４７２人、ブヌン族１６６４人、タロコ族７９８人が在籍している。原住民の在籍者は原住民人口に比例しているが、国民小学生約１５０万人のうち、全体の約３％が原住民の児童である。国民小中学に通う者が大半であるが、国民小中学で学べなかった社会人は補習学校に通っている。

黄森泉によると、憲法第9条で「国家は自由地区の原住民の地位、政治参与を保障する。その文化、社会福祉、経済に対し、扶助を与え、その発展を促進すべきである[76]」と条文化されている。黄森泉は、原住民は台湾社会で社会的弱者であることから、「原住民教育は教育の中で最も重要なもので、原住民地区の学校、児童生徒は比較的教育条件が不利であるので、特別な教育保障を与えるべきである[77]」、「教育上、社会的強者との間の不平等を除くほか、さらに彼らに多くの教育資源を与えることが本当の意味での教育機会の均等である[78]」と論じている。

実際、教育部によると、「原住民の児童生徒は国民小学1年に入学後、平地の児童生徒に比べて新しい言語、異文化の価値観、家庭と社会の学習環境の差異が圧力となっている[79]」。また、「現行の国民小中学課程はまだ原住民の言語構造、思考モデルの差異を考慮しておらず、教材は多く生活文化に適合していない[80]」という。そのため、次のような経済的支援を行っている。

教育部のホームページによると、教育部は、原住民の国民小中学生、高校生の宿舎費、食費の補助を行い、生活及び学習支援を行っている。自宅から一番近い学校でも通学が難しい原住民が多く、宿舎生活を強いられる場合が多い。国民小学生の宿舎費、食費の補助は1年1人2万5200元を上限とし、高校生の宿舎費・食事の補助は毎学期1人2万5200元を上限としている。つまり、授業料以外に必要な宿舎費などの生活費の補助もなされている。

このほか、原住民の親教育、学習支援、特色ある学校教育の発展の補助、離島・僻地の教員・学生宿舎の修繕、学校の基本的な設備の充実、原住民教育文化のための設備機材の充実が行われている。英語・郷土言語の教師、教材の経費の補助、交通不便な地区のスクールバスに対する補助、学校地域化の活動場所の建設もなされている。原住民教育は児童生徒支援だけでなく、親教育、ハードの面の充実も必要とされているのである。原住民の国民小中学の不登校率は一般の児童生徒より高いことから、積極的に復学を助けている(81)。

原住民職業学校、完全中学などその特性、文化的アイデンティティを尊重した学校の設立も進めている。また、原住民の児童生徒を教育する教師の養成、任用、現職教育にも力を注いでいる。マイノリティーの文化保存の観点から技術職業教育と伝統文化保存を兼ねた教育も行っている。民族文化・伝統の保存のため、原住民の文化陳列室への補助もある。

２０１１年、「原住民学生昇学優待及原住民公費留学弁法」が改正されたとはいえ、大学入試での優遇策もあり、高等教育機関への進学も優遇政策によって保障されつつある。大学の学生定員の２％は定員外で原住民に提供している(82)。長庚技術学院、慈経技術学院、明志技術学院、大仁技術学院は原住民専門クラスも設けている。しかし、原住民で高校レベルの教育を受けている者は2万５０００人ほどで、普通科高校、職業高校がほぼ同数で、原住民以外の生徒に比べて高級中等進修学校に行く生徒の割合が多い。

一方、大学進学率が70数％の台湾において、原住民の大学、二専在籍者は1万５０００人程度で、原住民以外の生徒に比べて大学進学率が低い。

しかし、原住民教育は、学校教育にとどまらず、所得格差、原住民の職種に偏りがあることから、教育機会、就業の機会の保障、民族文化の伝承とその保持とを両立することは政策レベルでも難しいと言える。原住民のアイデンティティの尊重がなされているが、原住民社会内部で十分な雇用がないなか、義務教育での原住民文化の強調が、彼らの学齢期以降の生活にどのような影響を与えるのか疑問がある。

表８　国民中小学の原住民児童・生徒の数　2009-2010年度

単位：人

		小中学生の人数				
		総計	国小	国中	国中補校	国小補校
総計	計	76,858	48,741	27,918	169	30
	男	39,322	25,054	14,212	50	6
	女	37,536	23,687	13,706	119	24

出典：http://www.edu.tw/statistics/publication.aspx?publication_sn=1417&pages=0　2010.11.29参照。

表９　原住民の高校生の人数　2009-2010年度

単位：人

		在学生徒数				
		総計	普通科高校	職業高校	高級中等進修学校	実用技能学程
総計	計	25,527	10,235	9,554	4,270	1,468
	男	13,428	5,161	5,253	2,160	854
	女	12,099	5,074	4,301	2,110	614

出典：http://www.edu.tw/statistics/publication.aspx?publication_sn=1417&pages=0　2010.11.29参照。

表10　原住民の大学生数　2009-2010年度

単位：人

		在学学生人数					
		総計	博士	修士	大学	二専	五専
総計	計	19,299	56	747	14,645	1,143	2,708
	男	7,983	39	386	6,797	460	301
	女	11,316	17	361	7,848	683	2,407

出典：http://www.edu.tw/statistics/publication.aspx?publication_sn=1417&pages=0　2010.11.29参照。

香港の学校

香港の1960年代は、「宗親、同郷、工商、文教、福祉などの団体が推進する奨学助学金[83]」があることで就学が可能であった。「官立小学より低い授業料の天台学校、識字班」もあった。しかし、「多くの入学年齢を過ぎた児童には義務教育を実施せず、文盲となる者も多かった[84]」という。

2008−2009年度から高校の授業料は無償となり、現在、私立学校、インターナショナルスクールなどを選ばなければ、学校選択は経済的な問題に大きく左右されることはない。

曹啓楽によると、「有名校がトップにきて同じ類の学校で層を作り、同じ学校の中でも程度によって『良い班』『良くない班』『中程度の班』で異なる対応[85]」があるというように、学校選択は子どもの一生に関わる問題である。高所得者層ほど（子育て世帯に限らず）各世帯における教育費の支出が多いというデータがある。

では、このような経済格差が教育格差として子どもに影響を与えないため、どのような政府の補助があるのだろうか。

香港では、交通費、書籍費、受験費用、高校の授業料減免制度（2008−2009年度から無償化）の補助がある。

交通費補助の「学生車船補助計画」は各小中学、認可された全日制学士学位課程に就学し、居住地と学校の距離が徒歩10分を超え、公共交通機関で通学する者に補助がなされる。学区内の近隣の小中学に進学する者も多いが、学区が郊外で進学したい学校がない場合、あるいは近くの学校に進学しない場合、交通費が支払われることになる。2008−2009年度は申請者が20万

表11　2009–2010年世帯支出統計　　単位：香港ドル

	低収入層	←――――――――→		高収入層
授業料	152ドル (2.1%)	526ドル (3.8%)	952ドル (4.6%)	2,354ドル (5.3%)
その他教育費用	14ドル (0.2%)	22ドル (0.2%)	35ドル (0.2%)	52ドル (0.1%)

（　）の中は世帯支出に占める割合
出典：『二零零九至一零年住戸開支統計調査及重訂消費物価基数基期』http://www.censtatd.gov.hk/products_and_services/products/publications/statistical_report/prices_household_expenditure/index_tc_cd_B1060008_dt_latest.jsp　2011.6.19参照。

1517人で、所得に応じて19万7829人が交通費の補助を受けた。約85万人の児童生徒・学生の4分の1ほどが、実際に補助を受けた。平均補助額は児童生徒が1236香港ドル、高等教育機関学生が2357香港ドル[86]である。

書籍費補助の「学校書籍簿補助計画」は、官立学校、資助学校、直資学校で経済的に補助が必要な児童生徒に補助するものである。2009—2010年度28万2596人の申請者で、28万1899人が書籍費の補助を受けた。80万人ほどの児童生徒のうち、申請者は3分の1ほどで、全児童生徒の25％が半額補助、10数％が全額補助を受けたことになる。小学で半額補助は7万8393人、全額補助は3万2631人、中学で半額補助が12万1687人、全額補助が4万9188人である。補助額は小学で2434香港ドル、中学1—3年で2678香港ドル、中学4年で2856香港ドル、中学5年で1678香港ドル、中学6年で1994香港ドル、中学7年で866香港ドルである。

2008—2009年度から官立、資助校は高校授業料が無償化されているが、授業料減免は、2006—2007年度は、申請が9万1532人（中学4—5年が6万6097人、中学6—7年が2万5435人）で、中学4—5年の半額免除が4万7424人、全額免除が1万8521人、中学6—7年は半額免除が2万5394人、全額免除が7293人である。標準授業料は中学4―5年が1年5670香港ドル、中学6―7年が9450香港ドル[87]である。高校生の半数弱の申請者で、全額補助は10％強であった。このことから10％ほどの生徒を対象としていた全額補助を、現在では、すべての高校生に拡大したといえる。

2010年5月、教育局は、2010―2011年度の「教科書価格適用」を公布した。教育局は、「我々は2つの教科書出版協会のすべての会員出版社が、新学年の教科書の値段を維持すること、全面的に値段を凍結すること、保護者の経済的な圧力が軽減されることを歓迎する[88]」と、表明した。しかし香港の教科書の価格は他国に比べて相対的に高く、日本のように1冊数百円ではなく、日本円で1000―2000円する。

教科書価格の上昇に対して、2009年10月、教科書及電子学習資源発展専門小組が、「2010―2011年度から、教科書、教材の定価を安くすれば受益者負担主義に合致する[89]」と、教育を受ける者が教科書費用を負担するが、安価でないと、教育の機会平等性を損なうと報告したが、教科書出版社の理解を得るには時間がかかったという。

2010年5月、教育局は「学校教科書及び教材で知るべきこと」で、学校が教科書出版社に無料の教材、花籠、儀器を贈らせない、学校の雑誌に広告を載せない等、教科書出版社に余分な無駄遣いをさせないことで、コストを低くし、教科書価格を下げることができると忠告している[90]。

しかし、賀国強によると、「現行の教科書補助などは現金補助で、本当に必要な児童生徒には不足しているし、あまり必要ではない児童生徒はこれを浪費する傾向がある[91]」と批判的である。

この他、インターネットの補助、「ネット費用補助計画」は、2010―2011年度に開始し、全日制小中学、全日制毅進課程、職業訓練局全日制関連課程の児童生徒・学生のインターネットでの自宅学習費用を補助するものである。2011―2012年度のネット費用の補助は、1世帯1300香港ドル、半額補助は650香港ドルである。調整後の世帯収入で審査し、資格に適合した家庭は、児童生徒・学生数に限らず、家庭単位で定額の現金補助を受ける。

申請は、教育局のホームページによると、必ず未婚の香港住民で家族と同居し、香港居留権、入境権、居留条件がない有効な香港居留許可があることが必要である。(92) 総合社会保障援助を受けている世帯は、直接社会福利署に就学援助（書籍費、交通費、ネット費用等）を申請する。

香港の奨学金、助学金には、尤徳爵士紀念基金高校生奨、葛量洪奨学基金、葛量洪生活補助、星島慈善基金貸款助学金、蘋果日報慈善基金助学金計画など(93)がある。

葛量洪奨学基金、葛量洪生活補助は、1955年成立し、中学4年―中学7年（高校3年制になる前は中学7年まで）、教育学院の全日制学生が、世帯収入の審査を経て生活補助を受けるものである。(94) 星島慈善基金貸款助学金は、中学4年―中学7年、教育学院の学生、大学生で経済的に困難な者に無利息のローンを提供するものである。(95)

日本では不景気な中、アルバイトで家族の生活を支える生徒が増加しているが、その状況は、香港、台湾も変わりはない。台湾の大学生のアルバイトの時給はだいたい100元である。経済的に困難な高校生も自らアルバイトで生活費を稼ぐ。2011年5月1日から香港の最低時給は28香港ドルとなった。香港の高校生、大学生のアルバイトの最低時給も28香港ドルである。香港・台湾のどちらも時給は日本円で300円くらいである。

台湾の大学

「アメリカ、イギリス、日本に比べると、台湾の大学の授業料は相当安い。アジアの四小龍の中でも台湾の授業料は最も安い。香港と比べると35％、シンガポールと比べると16％安い[96]」と、台湾の大学の授業料は安く設定されている。

2010年度、台湾の大学は163校（宗教研修学院、軍警学校、空軍大学を含まず）で、そのなかで大学112校、独立学院36校、専科学校15校、学生は134万3603人である[97]。

張芳全によると、1998年教育部は大学の授業料・雑費の自由化で、1998年公立大学は11％、私立大学は5・5％[98]の授業料を値上げしたため、教育部は学生助成金で授業料の3─5％を補助した[99]。

さて、教育部のホームページの授業料に関するQ＆Aでは、「高等教育は義務教育ではない。教育を受ける者は合理的な範囲で教育コストを負担すべきである。しかし政府はどんな子どもも経済的な理由で大学に行けないことはないようにし、困難があれば必ず必要な協力をする[100]」とメッセージを出している。現行、授業料減免、奨学金、助学金、学資ローン、特別控除などで高等教育機関の学生への支援、負担の軽減をし、すべての学生が経済的要因で大学進学をあきらめないようにしている。しかし台湾の問題は授業料の値上げより、生徒の家庭の経済格差が広がり、大学進学率に大きく影響することであろう。

1989年度は公・私立大学の授業料は1：3・08、2004年度は1：1・83[101]で、公私立大学の授業料の格差も縮小し、「私立大学の授業料は、1993年度1人あたりの平均国民所得の33・49％から2003年度は25・41％[102]」へ減少した。日本は国公立大学の授業料を高い私立大学に歩み寄るよう値上げし格差是正をしたが、しかし、比較的授業料が安い台湾では、「全面的に大学の授業料を安くすると、政府の負担する教育コストが上がり、国民の納税が少なくとも１１３５億元増える。現行の高等教育経費の２倍となる」[103]ため、授業料の値下げの議論はない。

日本では学生支援機構（旧育英会）の貸与奨学金を受けている者が多いが、台湾の方が大学生の経費負担が減少する策がとられている。現在の台湾の政策は特に低所得者に焦点を当てた政策になっている。約１３０万人の学生のなか、私立大学生の工読助学金は約29万人、各大学による奨学金、助学金に約60万人、農漁民の奨学金に20万人、授業料の控除が90万人と、多くの学生が政府の関連支援、奨学金、助学金を受けている。

２００５年度から、教育部は「共同助学措施」で、世帯収入が年40万元以下の学生には１人最高１万４０００元の補助、収入が40−60万元の学生には１人あたり最高１万元[104]を補助した。原住民、低収入世帯の学生は授業料、雑費が減免され、中所得者層の学生は「共同助学措施」で就学補助が出される。

しかし、大学進学率を考えると、中所得者層の学資ローンも必要である。

２００３年、公庫の学資ローンの利息が下げられた。若い学生が卒業後、在学期間の学資ローンを返還できないことを避けるため、２００５年、年収24万元未満で低収入世帯の卒業生は、最長４年[105]と返還期限を延長した。また、２００１年は７・５０２％、２００５年は３・０６５％[106]と利息を下げた。

２００７年度から教育部は、世帯年収が全世帯の下位約40％の大学生に「大専校院弱勢学生助学計画」を行った。「共同助学措施」を廃止し、申請条件が世帯年収70万元以下と、「共同助学措施」の60万元以下より収入の条件を緩和した。

表12　2004年度の学生への支援

項目	対象	金額	人数
授業料、雑費の減免及び優待	身心障がい、低収入、原住民、軍人、公務員、教師の遺族等の学生	私立大学学生補助約30億元（教育部補助）	1．低収入世帯毎年14,000人以上 2．身心障がい者10万人以上
就学ローン	高校以上の低中収入世帯の学生	約30億元（教育部補助）	のべ約70万人
工読助学金	大学生	私立大学学生補助約2.4億元（教育部補助）	約29万人
研究生奨学金、助学金	大学院生	私立大学学生補助約5億元（教育部補助）	約38,000人
授業料、雑費の奨学金、助学金	大学生	約52億8,000万元（大学補助）	約60万人
失業した労働者の子女の助学金	高校生	6,630万元（労委会及び本部補助）	約9,800人
農漁民の子女の奨学金	農漁民の高校以上の子女	13億元（農委会補助）	約20万人
所得税から授業料を特別控除	大学生がいる世帯は毎年25,000元控除	5億元（財政税収損失）	約90万世帯

出典：http://www.edu.tw/high/faq_list.aspx?site_content_sn=1235　2011.6.18参照。

1．助学金申請資格は、世帯年収70万元以下で補助額は最高3万5000元。
2．申請資格は5級に分け、経済状況がよくない学生が相対的に多くの補助を得る。
3．私立学校の補助経費は直接学生の授業料・雑費を補助するのに用いる。
4．奨学金・助学金を増やし、その額は学生に必要な毎月の生活費であることを原則とし、学生の卒業後の就業能力を高める。[107]

圓夢助学計画のホームページには、「青年には将来がある！　青年は国家の希望で、それぞれ能力ある青年がみな学業を完成させ、未来に高く羽ばたく権利を持つべきだ[108]」というスローガンが書かれている。ここには、民間団体の奨学金、助学金、各大学の奨学金、助学金、内政部や教育部、県市政府などの政府奨学金、助学金の情報が集約されている。[109]毎年10億元、学生

表13　2005年―2006年度の「共同助学措施」

項目	対象		補助標準
1．低中収入世帯の学生の就学補助	世帯年収40万元未満で他の公費の減免制度を利用していない者は申請できる（低収入世帯、障がい者、原住民等の学生以外）	公立大学	1年1人　7,000元
		私立大学	1年1人 14,000元
	世帯年収40万元以上60万元未満で他の公費の減免制度を利用していない者は申請できる（低収入世帯、障がい者、原住民等の学生以外）	公立大学	1年1人　5,000元
		私立大学	1年1人 10,000元
2．緊急支援金	学生、家庭で修学の継続が困難になった者		実施方式及び金額は各学校が学生の状況によって定める
3．宿舎の費用免除	低収入世帯の学生		

出典：http://www.edu.tw/high/faq_list.aspx?site_content_sn=1235　2011.6.18参照。

10万人が対象となっている。

このなかで民間団体の奨学金、助学金（華嘉新体育奨学金、財団法人羅慧夫基金会奨助学金など）は、各大学に対して学校指定で奨学金、助学金を提供しているものが多い。

以上、台湾の低所得者層、社会的弱者に対しては授業料の減免をはじめとする給付で、中間層には就学補助、あるいは民間団体の奨学金、助学金、学資ローンの提供がなされている。

次に、台湾に比べ、大学の授業料が高い香港の経済的支援についてみていく。

香港の大学

リー（Wing On Lee）によると、経済格差が大きい香港においても、1970―1983年、香港中文大学の学生の親は労働者33・7％、ホワイトカラー9・03％で、親の教育レベルは小学かそれ以下53・2％、中等教育32％、高等教育9・5％で、低収入世帯の学生が70・6％、高収入世帯の学生が4・5％[110]であったという。つまり、親の学歴、所得にかかわらず大学進学を目指した者が多かった。しかしこの時期の大学進学率は一ケタであり、優秀な者しか大学に入ることができなかったため、低所得者層も大学に入学できたのである。

香港は、私立学校、インターナショナルスクールは当然のこと、幼稚園からエスカレーター式に入学できるが、リー（Wing On Lee）は、「日本は幼稚園から大学まで、香港は幼稚園から中等教育までに限られている」[111]と、香港では、幼稚園に入園すれば高校まではエスカレーター式で進学できる。

2つの香港の大学（香港大学、香港中文大学）の昼間制の入学定員は1969年5183人、1976年は6362人、1981年は1万5667人で[112]、1981年で15万人ほどの同級生の中から1万人ほどが香港内の大学に進学できるという計算であった。そのため、一部の富裕層は欧米に子どもを留学させた。イギリス、アメリカ、カナダ、オーストラリアは1969年に5207人、1976年7765人、1979年1万7742人[113]と、香港の2つの大学定員とほぼ同数の学生が留学をした。

2005年現在、221万5100世帯のうち6万5200世帯（2.9%）の15歳以上の子どもが、香港以外で高等教育を受けている[114]。2005年10月『主題性住戸統計調査報告書』によると、約43.6%の世帯が香港で高等教育を受けるのは「一般に難しい」、約20.6%が「非常に難しい」[115]と答えたように、過半数の人が今でも香港で高等教育を受けるのは難しいと理解している。

現在、香港には、大学教育資助委員会が公費で補助する、香港大学（1911年創立）、香港中文大学（1963年創立）、香港城市大学（1984年創立）、香港浸会大学（1994年創立）、嶺南大学（1999年創立）、香港理工大学（1994年創立）、香港科技大学（1991年創立）、公費で補助を受けない香港公開大学（1997年創立）、香港樹仁大学（2006年創立、私立大学）がある。法定（公立）学院には、香港教育学院（公費で補助を受ける）、註冊専門学院（私立）には公費で補助を受ける香港演芸学院、公費で補助を受けない明愛徐誠斌学院、珠海学院、恒生管理学院がある。[116]

大学教育資助委員会は、高等教育の発展と資金に関して政府に意見を提出すると同時に、助成金を出している（以下、教資会と記す）。大学に配分された助成金は教資会による規制はなく、大学側が自由に運用できる。

それでは、次に、香港の高等教育機関における学生への経済的支援の状況を歴史的にみてみる。

1960年代～1980年代の高等教育

1960年代には優秀な人材が育つなか、香港中文大学校務主任は、「現在、我々は新聞広告で、大学生による中学生の補習の広告を見ることが多い。その原因は、多くの家庭の経済状況が悪く大学の費用を捻出できないことにある。そのため半工読の生活となり、学生の成績に影響している。中文大学の建設のために貧しい学生を支援しなければならない[117]」と、学生の学習環境が決して恵まれたものでないことを指摘している。

そのため1969年「大学及び理工発款委員会（UPGC）」下の「学生財務聯合委員会（JCSF）」は経済困難な高等教育機関の学生に経済援助をした。政策原則は「香港の高等教育機関の学生が財政困難から学業放棄をしないよう保障する」ものであった。具体的には助学金、就学ローンが利用された。[118]

①助学金（grants）給与方式。授業料、文具費、学生会費用。

②就学ローン（loans）利息が低い貸与方式。学生に生活費提供。大多数の助学金を得た学生は就学ローンも得る。

その後１９８２年11月『国際顧問団報告書』によると、「香港の最高学府は定員が少なく、大学入試は異常な競争となっている。海外の大学に行く学生が香港の大学の学生と同数いる」と、その競争率の高さに触れている。競争を勝ち抜いたエリートが集う大学に対して、この頃は「高等教育を受ける人が大部分の教育費を負担すべきで、政府はこの方面の支出を過度に増加しない」という意見が出されるなど、受益者負担主義が叫ばれていた時期でもあった[119]。

それでは高等教育への財政支出はどれほどであっただろうか。１９８５―１９８６年度財政予算案のなかで教育経費は、78億１０００万香港ドル、総支出の17％を占めた。１９８４―１９８５年度は総支出の10・７％であった[120]。特に、その内訳は、小学21億５５００万香港ドル、中学・高校26億５０００万香港ドル、高等教育19億８３００万香港ドル、学生助学金（給与）・奨学金（貸与）１億９２００万香港ドル、職業訓練局４億３３００万香港ドルであり、高等教育には初等中等教育に匹敵するほど経費が用いられていた。

また高等教育を受ける学生の支援計画は、大学、理工学院（現在の香港理工大学）及び教育学院、浸会学院（現在の香港浸会大学）、嶺南学院（現在の香港嶺南大学）専上課程の学生、樹仁学院（現在の香港樹仁大学）の学生にも奨学金を貸与するものであった。このほかイギリスと香港政庁は、イギリスで学ぶ香港の学生、国家高級資格課程の全日制の学生に補助することを決定した。１９８６―１９８７年度の補助は総予算

1億9400万香港ドルと、1980年代は依然として相対的に教育費支出が高く、同時に高等教育は在イギリスの学生に財政補助の対象を拡大した。[121]

1982年から助学金・ローンもイギリスの香港人学生まで拡大し、香港の学生が香港で不足している教育課程を学ぶことを支援した。香港内で十分な高等教育を提供してこなかったことからイギリス在住の学生にまで支援対象としたのである。このような状況のなか、香港においても大学生定員を増加したが、程介明は、「財政予算のなかで教育経費が増加した。大学1年生の定数増加は4・8%が比較的よい。教育経費は増加したが急激な定数増加は経費が不足するためである」と、各高等教育機関で学生定員増加のため校舎新築が行われる状況に対して経費の不足を警告した。[122]

1990年代前半における高等教育改革

1990年代に入ると、1969年に成立した「大学及理工撥款委員会」、1980年代中期の「教育及人力統籌科」は、1990年8月、「学生資助弁事処」に行政組織として統一された。学生資助弁事処は、高等教育機関の学生の助学金と奨学金以外に、外国留学の奨学金申請手続きを処理する部署として発足した。

1990年3月12日の信報では、「今年の教育財政予算は社会の趨勢、政策の転換期にあり、過去の数字から今年の予算を見ると政策実施に変化がみられた。教育経費は4・4%増加したが、これは公共支出の増加率の水準以下で、1990―1991年度の予算項目のなかで教育は最優先項目ではないことが明らかである」として、財政拡大のなか教育費の伸び率が低いことを指摘された。また「香港は『小型政府』であり、公共支出は一般の国家より全面的に低い。教育経費が大幅に増加していないなか高等教育の定員数を拡大するのには3つの可能性がある。支出を平均的に削減する、廉価な学位を製造する、他に財源を求める、である」と、安価な政府である香港が、高等教育を重視し学生定員を増加させる苦労が述べられている。

1991年2月、「香港総督が大学授業料を値上げすることを決定した。12％から18％の増加である。授業料は現在の8700香港ドルから4年以内に3倍となる。大学拡大に必要な教師の給与、教育課程の新科目のためで、経常費は現時の30億香港ドルから5年後は60億香港ドルに増える。1994年には学生数は18％増加し、7000人から1万5000人となる。毎月家庭は2000香港ドルを負担することになるが、中下流の家庭は授業料負担が難しい。助学金（給与）は1万1000香港ドルから1993年には2万香港ドルとなるが、しかし助学金を獲得できるのは少数の最も恵まれない家庭となる」と学生定員の増加で授業料増額が決定した記事が掲載された[123]。

香港の一般家庭の収入は、1990年代初頭、1985年に比べて2倍に上昇した。そのため授業料増額もやむを得ない反面、ここ数年、物価が上昇し家庭の支出は増加するなど、決して生活にゆとりが出たわけではなかった。

同様に定員増加と授業料増額の問題について、1991年3月、「香港政府は1970年代高等教育に限界があったため、1980年代に積極的に発展させようとした。現在、高卒者の9％が高等教育を受けるが、これは10年前の4倍に増加した。授業料は低いものの経費は有限であるため、高等教育費用をすべて政府がまかなうことはできないとして、授業料増加によりさらに多くの人が高等教育を受ける」ことができるよう方向づけることが明らかとなった。[124]
1991年3月6日の明報には「高等教育の授業料増額。学生の父兄に異議あり。身を切る利益の衝突」との見出しで、「高等教育は『個人投資コスト』となす。高等教育コストは各教育機関の『非経常支出』『経常支出』を意味し、前者は校舎建築費、一切の機材設備の支出を指し、後者は教職員給与、行政費、校舎修理、光熱費、雑費を指す。1991―1996年度には新校舎建築費の支出が激増し、平均コストは高くなるだろう。さらに、高等教育の拡大、学生数増加により多くの教職員を雇うためでもある」と、授業料増加の背景を説明している。
1991年5月、奨学金の式典で、当時の香港理工学院院長藩宗光は、「1993年度は大幅に高等教育の授業料が値上げするため、学生に対する助学金、奨学金も増やし、授業料を補えるようにする。このほか香港政府に資助計画の改正をし、経済困難な学生を顧みるよう希望した」との記事がある。[125]
このようなか、香港政府は3つの異なる学生資助貸与計画で高等教育機関の学生を支援した。①香港高等教育機関学生資助計画、②樹仁学院資助貸与計画、③師範学院資助貸与計画である。学生資助弁事処助理監督何柄中は、「3つの計画の合併が理想だが、現実は不可能である。3つの資助貸与計画はみな長短があり、高等教育学生資助計画の審査方法は、一種の優遇措置もあり、必ず改めるべき点がある」と、奨学金の審査方法に問題があると指摘した。[126]

高等教育機関の経費削減と学生支援

1995年2月11日の明報では、「嶺南学院は、政府に申請した1995―1998年の学院経費のうち、17%が削減され、7校の高等教育機関のうち削減比率が最大となった。教資会は各大学の学生単位あたりのコストが教資会の計算と異なるため削減した」と、嶺南学院に対して意図的な削減を行ったのではなく、経費計算に問題があるのみだとした。

1995年2月15日の明報では、大学教育資助委員会主席梁錦松は、「将来3年に270億香港ドルの高等教育支出を行うことにした。支出増加が5割と多いのは学生の定員増加によるとし、1995−1998年全日制本科生は18万5556人、1992−1995年の15万6971人より3万人ほど増え、コストが13・1%増え、毎年平均の補助が4・2%増えるためである」としたが、林貝津嘉議員からは教資会関係の1997−1998年度の支出が1996−1997年度に比べて少ないとの指摘もあった。物価上昇、学生定員の増加、実験系教育機関のコスト上昇など多方面の要素もあり、単純に学生1人あたりの教育費が増加するわけではなかった。

表14　学生資助弁事処における助成額

単位：香港ドル

年度	授業料	最高助学金
1990-1991	8,700	18,260
1993-1994	17,000	28,530
1994-1995	24,000	36,270
年	最高ローン額	最高資助額総数
1990-1991	14,600	32,860
1993-1994	17,630	46,160
1994-1995	18,780	55,050

出典：1998年5月28日文匯報

そんななか、政府から財政支援を得ていない香港公開進修学院が1997年香港公開大学に昇格し、1998年5月28日の文匯報によると、「香港公開大学では、今年3100人がローンを申請し、それは去年の138%増であると表明した。その結果、申請者の85%が申請を認められた。香港公開大学では2500万香港ドルの貸付高となった」。大半の高等教育機関が政府の財政支援を受けるなか、財政支援を受けない公開大学では授業料収入が運営資金となるので、学生の授業料・生活費をローンの形で提供する必要があった。

さて表14では、学生資助弁事処による学生対象の助学金、ローンの額を示したが、最近では申請の順序、手続きを簡単にした。

授業料とコスト

2000年2月18日の明報では、香港公開大学の授業料は最高9％減額との報道があった。香港公開大学は政府の資助を受けないため、独自の授業料減額を実行できたのだった。

だが一般に、大学生の授業料負担は重く、2000年5月5日の明報では、「香港教育学院は毎年10数人の学生は長期授業料を払わず、支払い延期も申請しない。大学は頭を痛めている。大学は去年2学期から厳しい政策をとり、学生がもし3度授業料を払わず、申請を延期しないなら、学籍を奪うことにした。3人の学生がこれにより学位を失った」との記事が載せられた。

授業料の支払い期限から満10日後、大学は学生に1度目の督促、さらに10日後学生がまだ費用を払わず延期手続きをしないと電話で学生に督促を進める。それでも適当な対応をしないと、教務処は郵便で学生に「最後通牒」をし、その1週間後学生は授業料を払わず申請延期をしないと学籍を奪われる。

このような授業料納付の遅滞に関して厳しい取り決めが行われるようになったのは、政府の助成金政策もあり、授業料収入を確保しようとした点にある。2000年6月15日の明報によると、香港政府は大学の授業料を連続3年凍結したため、5億2000余万香港ドルの経費が減少した。少ない経費を補うため、政府は立法会財務委員会に対して、2000年から2001年の財政年度内に教資会に追加支出をするよう要求した。教育統一局局長王永平は昨日承認したものの、今後は①多くの学科を越えて単位制を採用する、②学科ごとに費用を徴収する、③実験系の学生数を減少することで経費削減ができるかを考慮している。現在では単位制度を実施し、学科ごとに徴収制度を推進する方向にあると指摘した。

このような政府の政策に対して、２０００年６月15日の星島日報には、「香港大学学生会は昨日声明を発表した。①政府に早く授業料の額を定めることを要求、②授業料とコストを関連させることをやめ、完全な学生資助計画を確立すること、③政府は必ず学術の自由を尊重し、教育を商品と見ないことを訴えた」との記事が掲載された。

その一方で、ここ２、３年、以前より多い授業料が徴収されたとの指摘もされた。２０００年６月20日の星島日報には、「教育統籌局主席助理籌李美嫦は１９９８年度から１９９９年度、大学生が授業料を多く納めすぎた可能性があると認めた。ただし彼女は授業料を返還しないとした。中文大学学生会代表は、学生の経済負担を重くしたと批判、立法会は当局に多く収めた授業料を返還するよう要求した。それでも李は、立法会教育事務委員会会議で、議員に過去高等教育機関で多く授業料を徴収したか否かと訊ねられ、大学教育資助委員会が高等教育機関に対する助成金は3年ごとに平均して計算している、それゆえ政府はただコストの17・3％を回収しただけだと述べた」と書かれている。

授業料収入は当該教育機関のコストの18％を超えないという前提のもとで行われていること、さらに一旦徴収した授業料は返還しないという政府側の見解が出されたのである。

２０００年６月20日の明報には、「大学生の授業料徴収はコスト18％の計算というが、しかし実際はコストが低く、１９９８年度、学生は平均で１９０香港ドル多く払っている。コストは18・1％でないか。

表15　年度別授業料と平均コスト

単位：香港ドル

年度	授業料	学生の平均コスト
1992-1993	11,600	125,142
1993-1994	17,000	160,168
1994-1995	24,000	181,790
1995-1996	31,500	202,358
1996-1997	37,350	212,497
1997-1998	42,100	247,307

出典：2000年7月23日星島

高等教育機関の支出は3年で計算するので、2001年末に学生が全体で多く授業料を払ったか否かが判断できる。そのため、政府は学生が多く授業料を払ったことを否認している」と、最終的な判断は2001年度末に持ち越されることになった。

2000年7月27日の明報では「教統局局長羅潘椒芬は昨日学聯代表会で高等教育問題を討論した。学聯は大学授業料を低く抑えるよう申し出た。学聯は授業料とコストとの関係を廃止し、平均月収1万香港ドルの家庭を参考に授業料を定めるべきだと提案した」との記事が出され、コストの問題が低所得者の進学機会を奪っていると断言した。

2000年7月23日の明報に示されたように、大学の授業料は1992年から163%上昇し4倍となり、「民主党青年委員会主席黄鳳珠は大学1年分の授業料は半数の家庭における総収入の2割に相当する」と指摘した。

ローン返還の困難

さて、授業料値上げに伴い、学生への助学金とローンが重要視されるが、2000年6月7日の明報には卒業後十分な収入が得られず、ローン返還が困難な卒業生がいるというインタビュー記事が掲載された。

私は卒業時21歳で、26歳になってゆっくりローンを返すことができると思った。もしお金があれば一括して返還したい。現役記者の阿恩は香港浸会大学の時、毎年、政府の低利息ローンで、3年で約10万香港ドルを借りた。今年より5年以内に利息を加え10万8000香港ドルを返さなければならない。去年は不景気で、阿恩は卒業後時給30香港ドルの職に就き、年末は他の会社の市場の助理で、月給は僅か7000余香港ドルに過ぎなかった。だが学生資助弁事処の返還通知書に対して、返還延期を申請することができない。

民主党は82人の返還中の大学卒業生を訪問し、その3分の2の卒業生が返還は経済的圧迫だと述べていると言う。「香港専上学生資助計画」で借りた大学生は、卒業の翌年、返還を開始、5年以内で20期に分けて返還することになっている。

ただ返還の問題もあるが、ローンを借りないと勉学を続けられない者は多く、2001年10月23日の明報では、「不景気で学生資助弁事処は、今年『本地専上学生資助計画』の申請を簡潔にすることにし、ローンを出す期間を早くした。学資処副監督は去年改善した申請の順序を改め、今年より手続きを簡単にし、申請期間も去年より短い。しかし、資料の正確性を確保するため、該処が去年家庭訪問したのが1860件だが、今年も去年と変わらない。計画に参加した学生は今年4月、5月に申請表を出し、新入生は9月末に提出した。2カ月以内に結果が通知される。香港科技大学、香港大学、香港浸会大学では、授業料納付遅滞の本科生が去年より少なく、香港科技大学は去年の600人から今年は300余人、香港大学は900人近くから500人と、遅滞者が減少した」とそのローンの重要性を指摘している。

バウチャープラン

ところで1990年代末には、バウチャープランが大きく話題を呼んだ。香港の高等教育研究を行う教育経済学者ブラウグ（Mark Blaug）は、高い経済効益、平等を原則としつつ、最も効率がいい高等教育助成の方法は「助学券」（バウチャープラン）とした。直接助成金をバウチャーで学生に与え、自由に大学を選択し、このバウチャーで授業料を払う。これは学生の自由な大学選択を満足させるが、バウチャーの助成を受ける各高等教育機関は不断に教育の質を高め、学生を吸収する必要がある。学生に大きな経済的利益をもたらし、学生が高等教育の社会コストを認識する点でも、バウチャーは有効とされた。

2000年5月5日の星島日報には授業料と関連付けたバウチャー制度に関する記事がある。バウチャー制度により魅力ある教育・研究を行う教育機関には学生が授業料としてバウチャーを支払い、それが最終的には大学の収入増に結びつくというものである。

「教育統籌委員会はバウチャー制実施に関して、学生の過半数はバウチャー制推進に同意していると述べた。大学間の競争を高めるのは大学の教育の質を高めることで、その一助となる。そして7割の学生が先決条件として大学間の単位互換を遂行すべき、6・5割の学生は、バウチャー化とは大学の市場化を意味し、大学の学術の自由を損なうという意見を出したと述べた。学生は容易に高い成績が得られる実用性の低い科目を学ぶなど教育の質

表16　バウチャー制

	同意	反対
バウチャー制で大学がさらに多くの競争	51.6%	20.5%
大学間の競争が教育の質を上げる	45.0%	29.0%
バウチャー制は社会の発展に不利	30.7%	36.4%
バウチャー制の期は熟した	18.2%	32.0%
大学間の単位互換	71.9%	11.3%

出典：2000年5月5日星島

を低下させることになるとも話している」。

授業料の問題は、政府としては受益者負担原則を貫き通す姿勢であり、コストが上昇すればそれに比例するように授業料も値上げするであろうが、バウチャー制度と単位制度を掛け合わせ、受講した学生数に対して授業料徴収を可能とすることで、大学に教育と研究に尽力させる意見もあった。しかし、現在までバウチャー制度が導入されることはなかった。

資助会の助成金減少

大学教育資助委員会は、2001年から2004年に、工・商・管理専攻の修士課程に再び助成金を出さないとした。「もし大学は運営を継続するなら、自助努力で経営することになる。香港では6カ所の政府資助を受ける大学が工・管理の修士課程をもっている」[127]と、同一教育課程を有する大学が多数あることから、政府としては支援しないと決めた。

その背景には、香港政庁が高等教育助成を減らす目的があった。教育統籌委員会主席兼行政会議成員梁錦松は教育の民営化を鼓舞し、政府が教育投資を減少することは世界の趨勢であると述べている。

2000年10月25日の明報では、「助成金の算定の仕方で、香港浸会大学長謝志偉は、教資会で、頭数での計算で教育機関の基本的な支出を固定の金額とするよう呼びかけた。学生数を増やすとそれに比例して助成金を増加させる。例えば学生は香港浸会大学国際学院2年課程の後、浸会大学3年に編入できるとすれば、政府の助成金増加がなくとも大学4年制は実行できる」と、助成金算定のあり方を柔軟にすることで改革も可能だと指摘した。

大学教育資助委員会は高等教育機関に助成金を出すとき、学生数、研究項目を計算する。ただし謝はこの支出方式は規模の小さい教育機関には不公平だと批判した。規模の大小にかかわらずみな基本設備と支出はあるとして、教資会に他の支出方式を提案した。先に固定の金額を補助し、あとで教育機関の学生数に比例して助成金を増加すること、これが海外の大学で普遍的な手法であると、香港浸会大学学長らしい発言をした。

しかし2001年2月24日の明報には、「大学学長は政府に妥協し、立法会は昨日将来3年で19億香港ドルの大学助成金支出を減少することを申請した。大学学生会は失望し、学長を批判した。立法会財務委員会は29票の賛成、22票の反対票で、2001―2004年度362億香港ドルの大学助成金支出のうち4％を減少する案が通過した」との報道があった。

2001年6月8日の明報では、「教育統籌局羅潘楸芬は、昨日香港民主促進会で講演し、50余人の政財界の著名人及び外国使節に対し、高等教育改革問題を論じた。そこでは香港は8つの高等教育機関があるが、優れた人材及び研究は1、2カ所の教育機関で十分である。それらを確保することで国際的に競争できる」と、羅潘楸芬の教育改革が、国際競争力を身につけたエリート養成のみを徹底して行うことが明らかとなった。

また羅潘楸芬は、海外の大学が香港で開学したり、さらに大学の専門教育を多様化し、3年間で海外学生交流計画を増加するなどの新草案を提出した。

一方、このような政府の助成金削減に対して批判が集中するなか、2001年10月9日の明報には公開大学校長譚が自助努力で大学運営をしている経験から、「私立高等教育機関は、自ら教育課程に責任を負う。ただ政府助成の範囲で授業料を減額し、市民が負担能力を持つことが生涯学習の道だ」と述べた。また譚は、2001年10月9日の明報でも、「私は、政府の助成金はとても高いと言わざるを得ない。助成金削減について検討が必要だ」と話している。財政がそれほど潤沢ではないなか、政府の助成金減額政策に関しては、その高等教育機関の絶対多数は反発しつつも、その移行に従わざるを得ない状況がある。

現在の学生資助計画

現在の学生資助計画には、「専上学生資助計画」(FASP)、「専上学生免入息審査貸款計画」(NLSPS)、「免入息審査ローン計画」(NLS)、「持続進修基金」(CEF)がある。

「専上学生資助計画」(FASP)は、家庭の収入、資産を審査して補助する計画で、助学金は授業料、学習のため、ローンは生活費に支出するものである。「専上学生免入息審査貸款計画」(NLSPS)は、収入審査を免除するローンで「専上学生資助計画」(FASP)の対象とならなかった学生の授業料、学習、生活費として用いることができる。「免入息審査貸款計画」(NLS)も収入審査を免除し、「専上学生資助計画」(FASP)の資格に適合しなかった学生の授業料に用いるものである。「持続進修基金」(CEF)は副学士課程の学生が課程を終えた後、持続進修基金に80%の授業料分、最高1万香港ドルまでを返還してもらえる制度である。[128] CEFは約60万人の申請で、大半の約56万人が認められ[129]、社会人の大学副学士課程進学に拍車をかけた。

FASPは、副学士、学位課程の半数ほどの学生約2・5万人が申請し、2万人ほどが助学金を受け、9000人ほどが学資ローンを受けている。一方、FASPの条件に合わなかった学生約3万4000人

表17　2009―2010年度
専上学生資助計画（FASP）

単位：人

副学士課程・学士課程の学生	57,090
副学士課程から学士課程への学生	4,650
申請数	25,731
補助を受けた者	20,479
助学金	20,427
生活費のローン	9,057

出典：http://www.sfaa.gov.hk/tc/statistics/fasp.htm　2011.6.19参照。

表18　2009―2010年度
免入息審査貸款計画（NLS）

申請数	34,402人
ローンの提供を受けた者	26,670人
ローンの平均金額	45,831香港ドル

出典：http://www.sfaa.gov.hk/tc/statistics/sfnls.htm　2011.6.19参照。

のうち、２万６０００人がＮＬＳＰＳで学資ローンの提供を受けている。学生の大半はＦＡＳＰの条件に通らなければＮＬＳＰＳに申請する。ＦＡＳＰ、ＮＬＳＰＳの対象とならなかった学生はＮＬＳを申請し、その３分の２が平均４万５８０１香港ドル、全日制大学の授業料相当分の学資ローンを組んでいる。

ＮＬＳで学資ローンが認められても、１年でローンは約45万円、４年で約１６０万となることから、授業料の減免制度の充実、給与型奨学金、助学金の増加が望まれる。台湾に比べて、今なお、大学の授業料負担から大学進学をあきらめる層が多いと思われるほど、大学進学にかかわる条件整備は遅れている。

香港では、民間の基金による奨学金制度もみられる。香港扶輪社ローン・助学金は１９６４年成立し、全日制４年制大学の学生で経済的に困難な者が大学推薦によって無利息の学資ローンを借りることができるというものである。[130] しかし、概して倍率が高い。今後は授業料、学資ローンが、大学の存在意義との関係で問われていくだろう。

輔導

香港、台湾の学校には輔導（ガイダンス）の教師がいると同時に、香港にはスクールソーシャルワーカーの存在がある。

では、「輔導」は日本では見慣れない漢字だが、どのような意味を持つのだろうか。大野精一、西山久子、都丸けい子が作成したものによると表19のとおりである。

伊藤亜矢子は、香港の輔導では、「キャリア形成に重点を置くミズーリ州のガイスバーズ・モデル（Gysbers, 2008）を理論的柱として、教師主導の包括的支援モデルが実行されている（Yuen, 2008）」、台湾でも「『全ての児童への支援』『特別支援教育対象児への支援』『教師への支援』『保護者への支援』を柱とする包括的モデルが見られる[131]」としている。

香港では小学に必ず1人、また学校予算でも輔導の教師を雇用している。香港教育局によると、輔導とは、個人の成長教育、キャリア・ガイダンス、伝統的な識別・教育サービス、個別・小グループでの教育を行うことである[132]。台湾では1校に数人の輔導の教師がいて、輔導の授業を担当し、輔導の教師用の職員室で児童生徒の相談を受けている。輔導の教師は経済的な支援、校内外の活動、精神面でのケアなど、学校生活の基本的な部分のケアをする者である。

台湾の学校では、林清文によると、指導活動推行委員会から輔導工作委員会と、指導から輔導と名称を変更した経緯がある[133]。「訓導は児童生徒の指導（pupil personnel services）の旧称で、輔導は20世紀末の児童生徒の指導の新しい面」というように、校務分掌においても「訓導が先で、輔導が後」に設置された[134]。訓導は日本でいう生徒指導をいう。しかし、揚希震『訓育原理』（１９７１）によると、当時、輔導の１つ

表19　輔導、訓導の翻訳

日本	アメリカ（イギリス）	香港	台湾
相談	Consultation counseling	Consultation counseling	諮詢 諮商
相談教諭・教師カウンセラー（教師資格のある相談担当者）	School Counselor	輔導教師	輔導教師
学校教育相談	School guidance and counseling	輔導	学校輔導（教諭による機能・領域を含む） 学校諮商（機能のみ、教諭以外）
生徒指導	Guidance	訓導・訓育	訓導・訓育

出典：第９回学校心理士海外研修団著「学会連合資格「学校心理士」認定運営機構認定委員会企画・監修第９回海外研修　2010年香港・台湾スクールカウンセリング研修旅行報告書―学校現場・大学・行政の三者間連携を模索する―　2010年２月28日～３月７日」2010年８月20日、「用語の整理」（大野精一、2010：協力、西山久子、都丸けい子）p. 9より筆者が一部加筆。

の意味をなす「ガイダンス」の辞書的な中国語は「指導」であった[135]。一方、研究者は、ガイダンス＝教育指導、あるいは日本人がガイダンスを「生徒指導」と翻訳していると[136]紹介もしている。

揚希震によると、台湾の「輔導はアメリカで行われた問題解決の方法で我々はそれを『輔導』として学んだが、足を削って靴に合わせるような採用の仕方で、『訓導』を『輔導』と改めた[137]」と、自嘲気味にアメリカ直輸入の輔導の導入に際する混乱を述べている。１９６８年国民中学で「指導活動」科ができ、その後、１９９３年国民小学課程に輔導活動課程が設けられた[138]。

栗原清子によると、台湾の輔導の教師になるには修士修了後１年間インターンが必要で、心理士は修士修了後１年間のインターンをした国家試験の合格者である。「学校と心理士の関係は、ケースが中心で学校の組織との連携は少なく」、心理士は拠点的な学校にいることが多い[139]。

また台湾では、中国との政治的関係から高校での軍事訓練が継続的に行われており、高校に軍官がおり、軍事訓練を担当している。軍官は、訓導の教師と強い指導、軍事教育をしてきたが、現在では、台湾でも訓導、輔導の協力、連携がなされている。そのため、輔導と訓育を併行して行うことが求められている。以前は、校内での位置づけも訓育の教師の立場が輔導の教師より上で、生徒への対応も訓育の方が先に行われた。最近では、輔導の教師と訓育の教師が一緒に生徒に関わることが当然となっている。このような状況を改善することになったのは、訓導、輔導、教育の三位一体の指導が行われるようになったからである。台湾では国民中学に数人の輔導の教師がおり、訓育の教師と協力しつつ、しかしこれまで同様、あくまで輔導の教師としての立場から生徒支援を行っている。

香港では1999年、香港教育署学生訓育組『学生訓育工作指引（生徒指導に関するガイドライン）』に、「訓育」は、「多様な意味」があるが、「大部分の教師は訓育は規律、すなわち規則を遵守することとみなしている」[140]と書かれている。教育局『学校行政手冊』（2010年5月28日更新）には「訓育」は「行為を管理すること」で、「輔導と生徒指導は、校内で生徒に関わる重要な教育で、輔導と生徒指導の教師が協力し生徒の規律の問題を改善する」[141]と説明されている。学校は、「子どもの入学前、毎学年開始時に、保護者に、校内の生徒指導の制度、措置を知らせ」、保護者は「一生懸命勉強しない、問題行動がある生徒」について「関連する区域の教育サービス処に相談し、専門的なカウンセリングを求める」[142]ことができる。

香港基本法第279章第58条教育条例によると、「学校長は、理事会、法団の理事会の指示の下、学校の教育と規律に責任を負い、この目的のため学校の教員・生徒を管轄する権限を有する」と校長の権限が明記されている。[143]しかし、生徒指導上の注意として、「いかなる状況でも学校は規律を維持すると同時に、生徒の自尊心を顧み、現行の法令に適したものであるべきである」[144]と記されている。学校の生徒指導の種類としては、「1．生徒の身体に触れる指導、2．生徒の財物に及ぶ指導、3．生徒の自由に関する指導、4．生徒の名声に関する指導」[145]があるが、生徒の身体、財物に及ぶ指導については「在校内捜査学生及其財物的基本原則」の規定の遵守が求められる。

香港の学校にも生徒指導主事がいる。生徒指導主事の役割は、生徒指導の計画、準備、監督にある。学校運営上、生徒指導主事は校長に対して生徒指導について意見し、生徒指導部の人員配置、生徒指導の資源の配分、生徒指導部とその他の校内分掌との協力、スクールソーシャルワーカーと協力する責任がある[146]とされる。また、校外の政府部門、香港警務処等と連携し、彼らの専門的知識、資源を借りて、生徒に総合的な支援サービスを提供すべきだとされている。

しかし、生徒指導は生徒指導主事の責任だけではなく、生徒の行為基準を作成するときは、校長、教師、保護者代表、生徒代表と共に定めるべきだとされ[147]、このようなありかたを全校参与式の生徒指導という。

日本では、生徒指導は、学校秩序を乱す者に対して行われる。しかし、生徒の生活に関して、社会福祉の立場から専門的な支援ができる人材が投入されていない。児童生徒の心の問題や家庭、友人とのトラブルを十分にケアする専門的な人材がいない。

2011年10月24日の日本教育新聞によると、10の学会・団体である[148]スクールカウンセリング推進協議会は、「臨床心理士だけがスクールカウンセラーか」[149]と、臨床心理士ではない「スクールカウンセラーに準ずる者」が「ガイダンスカウンセラー」として、学校の常勤職に配置されるよう求めている。ガイダンスカウンセラーとは、「幼・小・中・高校・中等教育学校、特別支援学校、大学および高等専門学校において、子どもの学習面、人格・社会面、進路面、健康面における発達を援助する専門家[150]」である。２０１２年秋にスクールカウンセリング推進協議会は、「ガイダンスカウンセラー」の第一回試験を行うという。２００９年衆議院選で民主党のマニュフェストで、「生活相談、進路相談を行うスクールカウンセラーを全小中学校に配置する」と掲げられたが[151]、人的資源の配置には費用がかかり、現在、スクールカウンセラーも非常勤である。

このように日本では、生徒の抱えた問題を解決すること、支援することは後手に回っている。現在、香港、台湾の輔導に注目しているのは、日本ではスクールカウンセリング推進協議会に入っている認定心理士の学会である。

『２０１０年学校心理士海外研修団香港・台湾スクールカウンセリング研修旅行報告書』では、大野精一が、序文で、「スクールカウンセリング（あるいはカウンセラー）のモデルに関しては、今日まで欧米が主であったが、日本に適合的なモデルを考えるとき、東アジアの取り組みが参考になる[152]」と述べている。「東アジアというのは、現場を中心に現実的な効果性が発揮できるようなところが重要で、現実に上手くいくかいかないか。困っている現場にとって本当に役に立つかどうかという、実践性と現実性を大きな柱にした、フレキシブルな専門性。これは、おそらく東アジア独特のものだと思うのです[153]」という点は筆者も共感するところである。香港の教育政策、教育課程、学校運営などをみていくと、実際に児童生徒がいて、その上で専門性を持ちつつ実践力を持つ者が児童生徒の状況に応じた対応をしている。細分化された専門家集団による職業主義とは異なるところである。

香港の輔導

香港の場合、政府から補助金が出る大多数の資助小学や一部の官立小学では学校が雇う輔導の教師あるいは輔導を補助するカウンセラーが輔導にあたる。[154]一方、資助中学は校内の輔導の教師が生徒を輔導し、[155]このほか、学校に駐在するスクールソーシャルワーカーが専門の支援をする。[156]スクールソーシャルワーカーは、生徒個人、家庭、人間関係、学業の問題に協力する者である。[157]香港のソーシャルワーカーは、生徒個人にガイダンスを行っている。日本におけるスクールソーシャルワーカーは、学校、教育委員会、児童相談所、保護者との間を取り持つ状況が一般的であるが、香港では、生徒に対する相談業務を行っている。

1980年代から、香港の学校には常勤の輔導員がいるが、「輔導員と児童の比は1：4000で、これでは効果がない。一つの学校に1、2人の常勤の輔導員がいて、教師と協力して輔導すれば、学校の道徳教育の問題は改善できる[158]」と言われた。李少鋒によると、1999年「小学の輔導資源は2倍に、1人の輔導の教師に対して1680人の児童となった[159]」というが、これでも到底十分とはいえない。現在、輔導の教師は、教育局から小学で1人の人件費が出されているが、それ以上の教師を雇用する場合は学校が人件費を負担しなければならない。

これまでは、香港でも、訓育ばかりが重視され、訓育の教師が生徒に対して厳しい態度をとってきた。訓育については、『学生訓育工作指引』（1999）で、全香港の小中学が全校参与モデルで「教育的意義を備えた訓育」を推進すること、訓育は児童生徒が是非を考え、問題解決、選択する能力を高めることが強調された。[160]その後、2001年、『中学学生輔導工作』が編集された。

1990年、『教育統籌委員会第四号報告書』が「全校参与」(Whole School Approach)の概念を提案して以来、各小中学では全校参与の訓育輔導モデルを発展させたのである。「学校の教職員全体で児童生徒を中心とする精神で訓導・輔導を推進する」[161]というものである。

具体的に、教育、訓導、輔導の連携は、『揉合訓育及輔導工作綱要』で次の協力が必要とされている。

「管理と組織」計画と行政、専門指導、教職員管理、資源の計画と管理、自己評価

「学習と教育」課程、教育、児童生徒の学習、評価

「校風と児童生徒支援」児童生徒の成長支援、保護者や外部との連携、学校文化[162]

スクールソーシャルワーカー

日本の場合、ソーシャルワーカーは一部の自治体で非常勤で採用され、学校と関連機関、保護者と児童生徒との橋渡しに関わる。学校と関連機関をコーディネートとする仕事をしているのである。

日置は、「専門機関と当事者、生活支援をつなぐためのケアマネジメントを担当するソーシャルワーカーの充実も求められる。その場合のソーシャルワークはケースワークだけではなく地域の資源を発掘・創出していくようなコミュニティワークの展開が必須である」[163]と、児童生徒の福祉的な支援に加え、地域における支援のネットワークづくりも必要だとしている。

ところで、秋山によると、スクールソーシャルワーカーの機能と役割は、次のように説明される。大変長いが引用すると次のようになる。[164]

①児童生徒と学校・地域などの社会資源を仲介する役割がある（broker）、②児童生徒やその家族と学校及び地域の間で意見の食い違いや問題が生じたときに調停役になる（mediator）、③特に子どもの権利が守られないもしくは自らのニーズを表現できないときに児童生徒の代弁者となる（adovocator）、④学校のみならず、教育委員会、地域社会、公的な社会的サービス及び民間のサービス、マスメディアなどの社会資源を発掘し結びつける役割（linkage）、学内での組織員に対する学校生活及び社会生活への直接的援助、指導、支援としての役割（residential work）、⑥カウンセラーやセラピストの役割（counselor）、⑦教育者、道徳者、メンターとしての役割（educator）、⑧児童生徒の保護機能としての役割（protector）、⑨フォーマル、インフォーマルな組織や活動、団体を組織化する役割（organizer）、⑩児童生徒や家族へのアドバイスや関わりを継続し、ソーシャルワークの視点から適切なサービスを提供する役割（case manager）、⑪児童生徒、家族、地域への偏見や差別などの意識やなかなか変化しない制度に対して社会改良や社会変革を促す役割（social change agent）。

日本では、①の仲介の役割、②の調停役が多く、⑥のカウンセラー、⑦の教育者などの役割は乏しい。教員、養護教諭、スクールソーシャルワーカー、スクールカウンセラーの職種の問題もあるが、公教育における児童生徒の学びを保障するために、手厚く児童生徒を保護する必要があると思われる。

これまで日本では、福祉や医療の分野ではケースワーカーがいるにもかかわらず、児童生徒の生活面でのケアが必要な場合、学校教育にケースワーカーがいないことの議論がなかった。一部でしか活躍していないスクールソーシャルワーカー以外は、実質担任の教師がケースワーカーを行ってきた。

スクールカウンセラー、スクールソーシャルワーカーが、徐々に学校に普及しているが、藤田和也は、「生徒指導部の教師たちは、困難を抱える生徒の問題理解や対応（相談援助、個別指導、進級、処分など）を考える上で、養護教諭ならではの見方やアプローチが欠かせないと感じている」[165]と、養護教諭も生徒への関わりが深いと述べている。

台湾では、現在、スクールソーシャルワーカーは複数の学校に1人だけだが、外部支援として民間機関からソーシャルワーカーが学校に来ることもある。[166]この状況は、常勤のソーシャルワーカーがいない日本と同じである。

香港のスクールソーシャルワーカーは、1971年、学校で仕事を始めたという。[167]賀国強によると、「香港教育署は、1980年代、続々と中学教師を増加させた。標準的な中学で24－30クラスであった。もともと教師は1クラスあたり1・3人の計算であったが、5人教師を増加し、スクールソーシャルワーカーが生徒の輔導、活動、その他の必要に応じた」[168]と中学で積極的な支援をしてきた。日本に比べて歴史も長い。香港では、主に小学に輔導の教師、中学にスクールソーシャルワーカーがおり、スクールソーシャルワーカーは学校に職員として勤務しているため、カウンセラー、教育者としての役割も大変大きい。また、青少年関連の施設にもソーシャルワーカーがおり、生徒の在籍校のスクールソーシャルワーカーとネットワークを結んでいる。生徒の生活圏である学校と地域で、日常的にソーシャルワーカーが働いているという状況が日本と大きく異なる。しかし、全校で常勤のスクールソーシャルワーカー1人であることから、スクールソーシャルワーカーにインタビューをしたところ、人数は足りないが経済的に増員は難しいという。

香港では、スクールソーシャルワーカーは、学内に事務室兼相談室を持っていることもあり、生徒が教員以外に気軽に関われる大人の存在である。しかし、学校内で教員とスクールソーシャルワーカーは整合性が取れるように住み分けをしてなかったため、1980年代、スクールソーシャルワーカーがその仕事を十分に行えない状況があった。

生徒の輔導工作の中で、教師とスクールソーシャルワーカーがその担当業務をいかに協力し合うのか、多く局内の人もまだはっきり理解していない。1人の、教育輔導の資質が高いスクールソーシャルワーカーは、次のように述べている。教師は毎日授業で生徒と接触し、放課後の交流も比較的頻繁で、容易に生徒や流行を理解できる。スクールソーシャルワーカーは個別の指導と小グループの指導を通して、比較的生徒の問題の根源を掌握することができる。それゆえ、教師とスクールソーシャルワーカーが必ず緊密に接触し、協力し、生徒が必要とする輔導計画を共同で立てる。当然、計画を遂行するとき、校長の積極的な支持を得る必要があり、そうであればまさに理想の効果を得ることができる。[169]

そのようなスクールソーシャルワーカーの仕事も、事務的な仕事に追われ、実際に生徒と関わる時間が少ないとの報告、また生徒の多さも指摘されている。

一部のスクールソーシャルワーカーが「スクールソーシャルワーカーの人数の比例の改善」の小グループを組織し、昨日、再び、当局にスクールソーシャルワーカーと生徒の比例の改善を促した。現時点での1：4000を1：2000にするというものである、満足な人数が生徒には必要で、青少年問題は、日に厳しくなっているからである。現職のスクールソーシャルワーカーである袁淑儀は、社会福利署が去年1年のスクールソーシャルワーカーの検討報告で示したのは、スクールソーシャルワーカーの大部分の時間は行政に使われ、個別の生徒の輔導は少ない時間であることだとしている。資料により分析すると、行政で時間の35％を占め、学校の各活動、会議の出席、個別の記録の整理、業務などを含めると、輔導業務は37％であったとして、スクールソーシャルワーカーと生徒の比率の高さ、そしてせっかくのソーシャルワーカーの特性が生かされない点などを分析している(170)。

香港の各中学では、スクールソーシャルワーカーの部屋が開放されている。少なくとも福祉の専門家のスクールソーシャルワーカーが、生徒の精神面、生活面のケアをすることには意義がある。

香港の学習支援

『「傑出学校奨励計画」優秀教育実践研究報告書』では、どのような輔導の実践がなされたのかが述べられている。一部を紹介する。

S中学の学習支援計画には、標準的なクラス全員に対する輔導クラスだけでなく、補習授業の小グループ、思考テクニックの課程、中学1年への接続クラスなどがある。学校は、生徒の英語学習支援で、英語を教授言語とする科目への接続クラス、英語DAY、中1英語接続クラス、夏休み英語クラス、英語活動室を行っている。放課後の補習は能力の高低があっても参加できる。このほか伝統的な輔導クラスは、中国語、英語、数学などの成績が悪い生徒を支援する。中学4年から中学7年の生徒のための補習クラスは彼らが公開試験でよい成績をとるためにある。学校は各学年で成績が下から15人を輔導し、校友会で助教を担当し、1つの輔導のクラスに1人の先生と1人の助教を置いている。[171]

香港では、学力が低い生徒に対して加配の教師をつけ、補習など行うことで生徒の学習面での遅れをとり戻すことにしている。モデル的な輔導の一つに、精神面でのケアだけでなく、成績が悪い生徒への積極的な学習支援があることが分かる。これらの補習に加え、教育局による学習輔導には「学校本位の輔導計画」がある。

1990年『教育統籌会第四号報告書』では、成績が香港で下位10%の生徒が多い中学で、「学校本位の輔導計画」の推進が提案された。学業成績が良くない生徒が学習に関心を持つことを助け、補習、学習支援を強化することで、良好な学習習慣を養成し、学習技術を改善するものである。1994年9月から計画に参加する学校は、「中学学位分配弁法」で下位10%の生徒がどれほどいるのかで計算し、定員外の資格を持つ教師を雇用する。中学1年で加配の教師と生徒の比例は1：75、中学2年、中学3年で1：100である。輔導教育を強化する以外、生徒を15―20人で1グループにし、1人の教師によって、指導、支援をする。[172]

ある学校の成績が悪い生徒に対する補習クラスは、1時間50香港ドルの補習費を徴収し、総合社会保障

表20　香港の輔導教育の強化モデル及び策略

習熟度別クラスによる教育	生徒の能力によりクラスを分けたり組み合わせる	学校が普通にモデルとして採用
小グループでの抽出授業	成績が良くない生徒を個別に指導	学校が普通にモデルとして採用
協力して教育を行う	共同で授業準備をし、実際の教育でも協力する。教室での授業の相互性、個別指導を強化し、教育効果を高める	学校行政、教育、資源運用で教師間の信念、コミュニケーション、協調を支持
輔導教育の小グループ	昼食、昼休み、放課後、小グループで多様な教科の補習をする	
個別の輔導教育	教科の教師、あるいは教育指導の教師が授業前、授業後、ある教科、課題に対して個別の生徒に補習をする	
課程の調整	課程をコアカリキュラムと発展的な学習に分け、生徒の学習能力と必要に応じて教材と学習活動を設計する	
課程の統一	２科目以上の教科を統一、あるいは教科を超えて協力し、異なる学習の要素を整合し、学習と生活の結合を強調する。生徒の多様な知能を発達、主体的な学習、思考、探求能力を養成する	
専門的な研修	主題を設定し、生徒の思考を導く、研究課題、研究、表現方法を定め、実際に参観を計画し、グループに分かれて討論し、レポートを作り、学習経験を強化することで、協力、コミュニケーション、研究の困難を解決する能力を要請する	
全言語教育	中国語、英語科で「全言語教育」を推進する。現実の生活環境に合わせ、言語の運用と訓練を強化する。また学習への興味を持たせ、言語能力を強化する	
模擬的学習	小グループでの相互学習や協力によって、共同で責任を持ち、それぞれが専門性を発揮し、共同の学習目標を達成する	

出典：http://www.edb.gov.hk/index.aspx?nodeID=2560&langno=2　2011.7.22参照。

援助を受けている生徒、補助が必要な生徒には費用を補てんし、保護者の負担を軽減している。生徒が多い場合は、学校が補習の必要性から生徒を選抜する。授業終了後の午後4時から5時半、土曜日の午前中に行っている。教師は学校の教師ではなく、大学生などである。(173)

香港の放課後計画

香港政府は、2005―2006年度から「放課後計画」を実施した。学校と非政府機構（天主教、キリスト教、仏教、慈善団体）が、経済的に困難な児童生徒が「学習能力を高め、教室以外の学習をより良いものにし、社会に対する認識、帰属感を強め、全人的な均衡ある発達をする」ため、放課後の活動を充実するものである。文化芸術活動、体育、指導者訓練、ボランティア、参観などを行う。2010―2011年度は1万7500万香港ドルと補助が増加した。(174) 総合社会保障援助（生活保護）、学生資助計画（就学援助）の補助を受けている小学1年から中学7年に、学校によって無料のスポーツ活動支援、学習支援、青少年センターでの安い費用での活動を行った。(175)

「学校補助申請」は、官立・資助小中学、直資学校が、総合社会保障援助、学生資助計画の補助を受ける児童生徒を対象とする活動をするための申請をいう。2010―2011年度から、1人の児童生徒の補助額は400香港ドルに増えた。学校は1人毎年400香港ドルの計算で、児童生徒総数で補助額を計算し申請する。「コミュニティ計画補助申請」は、有効にコミュニティの資源を分かち合い、有意義な計画の推進を鼓舞するため、非政府機構が申請するものである。教育局、社会福利署、非政府機構、保護者、学校代表の委員会が責任をもって審査をする。

放課後計画には、次のような児童生徒が社会生活に適応するために必要な能力、技術を磨く目的がある。

・学習技術、学んだ知識の組織化、応用
・児童生徒の自己の価値と自我を顧みる能力
・個人の発達、人間関係、社交技術、自尊感情、他人との協力[176]

放課後計画は、次のモデルで進められる。

・学業成績を中心とし、学習技術の訓練も包括する
・健康的な個人の心の成長と生活技術の養成を重点に置く計画
・保護者、監督者がいない児童生徒のため、課外活動を包括した放課後のサービス[177]

放課後の活動は、これまで児童生徒募集のため、保護者にスポーツや社会的知名度の高い活動を行うことが多かったが、福祉的な要素を組み込み、活動を充実させる学校も増えている。

学校、非政府機構は補助金が配分された時、次の基本原則によって計画を行う。

A計画は貧しい児童生徒の能力、自尊感情を養成するのを助け、彼らのために放課後の補習およびそのほか生活技能を養成する助けとなる活動を提供する。

B持続して遂行し、計画によって児童生徒と保護者の態度に大きな変化がある。

C補助は、政府、その他の機構が貧しい家庭の児童生徒のために提供する補助、サービスを補うものである。

D補助を得た計画は、現在ある同じサービスと重複、取って代わることはできない。

E計画は、学校を中心（必ずしも校舎内とは限らない）に、児童生徒の必要によって適切な活動を行う。関連する活動は正常の授業時間以外で進める。

F関連する補助で、児童生徒のために物質上の援助をしてはいけない（たとえば制服、楽器など）。学校、非政府機構はその他の資金で援助すべきである。[178]

２０１０―２０１１年度の学校補助を得た学校は、２０１０年10月末までに学校のホームページに計画、２０１１年10月末までに学校報告のなかで検討結果（活動、実際の児童生徒数、学習、情操教育など）を載せる。放課後計画、評価が右の要求に合わない場合は、２０１１年7月中に学校補助を撤回される。コミュニティ計画補助は、非政府機構が教育局に対して計画の進度の報告、計画終了後、成果の報告をしなければならない。報告では、評価は目標に達したのかどうか、計画の参加率・完成率、学校と児童生徒・保護者の計画に対する反応、計画中どのような措置をとったのか、その成果、関連する学業、情操教育の成果があったのかを報告する。[179]
次に、２０１１年5月に訪問した、キリスト教団体による放課後計画の状況を見ていく。

香港救世軍

救世軍の油麻地の青少年センターは、マンション群のなかの2階建ての建物にある。1階は高齢者向けのセンターである。向かいにはマクドナルドや映画館が入った建物もある。

入り口は開放的で広く、インフォメーション・カウンターの左手には会議室、そしてその奥にはDJボックスがあり、センター内で放送できるようになっている。その右手にはパソコンができる部屋、そして奥に2、3部屋あり、自習室となっている。またピアノ室もあり、練習のために部屋を借りることもできる。台所では、生徒が、夏休みなどで1日ボランティアをする場合に、自分たちで料理を作ることがある。

この奥に行くと、広い全面鏡張りの部屋があり、ダンスができる。その他に2部屋3部屋が続きとなっており、活動に応じて壁を移動して広いスペースとして活用している。特徴的なのは、心理カウンセリングをするため、子どもの状況を観察できる部屋があることである。隣り合った部屋の片方からもう片方の部屋で、マジックミラーを通して、子どもがどんな遊具を使ってどんな遊び方をするのかをみることができ、それぞれの子どものケースに応じて計画を立てる。ソーシャルワーカーは臨床心理を学んだ者もいるので、保護者にアドバイスをしたり、一緒に活動をするという。青少年センターには、必ず複数のソーシャルワーカーが常駐しており、社会福祉の専門家が運営に携わっている。

このセンターを活用するのは、家が近いなどの理由が多い。キリスト教団体なので、宗教に関する講座もないわけではないが、大半は非宗教性の講座を開設し、信者以外にも開放している。このセンター最大の特徴は、夜7、8時まで親が仕事で家にいない小学生がここで過ごす、つまり、学童保育の役割である。

青少年センターには少年向けの設備も充実し、中高生の利用を増加させようとしているが、実際利用するのは小学生である。

放課後、近くの道路を隔て2校の小学から多くの子どもがマンションの敷地内に友達と帰ってくるが、一部はこのセンターで放課後講座や補習を受けたりする。活動や講座にはお金が必要だが、1回、数香港ドルで、日本円で数十円から100円程度と割安である。それでも負担ができない家庭には半額の補助がある。多くは政府や財団などの基金に必要な経費を申請し、活動に充てることになる。

一方、同じ救世軍の黄大仙センターもマンション内にある。しかし、油麻地に比べると貧困家庭が多い地区で、多くの子どもが公営住宅に住んでいる。公営住宅は借りるものではなく、自分で家を購入するのとは違い、安く購入できるものである。しかし、公営住宅ではなく、台所と部屋が一体となった一部屋に毎月3000香港ドル程度で借りている人も多い。築年数は長く、あまり清潔ではないが、そこに夫婦と子ども、一家3、4人で住んでいる。

香港の生活保護である総合社会保障援助では、状況によって違うが、毎月、6000〜7000香港ドルほどがもらえる。しかし労働者でもパートタイムが多いので、父親で7000香港ドルほど、母親がそれに加えて収入があるか、あるいは、両親そろっての総収入が1カ月6000〜8000香港ドルの場合もある。また、学生資助計画、学用品の補助を受ける家庭も多い。

青少年センターで、問題がある子どもの支援はソーシャルワーカーが行うが、スクールソーシャルワーカーと連絡をとることもある。また、政府の放課後計画で、学校から青少年センターのソーシャルワーカーに要請され、講座を開いている。この地で20年ほど活動をしているので、近隣の学校から声をかけられたり、インターネットでセンターへ依頼があるという。

黄大仙センターはマンションのコミュニティセンター内にあり、隣はショッピングセンターとなっている。マンションは古びた感じがするが、コミュニティセンターの1階には更生保護団体の善導会、2階以上が救世軍のセンターとなっている。以前は、子どもと青少年、老人向けのセンターをすべて一緒に扱っていたが、最近、事務室もすべて統合し改築したという。絵本を集めたフロアもある。小学生は、夜8時頃親が仕事から帰ってくるまでここで過ごす。学校でも放課後の活動はあるが、学校の活動に参加できない場合は、このセンターで夜まで過ごす。小学生は、学校とセンターの活動にどちらにも参加できるよう登録し、友達と一緒にセンターに行き、そこから家に帰る。

2階はホールと事務室だが、3階以上には教室があり、教室では20人ほどの小学生が一緒に学校の宿題や勉強をしていた。

一部のソーシャルワーカーに、高校生から仕事探しや親との関係を訴える電話があったりするが、半分ほどは深刻な悩みで、半分ほどは一般的な青少年時期の悩みだという。高校を卒業して職がなくても、最近は教育局、職業訓練局などの講座がたくさんあるので高校卒業後はそこで訓練を受けるという。

香港の法律では15歳以下で働くことはできないが、高校生になると、マクドナルドやレストランで働く場合が多い。毎日数時間働き、昼間の学校と両立させる場合もある。また、引きこもりも多く、不登校から引きこもりになる場合があるので、その支援を要請される場合もある。若年者向けの就業支援、職業教育も連携して行っている。

救世軍の青少年センターは、油麻地センターは、明らかに青少年を意識した設備だが、学童保育、講座開設などは小学生向けのものが多い。黄大仙センターも青少年センターと言いながら、自習室や一部の講座は、小学生の学童保育の要素が強い。子どものために多くの講座を安価に提供している。

日本では様々な学童保育があるが、施設面で政府や企業の基金が得られず、利用者が負担するという仕組みとなっている。香港では、学童保育は安価であるし、救世軍は利用に必要な入会費も現在は無料である。ソーシャルワーカーがセンター運営を切り盛りし、地域の子ども、青少年の福祉に尽力している。

不登校者向けの学校

台湾では、政府主導で不登校の児童生徒向けの学校、各都市の拠点的な国民中学に中途班、慈輝班（第6章）を開設している。すなわち、政府が不登校の児童生徒の教育権の保障をしている。公教育の保障はあくまで公教育のなかで行っているのである。宗教団体が設置する不登校、犯罪傾向がある生徒を支援する協力式中途班もある。学校、教育局、社会福祉機関から紹介され、生徒は宗教団体が設立した学校に入学する。これら学校は、多様な活動で、生徒が主流学校に転校することを目的とするものである。台湾では、特に家庭の経済状況と教育力との関係が重視され、学校内で福祉の扶助と生徒の学習の環境を整えていくことがなされている。

しかし、民間教育団体、個人が経営する「脱学校」を象徴するような学校もある。烏来の種籽学苑、新竹県芎林郷上山村の雅歌実験小学、新北市汐留鎮の森林小学である。(180)

中途班　桃園県八徳国民中学

八徳国民中学では、２００２年から中途班（不登校の生徒向けクラス）が設置された。台湾では、義務教育の学齢期の児童生徒が就学しないと保護者に罰金が科せられる。日本では法規に条文があっても、実質、保護者に罰金は科せられないと言うと、教師は大変驚いていた。八徳国民中学のデータによると、不登校の原因は、生徒個人あるいは家庭にあり、学校には要因がなかった。

中途班は、問題行動、不登校、不登校の傾向がある生徒を対象としている。学籍は原学級にあり、取り出し授業を行い、月曜日から金曜日までの1―4時間目、毎週20時間、中途班の教室、空き教室、戸外で社会資源を用いて授業を行い、学級担任の学級経営の負担を減少させる。生徒が自信を持って学校生活を送れるよう、中途班の学習は実用性、生徒が関心がある多様な内容で、半日は普通学級、半日は中途班で相互学習を進めるようにし、原学級の教師と連携する。毎年1学年500人ほどの生徒のうち、6、7%が不登校になるという。八徳国民中学としても不登校の生徒に対する支援が必要であるため、教育局に中途班の設置を申請した。申請は認可され、地域の社会福祉団体と連携し、不登校の生徒の支援をしている。しかし、生徒、保護者が中途班に入ることに同意しない限り、入ることはできない。毎学期定期大会を開き、生徒が中途班に入るのが適しているかどうかを判断する。経費は1年10万元で、人件費、設備などの費用である。

2011年の中途班は、問題行動がある生徒8人、犯罪行為をしたことがある生徒3人の11人であった。中途班の復学輔導就読小組では、校長を含め10人の教師で会議を行っている。生徒は半日ごとに、中途班、普通学級と移動することで、少しずつ学校に慣れるようにしている。一般に普通学級の午後の授業は活動が多いので、午後に普通学級に行くが、それでも生徒は途中で家に帰ってしまう。中途班の教育課程は技芸教育課程で、調理実習、造形、小麦粉粘土、マジックなどを行っている。美術系の教師以外は、職業高校の教師などが非常勤で来ている。学校外の人的資源を用い、「生活化」教育、実用的な教育も行っている。成績は、中途班の成績も考慮に入れ、一般の生徒と同じ試験を受けて評価をする。ただ序列化のための成績ではないので多様な評価をする。

再び不登校になった者もいるが、家庭の理由によるものが多い。中途班に適応しても、普通学級では、担任の教師を中心に受け入れのためのコミュニケーションをとる必要があるという。長期不登校の生徒には家庭訪問などをしても登校は難しい。1人の生徒は軽微な犯罪で警察に逮捕され、現在は家出をし、行方不明でどうしようもない状況にある。そのため地域の派出所、警察局少年隊、ソーシャルワーカーとも連携している。[181]

中途の家・中途班

1991年、台湾で児童保護の仕事に従事していた人たちが慈懐社会福祉慈善基金会を組織し、中途の家を設立した。宿舎つきの施設で、学校に適応不良、不登校の児童少年を収容し、行為、心理、情緒に関して、また就学、就業の指導もした。2000年、教育行政局と共同で「慈懐学園協力式中途班」を設置し、国民中学の不登校の生徒に多様な教育課程を提供し、潜在能力の発達、学校に戻り国民中学段階を終えるよう協力した。[182]

1996年5月25日聯合報[183]によると、「台北市教育局は1992年南投県名間郷の白毫禅寺と協力し、行為に問題がある生徒を合宿で輔導した。効果があったことから、教育局は1995年12月に白毫禅寺と白毫学園を設立し、専門的に不登校の生徒を指導した。台北市では7人の不登校の生徒が教育を受けた[184]」

という。

社団法人中華民国希伯崙全人関懐協会のホームページによると、喀布茲学園協力式中途班には、桃園県内各国民中学の不登校の生徒が、保護者、学校の同意を得て紹介される。国民中学の生徒は学校を介して書類審査、家庭訪問、面接を行い、「復学指導就学小組」が入学を決定する。

受け入れ⇓1カ月の観察指導⇓ケース評価⇓他の施設への紹介
本園での収容⇓ケース終了
収容せず(185)

試行修学期間は1カ月を原則とし、修学期間は1学年を原則とする。混合式クラス編制で1クラス30人とする。生徒の学籍は原籍校にあり、学期末には学期の成績、出欠表などを原籍校に送付する。原籍校の義務として、生徒の詳細な資料を提供し、学園と保護者、生徒の連絡に協力する。生徒が学園にいる間、原籍校は教師を派遣して共同で生徒を指導し、学園で行う活動に出席してもらうなど支援を充実させる。しかし、協力式中途班の教育精神、有効な経費の管理、さらに多くの必要な生徒のため、生徒本人あるいは監護人が就学を希望しないとき、生徒が他の生徒に危害を加えたり大きな非行事件を起こしたとき、生徒が3週間以上不登校になり戻ってこないとき、生徒が学園の学習生活管理に不適応を起こしたとき、「復学輔導就学小組」、保護者、在学者代表で評価会議を開き、生徒の学園での修学資格をとめる。(186)

救国団・財団法人張老師基金会

救国団・財団法人張老師基金会は、生徒が悩みなどを相談するセンターを持っている。「張老師」というのは、過去に基金会に「張老師」がいたわけでなく、台湾では張姓が多くなじみがある名前にすることで生徒が相談しやすくなるだろうと考え、「張老師」としたという。基隆市張老師センターのなかの心学園への入学は、国民中学の教師より紹介され、会議で決定する。生徒は原籍校に在籍しているので、心学園の授業料、材料費は不要である。校外実習などの活動費は必要である。卒業証書は、原籍校から付与される。

しかし、基隆市教育局からの経費は非常勤講師の給与だけで、2人のソーシャルワーカーの給与は救国団が自弁するか、他の基金に申請している。心学園は救国団の2階の建物部分にあり、国民中学3年生を収容している。国民中学1―2年生は収容しない。進学先は、職業高校などが多い。

朝9時と遅めの授業開始であるが、起床できない生徒もいるので、そういう生徒には電話などで連絡を行い、家庭訪問も行う。学校が嫌な生徒が心学園に来るが、心学園が嫌な生徒もいる。学校の教師とは必要な時に連絡をする。(187)

台北善牧学園

善牧学園では、中学3年生のみ受け入れている。中学1年生は国民小学から国民中学に入学したばかりですぐに適応できるかどうか、生徒によって違うので、すぐに学校から離すことはしないという。中学1、2年生でうまくいかない場合、学校の教師と協力して2年生で善牧学園に来ることもある。学校では、担任の教師が家庭訪問、それでも指導ができないと輔導の教師で、という段階を踏む。ただ、学園での在籍期間は1年のみである。ソーシャルワーカーによると、本当は中学2年で受け入れ、中学3年は気分一新、学校に戻ってがんばってほしいという。ソーシャルワーカーは、学校の教師とは異なり、社会全体、家庭と地域との連携から生徒を全体的にみていく。

学園の授業は、ソーシャルワーカー、非常勤講師が行う。英語の授業は日常生活で必要な会話などで、1週間に1時間である。国語（中国語）は故事、流行歌から単語を学習するなど、多様な教育方法を実践している。不登校の原因は、学習内容が理解できない、先生が嫌い、既に学習内容を分かっている、と多様である。そのため、学園では学習環境を変える努力をしている。成績が悪く学習に関心がなく、学習に何の意味があるのか?という生徒が多いので、新しく学び直す時には、双方向的、討論式など参加型の授業で、子どもの「生活」と関係があることを勉強する。

また、中学卒業後、高校、高級中等進修学校進学、就業をすることから、仕事と学習の両立なども考えていく。不登校だと、どの点が問題なのか（高校進学ができない、仕事を得られない）を生徒に分からせ、どうすべきか決定させている。高校は、生徒の成績で入学しやすい学校に入学する。

アウトリーチは、天主教善牧基金会の別の少年サービスセンターが行う。学園で授業を受ける必要がある生徒は学園に入学し、そうでない生徒は少年サービスセンターで週1回の活動に参加したり、職員の支援を受ける。アウトリーチの活動で、学校の輔導の教師を通して保護者にも連絡をする。

学園に入学する希望があれば、生徒は参観してから、教育局を介して紹介をしてもらう。地域では学校に行かず遊ぶ生徒は犯罪少年と同じように見えるし、ハイリスクの少年である。学園には、保護観察処分を受けた中学3年の少年もいた。台湾の少年犯罪は家出、薬物乱用、傷害、バイク盗などが多い。学校に行かなくても外に出ず家で過ごす場合は、少年犯罪と関係があるとは見なされないという。

現在、台湾の学校でも数校―10校に、1人ソーシャルワーカーがいる。しかし学校と外部との連携が業務の中心である。ソーシャルワーカーは大学の社工系、心理系を卒業し社工員、スクールソーシャルワーカーになれる。さらに上級のソーシャルワーカー、社工師には国家試験を受けて合格しないとなれない。台湾では、必ず学校規模に応じて1校に数人の輔導の教師がいるが、輔導の教師はいくつかのクラスを持っているので、1人1人の生徒をみることができないという[188]。

以琳少年センター

ソーシャルワーカーによると、最初、国民中学の校長が不登校の生徒の指導ができるかどうか尋ねてきて、その後、他の生徒も続々と入学したので、現在のように独立して教育を行うことになったという。15人の受け入れが上限だが、現在では6人の生徒がいる。主体的に生徒を募集するのではなく、あくまで教育局、国民中学から連絡があれば受け入れるので受け入れ数が少ない。善牧学園が少年センターと連携しているのとは違い、アウトリーチはしていない。生徒と話をしたり、理解し合う時間も必要なので、それほど多く生徒を受け入れる必要はないというが、18歳まで学園で追跡指導をしている。これまで受け入れてきた人数は120―130人に上るという。

センターは1階が店舗、2階以上がマンションの地下にあり、入るとバーカウンターのような台所と20畳ほどの空間がある。2つの教室、2つの輔導室の4部屋がある。1200坪の以琳農場で休みの日にキャンプ、体験活動もする。

授業は、学科課程（中、英、数、歴史、地理等）、犯罪予防課程（薬物、法律、性）、応用課程（日本語、ピアノ、手工芸）、趣味の課程（ビリヤード、水泳など）、生命教育課程（情緒管理、自我の概念、品格教育）、社会適応課程（職場実習）などがある。

遅刻をしたら放課後の指導もしている。センターから教師の教育方法は指定できないが、ある教師は生徒の参加度が高い教育を行っている。しかし非常勤講師はあまりこのような団体の学校には来たくないという。これまで少年観護所（少年鑑別所）に行っていた生徒もいた。学習環境が悪い生徒は、学業上、成就感がないため学習に興味を持たないでいる。しかしセンターでは多様な支援を行い、不登校の生徒の復学、就業のため、各資源との協力を行っている。毎学期2回、教育会議で学校の教師と連携し、ケースの検討会では学校、保護者、社会福祉機関、司法機関などと指導を整合し、生徒が成長、安定した就学ができるように協力している。(189)

乗風少年学園

1999年、教会聯合会が少年学園を設立し、2004年、名称が乗風少年学園となった。(190) キリスト教精神のもと、地域の社会資源、ソーシャルワーカーが結合し、15人を上限に、台北市東区の中学3年が高校に進学するための支援をしている。教育局、学校、社会局、社会福祉団体、教会聯合会から、どうしても学校が合わない、輔導をできない生徒が紹介される。不登校、不登校の恐れがある者、家庭の教育がよくない（家出、深夜徘徊、父母に教育・管理能力がない・適当でない、親子の関係が悪い・衝突する、家庭の雰囲気がよくない、家庭の教育資源が欠乏している、家庭問題が複雑）、犯罪・触法・ぐ犯行為をした者（犯罪行為をしたが矯正教育機関には入っていない、触法・ぐ犯行為をしたが司法の処遇は受けていない）、人間関係がよくない（教師と生徒との関係が悪い、友達との関係がよくない、異性との関係が複雑）、心理衛生面の問題（情緒困難、情緒を管理できないので就学に影響がある、中退のおそれがある者）を対象とする。[191] 単純に学科に関心がない者、学校の輔導室より指導を受けられる者、経済的に困難な者（社会局、社会福祉センターで関連する経済的な補助を申請する）、心身障害者（特別支援教育、関連する福祉サービスの機関に申請する）は、対象としない。[192]

生徒がどの学校、学年かを参考に、どのような支援をしていくのかを決める。3分の1は何らかの障害があり、医院と連携しているが、資源班の生徒、原籍校の教師とけんかすることはあってもそれほど問題行動がない生徒が来る。ただし、犯罪傾向がある生徒もおり、1、2カ月少年観護所に収容され戻ってきた者もいる。[193]

自宅が以琳少年センター学区でも乗風少年学園に近い場合は、以琳少年センターが同意すれば、乗風少年学園で支援する。ソーシャルワーカーが家庭訪問、電話、面談、法廷に付き添うことで個々のケースに対応している。[194] センターでは、労働委員会職業訓練局の職業準備計画を実施し、高校生を対象に、職業模索キャンプ、講座、職場参観、見学、実習などを実施している。台湾は学歴社会なので、進学するように勧める。学校はつまらない、そういう生徒の気持ちを尊重して、18歳まで延長して受け入れている。

乗風少年学園には教科書がなく、教師が自分で教材を作り、歴史科の授業はＤＪの歴史、英語は外国人と少しずつ会話をしている。生徒は聖書を読まないが、教師はキリスト教徒なので、毎週2、3回、愛情、友情などを聖書で教える。

紹介機関（社会局、学校）

↓

1．管理者がケースを受け入れる

↓

ケースの評価を始める、初期の関係建立

↓（家庭に電話）

2．計画を定める時期

↓

資料収集、評価←そのほか必要なことがあれば紹介する

↓

ケースの指導計画を定める←ケース会議

↓

3．計画執行の時期

↓

家庭と共に計画を進める←家族の治療

↓

ケースの輔導計画の執行←心理カウンセリング

4．ケース終了の評価

↓

家庭の効能の評価

↓

ケース終了

5．追跡輔導の時期

↓

追跡輔導

図1　ケースの輔導の流れ

出典：http://www.glorychurch.org.tw/tcs/main-B/b_main.htm　2011年12月6日参照。

学園の学生生活公約は次の通りである。ソーシャルワーカーは、他の学園に比較して規則が厳しいと言っていた。(195)

・遅刻は、放課後居残りをして、欠席時間数を補足する。
・下品な言葉でののしると、よくない言葉を100回書く。
・授業時間に携帯電話を使ってはいけない。使ったら放課後まで保管する。

・飲酒、檳榔は禁止。
・連続3日授業をさぼったり家出をした者、学園で窃盗行為をした者、他人と暴力的に衝突した者、恋人と同居する者、故意に学園の公共物を壊した者（相応の賠償をする）には輔導を強化する。
・集団で他人を殴打した者、法に触れる薬物を携帯・販売した者、過度に犯罪組織に関わっている者には輔導を強化し、さらに状況が厳しい者には医療機関、警察、司法機関と連携する。[196]

台湾、日本の不登校の措置

教育部『各国中途輟学学生現況與輔導措施』は、日本の不登校の児童生徒向けの関連措置について、次のように紹介している。教育委員会管轄下の教育センター内の適応指導教室と学校が連携しつつ指導をしている。第一段階では学校と家庭における指導、第二段階は教育相談センターなど公的機関での指導、第三段階では十分な公的施設の指導がないとき民間機関に協力を仰ぐという。[197]

一見すると、不登校の児童生徒の教育権が、民間の支援も合わせて保障されているように聞こえる。しかし実際はそうではない。公的機関は各自治体の教育センター内に適応指導教室を持つ程度で、その適応指導教室には近隣の子どもは通学できても、近隣でないと通学ができない。また民間の支援機関も都市部に多く、郊外の不登校の生徒は、その点、公的、民間の支援も地理的に受けられない現実がある。当然、民間の施設では費用が必要である。都市部で近くに公的、民間の施設があっても通学したくないという児童生徒もいることを考えると、これは「その場主義」の現実を見ない施策である。

台湾の教育部のデータ[198]をみると、２００２年度の不登校の原因は、個人41％、家庭25％、学校11％、友達10％、日本では、学校36・1％、個人35・3％、家庭19％で、日本では明らかに学校が原因で不登校になっている生徒が多い。それにもかかわらず、担任の教師が自宅を訪問したり、同級生による訪問を促したりしているが、公教育の場で不登校対策を練ることはほとんどなく、事後処理がなされるだけである。一方、台湾では個人的理由の方が学校が原因である場合より多いが、公教育の中で、不登校の児童生徒への支援を行っている。

台湾と日本を比較すると、日本の場合、不登校の生徒に対する管理システムがなく、なおかつ原籍校も本人や家庭の責任とばかり、教育委員会と学校が十分に家庭支援をせず、家庭と一丸となって解決することはない。また、第一段階でハイリスクの児童生徒を弁別、支援するシステムもなく、不登校になると、その後の指導は実質担任の教師の力量に任される。その点、台湾は、専門的な不登校に関する法令、政策、全国レベルの復学のための情報系統、政策への経費補助があり、相談・ガイダンス、チューター制、予防教育、校内の資源の整合、学校と家庭との関係強化、警察・司法機関・福祉機関との連携、不登校の児童生徒の追跡指導などが行われている。また、教育部訓育委員会に、全国不登校生徒復学輔導資源研究発展センターがある。(199)

台湾では不登校の減少比率を学校の教育目標としたり、地域、学校の不登校予防・対策を発展させ、学校を魅力的なものにするため、弾性的で多様な課程と評価により、学校内に児童生徒の居場所を作っている。(200)

このように、台湾では学校外の施設に教育行政の協力で不登校、問題傾向がある生徒の受け入れを行っている。しかし、林清文は、治安の問題などで中途学校の設立を批判する者もいるという。台湾では、不登校＝不良少年、中途学校は不良少年が行くところというイメージが強い。「中途学校の成立が必要かそうでないかではなく、どこに中途学校を設立するのかで、一般の人には、中途学校は原子力発電所、ごみ置き場とある程度同じように恐れられている[201]」。

香港の不登校

香港では、2000―2001年度不登校の児童生徒は135人、2007―2009年度は1870人[202]と増加している。日本では、13万人程度の不登校の児童生徒がいる。香港は、日本の20分の1の人口であることを考えると、日本より不登校の児童生徒は少ないといえる。

教育統籌局によると、「中学1年と中学2年の生徒の不登校が多い」「いったん15歳を超えると、学校が生徒を受け入れる機会が相対的に低くなる。これが『双待青年』、すなわち仕事、学校のどちらにも行けない青年になる要因の一つ[203]」というように、義務教育段階を過ぎてからの支援は難しいという。

そのため、2004年、教育統籌局は、青少年持続発展及就業関連養成専門小組を成立させ、仕事がない学校にも行っていない青年のため養成試験計画を制定した。この養成試験計画による、香港基督教服務処の「有学返工程」は、教育程度が中学3年以下の学校で勉強したい15―19歳の青年に提供する適応課程である。

香港遊楽場協会が設立した非常学堂、Unusual Academyは、不登校の生徒を受け入れる学校である。1996年、不登校の生徒のための教育を始め、2000人以上の不登校の生徒、2万数千人の関連する者を対象としてきた。香港教育局訓導及輔導組によると、香港には大小の中退者向けの学校がないわけで

表21　入学者の性別

単位：人

	非常学堂	非常高校
男	161	41
女	106	9
総数	267	50

出典：『香港遊楽場協会2009-2010年報告』組織図表、p. 52。

表22　入学者の年齢

単位：人

年齢	非常学堂	非常高校
12	1	0
13	36	0
14	144	0
15	57	10
16	29	24
17	0	11
18	0	4
19	0	1
総数	267	50

出典：『香港遊楽場協会2009-2010年報告』組織図表、p. 52。

表23　入学者が不登校になった学年

単位：人

	非常学堂	非常高校
中１以下	2	0
中１	71	1
中２	103	12
中３	91	16
中４	0	21
総数	267	50

出典：『香港遊楽場協会2009-2010年報告』組織図表、p. 52。

表24　入学者が不登校になってからの期間　単位：時間

	非常学堂	非常高校
１－３カ月	182	8
４－６カ月	32	9
７－９カ月	17	16
10―12カ月	20	1
12カ月以上	16	16
総数	267	50

出典：『香港遊楽場協会2009-2010年報告』組織図表、p. 52。

はないが、最も影響力があるのが非常学堂だという。

２０１０年、資格授与機関の香港学術及職業資歴評審局が、非常学堂の「Adventure based counseling (low event) technique training course」を資歴構造（qualifications framework）第一級の課程と認可している[204]。２００７年、非常学堂は、教育局と「非常高校」を開始し、学校から離れた15歳以上の青少年も対象とした。非常学堂の目標は、「生徒の自己管理、自律、問題解決能力を強化し、学習動機、学習に興味を持たせ、生徒が学校、職業課程に戻る準備をする[205]」ものである。つまり、あ

表25　紹介された場所　　　単位：人

	非常学堂	非常高校
スクールソーシャル・サービス	109	2
学校	50	0
教育局	30	41
家庭サービス	22	3
自分で	17	0
地区のユース・アウトリーチング・サービス	15	3
青少年総合サービス	4	0
感化サービス	5	0
青少年センター	4	0
社区支援服務計画	1	0
家庭及び児童の保護サービス	1	0
キリスト教青少年牧養団契有限公司	1	0
総数	267	50

出典：『香港遊楽場協会2009-2010年報告』組織図表、p. 53。

表26　出席率、修了率

	非常学堂	非常高校
平均出席率	92％	93％
修了率	99％	86％

出典：『香港遊楽場協会2009-2010年報告』組織図表、p. 53。

表27　支援

	非常学堂	非常高校
コンサルテーション	のべ3,820人	0人
学校支援サービス	のべ9,889人	0人
輔導、カウンセリング	267人	50人
小グループ活動	1120時間	502時間
ケース	のべ9,503人	のべ2,138人

出典：『香港遊楽場協会2009—2010年報告』組織図表、p. 53。

くまで生徒が学校に戻ることを目的としている。

２００９—２０１０年度のデータは表21〜27のとおりである。非常学堂は、最近では高校生向けを強化したが、あくまで中学生段階の入学が多い。年齢は14歳、中学2年生が多く、彼らが不登校になった学年は中学2年、中学1年が多い。また不登校になってからの期間は、1—3カ月が多く、早い段階から非常学堂に来ていることが分かる。これは本人や保護者が非常学堂にアクセスするより、学校のスクールソーシャルワーカーによるアドバイスなど、学校関係者による指導があったためで

表28　活動の時間割

	月	火	水	木	金	土
8：10—8：30	朝の会	朝の会	朝の会	朝の会	朝の会	朝の会
8：30—10：30	中英数	中英数	中英数	中英数	中英数	中英数
10：30—10：50	休憩	休憩	休憩	休憩	休憩	休憩
10：50—12：50	中英数	中英数	中英数	中英数	中英数	中英数
12：50—1：55	昼食	昼食	昼食	昼食	昼食	昼食
1：55—3：15	生活技能	実務課程	生活技能	実務課程	生活技能	実務課程
3：15—3：35	クラス担任の時間	クラス担任の時間	クラス担任の時間	クラス担任の時間	クラス担任の時間	クラス担任の時間
3：35—3：55				週会		

出典：香港遊楽場協会『非常学童：退学する中学生のために設けた基礎課程先導計画：活動教材』2004年、p. 17。

ある。平均出席率は非常学堂が92％、非常高校が93％と高い。その背景には、主流学校と比べてゆるやかな学習と多様な活動がある。

２００９年４月から２０１０年３月までで、コンサルテーションは３８２０人、入学した者が２６７人[206]であった。

２０１１年５月に非常学堂を訪問した時は、８—12週のタームの学習が終わったばかりで、現在は生徒募集、生徒の面接などの事務的な仕事の期間だと言われた。マンションの1階部分に香港遊楽場協会のオフィスがあり、建物の駐車場から２階に上がると、非常学堂がある。中に入ると、全面的に鏡が置かれており椅子が置かれている。向かって右手が教室で、左手が事務室である。入り口から事務室の壁には様々な政府の青少年支援計画や民間の支援機構の情報の小冊子が置かれている。教室はそれほど広くないが、20人強の定員の非常学堂では10人ほどに分かれて授業を行う。授業時間は決まっているので、行きたくない日は行かないというのは原則認められないが、しかし休む生徒もいる。

事務所と教室の間の細い通路を抜けると、30畳ほどのホールがあり、そこではいろいろな活動が可能だという。右手にはバーカウンターもある。非常学堂の生徒は、先生との関係から原籍校に戻ることは少なく、落ち着いたら別の学校に転校する。ソーシャルワーカーの話では、非常学堂は別の学校に転校する過渡期を支援する場だという。香港の法律では小中学は義務教育なので本来はこのような場所で学ぶのは許されないが、不登校や、先生が苦手でどうしても登校できない生徒にとっての居場所となっている。定員を超えれば、それ以上は入学ができない。

最初は無関心な生徒も次第に非常学堂を楽しむようになるのは、非常学堂では、自尊感情を育てる課程を優先し、さまざまな啓発的な教育、課外活動を行うためである。貧しい家庭の生徒には授業料の援助もある。つまり、生徒に将来への思い、自信を持たせるのが非常学堂の仕事である。現在、非常学堂では中学生が多いのであまり行われていないが、高校生の場合は職業教育として他の機関や会社と連携して実習を行っている。

おわりに

以上のことから、香港、台湾の幼児期、学齢期の支援には、次のものが挙げられる。

第一に、幼児教育は、香港では広く浅く年少クラスから年長クラスまでの支援を、台湾では就学前一年の年長クラスに重点的な支援を行う。台湾の場合は5歳児の授業料が全員免除される。

香港は、年少から年長まで授業料の補助、そして経済力がない家庭にはさらに減免措置があるなど制度が充実している。しかし、一部の私立幼稚園、インターナショナル幼稚園などは例外的に授業料が高いが、補助を用いて就園することはできない。

表29　日本、香港、台湾の経済面での教育支援

日本	香港	台湾
		生活費補填 奨学金・助学金制度
就学援助	費目ごとの支援、就学援助	費目ごとの支援
生活保護		

出典：筆者作成

第二に、台湾、香港ともに就学援助がある。香港の場合は書籍費、交通費、受験費用の援助とその費目の区分がはっきりしている。基本的には費目区分ごとに申請が行われている。台湾では、経済的に逼迫している家庭には、生活状況に合わせた生活費の支援も行われる。香港では、台湾のように多様な形態に応じて学齢期の子どもに複数の援助があるのとは異なり、あくまで生活保護費が基本となる。香港は義務教育・高校の公立学校（官立、資助校）であれば授業料が無償、台湾では２０１４年度から全高校の授業料が無償化される。

第三に、台湾では輔導の教師が国民小学・国民中学１校に数人は常駐し、香港の小学では輔導の教師、中学ではスクールソーシャルワーカーがいる。輔導の教師の役割は相談、経済的なアドバイスも与えるものである。つまり、学校に常駐して児童生徒の精神面、そして社会的な援助をする。香港では、福祉の専門家、スクールソーシャルワーカーが必要であるという理解があるため、スクールソーシャルワーカーが常駐して社会的な援助をしている。

注

（1）曹啓楽「本港教育與社会分層初探」香港専上学生聯会、香港中文大学学生会『香港教育透視』華風書局、１９８２年、２３６頁。

（２）陸鴻基「八十年代香港教育的幾個的問題」香港専上学生聯会、香港中文大学学生会『香港教育透視』華風書局、１９８２年、20頁。
（３）曹啓楽「本港教育與社会分層初探」香港専上学生聯会、香港中文大学学生会『香港教育透視』華風書局、１９８２年、２３８頁。
（４）鄭楚雄『那年那月、教育大事件』進一歩多媒体有限公司、２０１０年、１１３頁。
（５）http://www.censtatd.gov.hk/hong_kong_statistics/statistical_tables/index_tc.jsp?charsetID=2&tableID=158 2011.5.31参照。
（６）http://www.censtatd.gov.hk/hong_kong_statistics/statistical_tables/index_tc.jsp?charsetID=2&tableID=158 2011.5.31参照。
（７）http://www.censtatd.gov.hk/hong_kong_statistics/statistical_tables/index_tc.jsp?charsetID=2&tableID=155 2011.5.31参照。
（８）呉明欽『教育発展與香港前景』１９８４年、金陵出版社、5頁。
（９）鄭功成・張奇林・許飛琼『中華慈善事業』広東経済出版社、１９９９年、１９２頁。
（10）鄭功成・張奇林・許飛琼『中華慈善事業』広東経済出版社、１９９９年、１８９頁。
（11）鄭功成・張奇林・許飛琼『中華慈善事業』広東経済出版社、１９９９年、１８９頁。
（12）香港教育工作者聯会『教育工作者意見調査』香港教育工作者聯会、２００３年、14頁。
（13）張芳全『教育議題的思考』心理出版社、２００５年、78頁。
（14）張芳全『教育議題的思考』心理出版社、２００５年、79頁。
（15）張芳全『教育議題的思考』心理出版社、２００５年、80頁。
（16）http://www.mhlw.go.jp/stf/houdou/2r9852000000nmrn-att/2r9852000000pell.pdf　2011.6.20参照。
（17）http://www.yomiuri.co.jp/national/news/20110614-OYT1T00497.htm　2011.6.20参照。
（18）http://www.mhlw.go.jp/bunya/seikatsuhogo/dl/seikatuhogo03.pdf　2011.6.20参照。
（19）http://www.mhlw.go.jp/bunya/seikatsuhogo/dl/seikatuhogo04.pdf　2011.6.20参照。
（20）鳫咲子「子どもの貧困と就学援助制度～国庫補助制度廃止で顕在化した自治体間格差～」http://www.sangiin.

go.jp/japanese/annai/chousa/keizai_prism/backnumber/h21pdf/20096528.pdf　2011.6.20参照。

（21）鳫咲子「子どもの貧困と就学援助制度～国庫補助制度廃止で顕在化した自治体間格差～」http://www.sangiin.go.jp/japanese/annai/chousa/keizai_prism/backnumber/h21pdf/20096528.pdf　2011.6.20参照。

（22）http://www.yomiuri.co.jp/e-japan/hokkaido/feature/hokkaido1263447647981_02/news/20100116-OYT8T00423.htm　2011.6.21参照。

（23）http://sowf.moi.gov.tw/10/main9101.htm　2011.6.17参照。

（24）http://sowf.moi.gov.tw/10/main9101.htm　2011.6.17参照。

（25）http://sowf.moi.gov.tw/10/main.htm　2011.6.17参照。

（26）http://sowf.moi.gov.tw/10/main.htm　2011.6.17参照。

（27）http://www.edu.tw/files/site_content/B0013/overview79.xls　2011.1.6参照。

（28）http://www.moi.gov.tw/stat/satsite.aspx　2010.11.29参照。

（29）http://www.edu.tw/files/site_content/B0013/overview87.xls　2011.1.6参照。

（30）http://www.edu.tw/files/site_content/B0013/overview81.xls　2011.1.6参照。

（31）平成20年文部科学省学習費調査、http://www.mext.go.jp/b_menu/toukei/chousa03/gakushuuhi/kekka/k_detail/__icsFiles/afieldfile/2010/03/19/1289326_2.pdf　2011.6.20参照。

（32）平成20年文部科学省学習費調査、http://www.mext.go.jp/b_menu/toukei/chousa03/gakushuuhi/kekka/k_detail/__icsFiles/afieldfile/2010/03/19/1289326_2.pdf　2011.6.23参照。

（33）平成20年文部科学省学習費調査、http://www.mext.go.jp/b_menu/toukei/chousa03/gakushuuhi/kekka/k_detail/__icsFiles/afieldfile/2010/03/19/1289326_2.pdf　2011.6.20参照。

（34）http://www.mext.go.jp/a_menu/shotou/mushouka/1292292.htm　2011.6.20参照。

（35）http://www.chsc.hk/kindergarten/tc/general_info.htm　2011.6.20参照。

（36）http://www.chsc.hk/kindergarten/tc/schooldetail.asp?ID=6　2011.6.20参照。

（37）http://www.chsc.hk/primary/tc/home.htm　2011.6.20参照。

（38）Terry Wong『小学指南』小牛社出版有限公司、２０１０年８月、10頁。

(39) http://www.brgps.edu.hk/content/b4/art/timetable.pdf　2011.6.20参照。
(40) http://www.cityu.edu.hk/cccu/cccu_fin_assist_chi.htm　2011.6.20参照。
(41) http://life.mingpao.com/htm/jupas/cfm/Jupas1.cfm?File=uguide2010_54.htm　2011.9.29参照。
(42) http://hk.knowledge.yahoo.com/question/question?qid=7008083000130　2011.6.20参照。
(43) http://cdcf.ugc.edu.hk/cdcf/searchStatisticReport.do;jsessionid=CF8400A1C1FD1E206BBF125830C39191 2011.6.20参照。
(44) http://cdcf.ugc.edu.hk/cdcf/searchStatisticReport.do;jsessionid=CF8400A1C1FD1E206BBF125830C39191 2011.6.20参照。
(45) 楊暁苓・胡倩瑜「台北市合格課程保母託育現況及託育服務品質認知之研究」内政部児童局『児童及少年福利期刊』第８期、内政部児童局、２００５年４月、２頁。
(46) 今周文化事業公司『聡明搞定子女教育金』今周文化事業股份有限公司、２００９年８月18日号、32―33頁。
(47) 今周文化事業公司『聡明搞定子女教育金』今周文化事業股份有限公司、２００９年８月18日号、61頁。
(48) 今周文化事業公司『聡明搞定子女教育金』今周文化事業股份有限公司、２００９年８月18日号、76頁。
(49) 蘆美貴・謝美慧『幼児教育券―理論與実践』師大書苑有限公司、２００１年、１４２頁。
(50) 今周文化事業公司『聡明搞定子女教育金』今周文化事業股份有限公司、２００９年８月18日号、32―33頁。
(51) http://mag.udn.com/mag/campus/storypage.jsp?f_ART_ID=237597　2012.1.30参照。
(52) 今周文化事業公司『聡明搞定子女教育金』今周文化事業股份有限公司、２００９年８月18日号、32―33頁。
(53) 今周文化事業公司『聡明搞定子女教育金』今周文化事業股份有限公司、２００９年８月18日号、32―33頁。
(54) http://www.asahi.com/politics/update/0804/TKY201108040836.html　2011.8.30参照。
(55) http://www.mext.go.jp/component/b_menu/shingi/toushin/__icsFiles/afieldfile/2009/05/27/1267537_2.pdf 2011.6.13参照。
(56) http://www.ece.moe.edu.tw/　５歳幼児免学費教育計画簡介 .html　2011.6.17参照。
(57) http://www.ece.moe.edu.tw/admin/bulletin/bulletin.asp?mode=viewbulletin&Bulletin_ID=495&RAND=810 2011.8.18参照。

(58) http://www.ece.moe.edu.tw/document/　１００年度「5歳幼児免学費教育計画」補助注意事項 .pdf　2011.8.18参照。

(59) http://www.cbi.gov.tw/CBI_2/upload/6afd4df0-cfde-40c0-acbb-e726d82689e6.pdf　2011.6.17参照。

(60) 今周文化事業公司『聡明搞定子女教育金』今周文化事業股份有限公司、２００９年８月18日号、78頁。

(61) 今周文化事業公司『聡明搞定子女教育金』今周文化事業股份有限公司、２００９年８月18日号、78頁。

(62) http://www.cbi.gov.tw/CBI_2/internet/main/index.aspx　2011.6.17参照。

(63) http://www.edu.tw/files/site_content/B0013/overview58.xls　2011.1.6参照。

(64) 今周文化事業公司『聡明搞定子女教育金』今周文化事業股份有限公司、２００９年８月18日号、79頁。

(65) http://www.sfaa.gov.hk/tc/statistics/kinders.htm　2010.11.26参照。

(66) http://www.sfaa.gov.hk/tc/schemes/pevs.htm　2010.11.26参照。

(67) 「奨学金等制度のご案内」平成23年5月大阪府教育委員会。http://www.pref.osaka.jp/jidoseitoshien/syougakukin/index.html　2011.6.20参照。

(68) http://www.jfc.go.jp/k/kyouiku/ippan/index.html　2011.6.1参照。

(69) http://www.jfc.go.jp/k/kyouiku/ippan/index.html　2011.6.1参照。

(70) http://www.edu.tw/files/site_content/B0039/06-教育部%20(中程).DOC

(71) 『全国教育発展会議大会議題討論資料』教育部、２００３年、13頁。

(72) https://helpdreams.moe.edu.tw/ProviderGoverment_bulletin.php?now_page=4　2011.6.18参照。

(73) https://helpdreams.moe.edu.tw/AidEducation_2.php　2011.6.18参照。

(74) 今周文化事業公司『聡明搞定子女教育金』今周文化事業股份有限公司、２００９年８月18日号、42頁。

(75) 今周文化事業公司『聡明搞定子女教育金』今周文化事業股份有限公司、２００９年８月18日号、57－59頁。

(76) 黄森泉『原住民教育之理論與実際』２０００年、揚智文化、２－３頁。

(77) 黄森泉『原住民教育之理論與実際』２０００年、揚智文化、３頁。

(78) 黄森泉『原住民教育之理論與実際』２０００年、揚智文化、37頁。

(79) 教育部『中華民国原住民教育報告書』教育部、１９９７年、62－63頁。

(80) 教育部『中華民国原住民教育報告書』教育部、１９９７年、62—63頁。
(81) http://www.edu.tw/files/site_content/B0013/overview45.xls 2011.6.18参照。
(82) 『全国教育発展会議大会議題討論資料』教育部、２００３年、13頁。小川佳万「台湾における原住民教育の可能性—多文化社会の象徴としての学校—」『比較教育学研究』39、２００９年、59—73頁。
(83) 明燈日報「教育政策評議」聯芸印刷有限公司、１９６５年、１９６５年３月３日。
(84) 明燈日報「教育政策評議」聯芸印刷有限公司、１９６５年、１９６５年３月３日。
(85) 曹啓楽「本港教育與社会分層初探」香港専上学生聯会、香港中文大学学生会『香港教育透視』華風書局、１９８２年、２３９頁。
(86) http://www.sfaa.gov.hk/tc/schemes/pevs.htm 2010.11.26参照。
(87) http://www.sfaa.gov.hk/tc/schemes/pevs.htm 2010.11.26参照。
(88) http://www.info.gov.hk/gia/general/201005/10/P201005100174.htm 2010.11.26参照。
(89) http://www.info.gov.hk/gia/general/201005/10/P201005100174.htm 2010.11.26参照。
(90) http://www.info.gov.hk/gia/general/201005/10/P201005100174.htm 2010.11.26参照。
(91) 賀国強『透視香港教育問題』芸美図書公司、１９８９年、15頁。
(92) http://www.sfaa.gov.hk/tc/schemes/fts.htm#1 2010.11.26参照。
(93) http://www.sscc.edu.hk/index.php?i=1&s=6 2011.3.2参照。
(94) http://www.sfaa.gov.hk/tc/other/content16.htm 2011.6.19参照。
(95) http://www.sfaa.gov.hk/tc/other/content19.htm 2011.6.19参照。
(96) http://www.edu.tw/high/faq_list.aspx?site_content_sn=1235 2011.6.18参照。
(97) http://www.edu.tw/statistics/publication.aspx?publication_sn=1734 2011.6.18参照。
(98) 張芳全『教育議題的思考』心理出版社、２００５年、39頁。
(99) 張芳全『教育議題的思考』心理出版社、２００５年、41頁。
(100) http://www.edu.tw/high/faq_list.aspx?site_content_sn=1235 2011.6.18参照。
(101) http://www.edu.tw/high/faq_list.aspx?site_content_sn=1235 2011.6.18参照。

(102) http://www.edu.tw/high/faq_list.aspx?site_content_sn=1235　2011.6.18参照。
(103) http://www.edu.tw/high/faq_list.aspx?site_content_sn=1235　2011.6.18参照。
(104) http://www.edu.tw/high/faq_list.aspx?site_content_sn=1235　2011.6.18参照。
(105) http://www.edu.tw/high/faq_list.aspx?site_content_sn=1235　2011.6.18参照。
(106) http://www.edu.tw/high/faq_list.aspx?site_content_sn=1235　2011.6.18参照。
(107) https://helpdreams.moe.edu.tw/AidEducation_5.php　2011.6.18参照。
(108) https://helpdreams.moe.edu.tw/AboutUs.php　2011.6.18参照。
(109) https://helpdreams.moe.edu.tw/AidEducation_3.php　2011.6.18参照。
(110) W. O. Lee "Social Change and Educational Problems in Japan, Singapore and Hong Kong" Macmillan 1991, p. 182.
(111) W. O. Lee "Social Change and Educational Problems in Japan, Singapore and Hong Kong" Macmillan 1991, p. 189.
(112) W. O. Lee "Social Change and Educational Problems in Japan, Singapore and Hong Kong" Macmillan 1991, p. 190.
(113) W. O. Lee "Social Change and Educational Problems in Japan, Singapore and Hong Kong" Macmillan 1991, p. 190.
(114) ２００５年10月『主題性住戸統計調査報告書—第二十一号報告書』３頁。
(115) ２００５年10月『主題性住戸統計調査報告書—第二十一号報告書』14頁。
(116) http://ja.wikipedia.org/wiki/%E9%A6%99%E6%B8%AF%E3%81%AE%E6%95%99%E8%82%B2　2011.6.23参照。
(117) 容萬城『大学専門教育の「助学金貸款」計画—香港と国際経験』１９６５年。
(118) 容萬城『香港高等教育：政策與理念』三聯書店（香港）有限公司、２００２年、１６１頁。
(119) １９８２年11月『香港教育透視国際顧問団報告書』70頁。
(120) １９８５年２月28日大公報。
(121) １９８７年２月27日時報。

(122) １９８７年２月27日大公報。

(123) １９９１年２月14日大公報。

(124) １９９１年３月21日大公報。

(125) １９９１年５月１日時報。

(126) １９９１年５月３日明報。

(127) ２０００年２月25日明報。

(128) http://www.cityu.edu.hk/cccu/cccu_fin_assist_chi.htm　2011.6.20参照。

(129) http://www.sfaa.gov.hk/tc/statistics/cef.htm　2011.6.19参照。

(130) http://www.sfaa.gov.hk/tc/other/hkrc.htm#2　2011.6.19参照。

(131) 伊藤亜矢子「全校型支援を行うスクールカウンセリングの理論的検討(1)：全校型支援をめぐる現状と課題（口頭セッション82　カウンセリング・援助)」日本教育心理学会総会発表論文集（52）、７２１、２０１０−０７。

(132) 「全方位学生輔導服務　香港小学学生輔導服務的新里程」袁文得「生活技能発展及全方位輔導計画：理論與実践」香港大学教育学院生活技能発展計画、２００３年12月。

(133) 林清文『学校輔導』双葉書廊有限公司、２００７年、５頁。

(134) 林清文『学校輔導』双葉書廊有限公司、２００７年、７頁。

(135) 揚希震『訓育原理』教育部訓育委員会、１９７１年２月第七版、１８３−１８７頁。

(136) 揚希震『訓育原理』教育部訓育委員会、１９７１年２月第七版、１８７頁。

(137) 揚希震『訓育原理』教育部訓育委員会、１９７１年２月第七版、１８０−１８１頁。

(138) 林清文『学校輔導』双葉書廊有限公司、２００７年、８頁。

(139) 栗原清子「大安小学校の輔導教師等の役割について」第９回学校心理士海外研修団著「学会連合資格『学校心理士』認定運営機構認定委員会企画・監修第９回海外研修　２０１０年香港・台湾スクールカウンセリング研修旅行報告書—学校現場・大学・行政の三者間連携を模索する　２０１０年２月28日〜３月７日」２０１０年８月20日、１４２頁。

(140) 教育署学生訓育組『学生訓育工作指引』１９９９年２月、２・１。http://www.edb.gov.hk/index.aspx?langno=2&

nodeid=944　2010.10.22参照。

(141) 教育局『学校行政手冊』（２０１０年５月28日更新）、40頁。http://www.edb.gov.hk/index.aspx?nodeID=681&langno=2　2010.10.22参照。

(142) 同右、41頁。

(143) 教育局訓育及輔導組、陳燕春弁護士「訓輔工作と法律知識」講座、２０１０年４月15日、１頁。http://www.edb.gov.hk/FileManager/TC/Content_6293/legal%20issues.doc – 2010-04-26　2010.10.22参照。

(144) 教育局『学校行政手冊』（２０１０年５月28日更新）、41頁。

(145) 教育局訓育及輔導組、陳燕春弁護士「訓輔工作と法律知識」講座、２０１０年４月15日、７頁。「学生の校則に対する挑戦の処理」。

(146) 教育署学生訓育組『学生訓育工作指引』１９９９年２月、３・１。

(147) 同右、２・６。

(148) http://www.jeca.gr.jp/guidance/guidance.htm　2011.10.26参照。

(149) http://www.jeca.gr.jp/guidance/guidance.htm　2011.10.26参照。

(150) http://www.jeca.gr.jp/guidance/guidance.htm　2011.10.26参照。

(151) ２０１１年10月24日、日本教育新聞。

(152) 第９回学校心理士海外研修団著『学会連合資格『学校心理士』認定運営機構認定委員会企画・監修第９回海外研修２０１０年香港・台湾スクールカウンセリング研修旅行報告書―学校現場・大学・行政の三者間連携を模索する２０１０年２月28日～３月７日』２０１０年８月20日、５頁。

(153) 第９回学校心理士海外研修団著「学会連合資格『学校心理士』認定運営機構認定委員会企画・監修第９回海外研修２０１０年香港・台湾スクールカウンセリング研修旅行報告書―学校現場・大学・行政の三者間連携を模索する２０１０年２月28日～３月７日」２０１０年８月20日、１７１頁。

(154) 教育局『学校行政手冊』（２０１０年５月28日更新）、46頁。

(155) 教育局『学校行政手冊』（２０１０年５月28日更新）、46頁。

(156) 教育局『学校行政手冊』（２０１０年５月28日更新）、46頁。

(157) 教育局『学校行政手冊』(２０１０年5月28日更新)、46頁。

(158) 香港専上学生聯会、香港中文大学学生会『香港教育透視』華風書局、１９８２年、18頁。

(159) 李少鋒「全方位学生輔導サービス　香港小学学生輔導服務的新里程」袁文得「生活技能発展及全方位輔導計画：理論與実践」香港大学教育学院生活技能発展計画、２００３年12月。

(160) http://www.edb.gov.hk/index.aspx?nodeID=6317&langno=2　2010.11.26参照。

(161) http://www.edb.gov.hk/index.aspx?nodeID=6316&langno=2　2010.11.26参照。

(162) http://www.edb.gov.hk/index.aspx?nodeID=6319&langno=2　2010.11.26参照。

(163) 日置真世「スクールソーシャルワーカーからみるこれからの子ども家庭支援のあり方：当事者の主体尊重を基本とする支援の可能性」北海道大学大学院教育学研究院附属子ども発達臨床研究センター『子ども発達臨床研究』４巻、２０１０年3月25日、21－34頁。

(164) 秋山博介「スクールソーシャルワークの今後と課題」実践女子大学『生活科学部紀要』第46号、２００９年、９－10頁。

(165) 「養護教諭―今日の学校における存在と役割」教育科学研究会編集『教育』№７３４、国土社、２００７年3月、5頁。

(166) 林萬億・王静恵「学校社会工作的理論與実務模式」林萬億・黄韻如等『学校輔導団体工作』五南、２０１０年、１１７－２１７頁。

(167) 游黎麗玲“The Development of counseling Facilities in Schools in Hong Kong”香港専上学生聯会、香港中文大学学生会『香港教育透視』華風書局、１９８２年、１２６頁。

(168) 賀国強『香港教育問題研究』88頁。

(169) １９８６年5月25日華僑。

(170) １９８６年5月18日時報。

(171) 優質教育基金「傑出学校奨励計画」優秀教育実践研究報告書　範疇三　校風と養成、２００４年、14頁。

(172) http://www.edb.gov.hk/index.aspx?nodeID=2552&langno=2　2011.7.22参照。

(173) http://lstlkkc.edu.hk/111-web/web/news/2010-2011/2011_03_09e.pdf　2011.3.17参照。

(174) 「校本課後学習及支援計画準則及要求」(２０１０－２０１１年度)。

(175)「校本課後学習及支援計画準則及要求」(２０１０―２０１１年度)。
(176)「校本課後学習及支援計画準則及要求」(２０１０―２０１１年度)。
(177)「校本課後学習及支援計画準則及要求」(２０１０―２０１１年度)。
(178)「校本課後学習及支援計画準則及要求」(２０１０―２０１１年度)。
(179)「校本課後学習及支援計画準則及要求」(２０１０―２０１１年度)。
(180)陳暁蕾『教育改革由一個夢想開始』明窓出版社有限公司、２０００年。一見真理子「台湾におけるオルタナティブ教育実践空間の保障―その登場・存続をめぐる調査報告より」アジア教育学会『アジア教育』５、２０１１年、１―34頁。
(181)２０１１年11月29日の筆者の調査による。
(182)http://www.tzhu.org/show1-10.html　2011.7.28参照。
(183)http://www.thvs.tp.edu.tw/news/news/80news/850525.htm　2011.7.27参照。
(184)http://www.tzhu.org/show2-13.html?id=239　2011.7.28参照。
(185)http://www.tzhu.org/show2-13.html?id=239　2011.7.28参照。
(186)http://www.tzhu.org/show2-13.html?id=239　2011.7.28参照。
(187)２０１１年11月28日の筆者の調査による。
(188)２０１１年11月28日の筆者の調査による。
(189)２０１１年11月28日の筆者の調査による。
(190)http://www.glorychurch.org.tw/tcs/main-A1/page_1.htm　2011年12月6日参照。
(191)http://www.glorychurch.org.tw/tcs/main-B/b_main.htm　2011年12月6日参照。
(192)http://www.glorychurch.org.tw/tcs/main-B/b_main.htm　2011年12月6日参照。
(193)２０１１年11月28日の筆者の調査による。
(194)http://www.glorychurch.org.tw/tcs/main-A/a_main.htm　2011年12月6日参照。
(195)２０１１年11月28日の筆者の調査による。
(196)http://www.glorychurch.org.tw/tcs/main-B/b_main.htm　2011年12月6日参照。

(197) 教育部『各国中途輟学学生現況與輔導措施』2003年、39—41頁。
(198) 教育部『各国中途輟学学生現況與輔導措施』8頁。
(199) http://dropout.heart.net.tw/schoolconnect.htm 2011.7.27参照。
(200) 教育部『各国中途輟学学生現況與輔導措施』2003年、11—12頁。各国不登校防止措置比較表（之二）。
(201) 林清文『学校輔導』双葉書廊有限公司、2007年、285頁。
(202) 張若蝶総編集『非常学堂　経験彙編』利源書報社有限公司、2009年8月、9頁。
(203) 教育統籌局『局中人語2』2006年、190頁。
(204)『香港遊楽場協会2009—2010年報告』組織図表、51頁。
(205)『香港遊楽場協会2009—2010年報告』組織図表、50頁。
(206)『香港遊楽場協会2009—2010年報告』組織図表、50頁。

第6章　少年犯罪

本章は、主に香港で少年犯罪を防止するための方策として、どのようなことが行われているのかを考察するものである[1]。

中華圏においては、不良少年が就学する学校は歴史的に工芸学堂[2]と呼ばれ、浮浪者、無職の少年などに職を与え、彼らが自立して生活ができるような教育を施す機関として成立した。しかし初等教育の就学率が低く、なおかつ社会福祉機関として存在したこれらの学校はごく少なく、人口比からするとそれほど社会的影響力が大きいと言えなかった。その多くは、一部の貧民対策の関係者などから提唱されたもので、近代的な学校教育と無縁の少年が多く就学した。

香港の義務教育は１９７２年に小学、１９７８年に中学と実施され、現在では中学は１００％に近い就学率であるが、義務教育化に伴う過渡期、１９７０年代、１９８０年代に多くの教育問題が発生した。学校と暴力団との関係、学校に適応できず不良行為をする生徒の存在が、新聞報道で取りざたされるなど、就学に関わる青少年問題が大きくクローズアップされた。そのため、天主教、キリスト教団体は、不良少年のための学校を増設した。

本章では、1980年代からの生徒の不良行為とそれに対する政府、学校の対応を見ることにする。その第一の目的は義務教育化にともない、非義務化の段階に比べて、どのような問題が起きたのかを明らかにすること、第二に学校内でどのような犯罪予防教育が行われているのか、また学外の犯罪予防については、天主教、キリスト教団体などの活動を中心に述べることにする。第三に、日本と異なり、香港独自の不良少年向けの学校がある状況を論じる。

少年向けの犯罪予防に関連して、市民として必要な司法の教育を行う法教育がある。[3] 日本においても、社会科で法教育の取り組みをしている学校があり、これら日本における法教育のあり方をめぐっては法教育研究会が、2004年に研究報告を行っている。

終戦―1960年代

終戦直後は、行商を行う子どもが多く、少年犯罪も増えた。

「戦後、1947年の児童犯は、戦前より倍増した。1946年で児童の行商違反による拘束者は総数7320名人に達した。他に332人の男子、15人の女子が治安妨害罪で逮捕された。香港側・九龍側と別に計算すると、香港側で逮捕される児童犯は九龍側に比べて多い。これら児童犯の年齢は8歳が44％の増加、9歳が48％の増加、10歳が60％の増加、11歳が44％の増加」という状況であった。[4]

このようななか、子どもたちの就学問題がキリスト教会などから提案された。

一つの20万都市で、10万近い学校に行けない子どもがいることは重大な問題だ。それは、10万人の失業に等しいものである。しかしまだ十分な関心を得ることがない。それゆえ（そういう子どもたちに）慈善教育機構を紹介している。基立学校は公教互励会が運営し、長い歴史を有している。町の貧しい小天使たちは楼下で靴磨きをし、貧しい保護者は子どもに食事を与えるための手伝いをさせる。子どもは、学校教育を受けるということがどういうものなのかを知らず大きくなる。(5)（ ）内は筆者加筆

1950年代になると、少しずつ平安を取り戻しつつも、少年犯罪については啓発的な活動を行なうものが天主教、キリスト教団体、慈善団体以外になく、社会の偏見のなかで少年犯罪をどのように考えていくのかかが論じられていく。

香港政府社会福利局童犯懲教主任の濮徳慎は、香港テレビ局で香港の児童犯問題について報告し、「人々は、犯罪者は刑を受けるのが当然のことと考えている」と述べ、犯罪に対する確固たる政府の姿勢を示すものの、少年犯罪については教育刑主義の必要を論じた。(6)

香港の法廷では、1931年以来、香港政府が任命する児童犯罪懲教官がいる。1945年和平後、児童安置委員会がさらに人員を派遣し、児童犯罪懲教官に協力し、児童犯の家庭教育に従事した。—（中略）—、児童が罪を犯したら警察に連れていかれ、罪名を得て控訴され、警察が父母を探し保証人とする。児童犯拘留所は成年犯と分ける、これが非常に重要である。理想的な方法は、拘留の期間にかかわらず、児童犯拘留所は警察以外の別の場所に設けることである。当局はこの方法を実施してい

る。第二は児童犯が出廷、審判を受ける時、児童法廷は成人法廷とは違い、あの種の厳格な雰囲気をできるかぎり避けることである。―（中略）―、赤柱の児童感化学校はこの目的で設けられた。もし懲教官が児童犯を監督したければ、時間があればいつもその家庭を訪問し絶えず指導ができる。不幸なことに、香港では、多くの児童犯の処遇は施行されていない。―（中略）―我々は、香港の行商や難民の子どもに対する児童犯罪懲教官の仕事がますます重要になることを知っている。法廷では、実際、普通では刑事犯に属さない児童でいっぱいである。この状況で社会サービスの任務の遂行、進展は難しい。他に、児童犯懲教機関に対する法律を制定し、これら帰る家がない児童を助けるべきである。

つまり、濮徳慎は、拘留上の注意として成人の犯罪と少年犯罪を分けて考えること、さらに教育刑主義に立ち、保護観察における専門官の存在を説いている(7)。

児童安置所が設立され、「貧しい児童、初犯の児童犯を収容した。該所と児童犯罪懲教官は密接に協力し、将来、初犯の軽い罪の児童犯が感化院に送られないよう、該所で収容する。児童犯罪懲教官は、該所でいつも一般の貧しい児童と児童犯の接触もさせ、それぞれを励ます」と、当時の矯正教育のあり方について述べている(8)。このように戦後すぐは児童犯罪懲教官の存在、そして感化院に送致する前段階の少年を収容する児童安置所が当時の少年犯罪に関するキーワードだった。

感化院については、1952年、赤柱児童感化学校の学童が、毎週5日、毎日3時間授業を受け、工芸訓練、菜園での労働、バスケットボール場の修理などをして過ごした。学業テストでは60人の学童が試験を受け、わずか5％のみが50点より低かったというように、学習面での進歩もあったという(9)。

1953年、非就学、生徒の就業問題を解決するため、香港には多くの授業料免除・授業料が安価な職業学校が設立される。何東女子職業学校などである。多くの街坊会（地域団体）、同郷会、団体、工会（労働者団体）も、これら学校を設立している[10]。

1962年、政府は、九龍工業中学、2校の実用中学（荃湾、筲湾実用中学）の他に、4校の実用中学を建設した。何東女子職業学校も拡充した。これら実用中学建設の目的は、貧しい子どもに3年の訓練を経て就業させることにあった[11]。

このように、1950年代は、路上にあふれる少年を対象に矯正教育がなされ、授業料免除の学校が設立され、1960年代は工業中学で職業訓練が行われたのである。

1970―1980年代

1970年代に入ると、義務教育が段階的に実施された。香港遊楽場協会アウトリーチ・ソーシャルワーク部『青少年成長の階段―学校と家庭』によると、小中学の義務教育化が、学校にこれまで就学していなかった層の就学を促し、学校に行かない、ということが問題になる時期が歴史上初めて出現する。

1972年に小学校の義務教育化、1978年から1980年に時期を分けて中学校の義務教育化が実施された。1977年3月から1986年3月まで中学校生徒の粗中退率は15・9％で、100人の中学1年生のうち16人近い者が中学3年生の課程を終えることができず、途中で中退した。この数字は青少年の中退の問題の厳しさを示したものである。教育条例（香港法令第279章）によると、おおよそ年齢6歳以上、15歳以下の青少年は14日連続して授業に出ないと、中学3年課程を終えていない退学者と定められる。教育署長は入学令で、生徒の保護者が子どもを就学させないと、500香港ドルの罰金か、刑務所に3カ月入ることになると規定している。しかし、法令上ははっきりとした定めがあるとはいえ、執行はゆるやかで、関連の検挙は聞くことが少ない[12]。

学校に行くことが義務化されることで、学校では、授業に出席しない生徒にどのような対応をしたのだろうか。

理由もなく授業に行かない生徒に対して、学校は3つの措置をとった。①いかなる生徒も適当な理由なく連続して3日授業を出席しないと、保護者、監護人に電話する。電話で連絡ができないと、学校の教員が家を訪問する。②もし生徒が2、3日学校に来ないと、学校はすぐに保護者に対して手紙を出し、そのことを通知する、③もし生徒が14日授業に出ないと、学校は教育署生徒輔導組に書類を提出する[13]。

この時期には、学校で問題行動を起こす子どもに対して政府と地域、さまざまな機関が連携して支援活動を展開するようになった[14]。

教育署（当時）は、教師と保護者が、行為に問題があったり、学習が困難な児童生徒を教育するのを援助するため、最近、小冊子を編集印刷し、教師、市民に配布した。この小冊子の名前は「行為に問題がある児童生徒を支援する」である。内容は、政府の各部門が、行為に問題がある児童生徒に対して提供する教育、社会活動の目的、内容、範囲の紹介、資料である。就学する学校内で受ける輔導は、スクールソーシャルワーカーによる相談、緊急介入サービス、巡回輔導教育サービス等であり、校外で受ける輔導は、輔導教育サービスセンター、情緒に問題がある児童の特別支援学校等である。(15)

家庭の影響については、香港小童群益会の黎金巨源は、「父母が共に仕事があり、子どもを省みる余力がないと、子どもは、放課後、町で遊び、不良の影響を受け、誤った友達と交わる」と述べている。また、馬何允方は、「香港では離婚が日増しに増加し、1981年から1986年で2倍に増加した。シングルの親の家庭が普通になることは避けられないであろう。調査では、18％の犯罪青少年がシングルの親の家庭である。約3割の虐待がシングルの親の家庭という背景もある。香港は西洋化された社会だが、中国人が多く住む社会である。伝統的に父母が離婚する家庭は多くなく、父母は子どもと一緒にやっていくことを希望する。そのためシングルの親の家庭は特殊となる。この種の隠れた社会のラベリングは、シングルの親の家庭の青少年の心理発達に障害となる。つまりシングルの親の家庭と教育制度は、香港の経済発達で明らかになった新しい青少年の不良化の要素として取り上げることできる」(16)と述べている。

1964年からのデータを見ると、1980年前後に極端に少年犯罪の検挙数が増加している。この間の少年犯の年齢は14－15歳が大多数で、地域による検挙数に大きな違いがあり、九龍、新界など昔ながらの地域や新興住宅地などで少年犯罪が多い。ビジネス街、高級住宅街などを有する香港島では少ない。

『青少年犯罪問題研究小組報告書』(1981)は、1980年代前後に検挙数が増加した理由として次の点を挙げている。第一に3世代同居家族から核家族へ移行した時期に合致する、第二に母親が社会的・経済的な圧力から働きに出るようになった、第三に父母の子どもの養育方法と責任に対する常識が変化した、第四に若者が独立志向となった、第五に若者に父母の権威を尊重する姿勢が少なくなった、第六に居住家屋が劣悪であること、第七に香港内の人口移動である。

1970年代は香港が貧困から経済発展していった時期だけに、大きな社会変化がみられた。1972年には小学の義務教育が開始され、1978年から中学の義務教育が普及した。当時、一部の者には、法令を順守し学校に通学するのが面倒くさいという意識もあった。1979年、1980年の少年犯のうち60%が生徒(1978年は50%)であり、その後、学校の存在が少年犯罪の質、対策を変えていくことになる。[17]

「青少年の1970年代、1980年代は、学校生活が5つの犯罪要因の一つとして挙げられている。犯罪少年は学校生活が面白くなく、彼らにとって吸引力もないもので、多くは自ら学校をやめるか、学校側から退学処分にされるなど、学習動機が比較的低い[18]」というのが、代表的な意見である。中学が義務教育ではなかった1978年までは、小学をやめた児童への対応、職業教育の必要が提言された。[19] しかし、「香港は中国社会で、中国では子どもの教育、成績に大変関心も持つ[20]」ことから、学校で十分なケアがなされれば問題行動の減少につながる可能性もあった。

ところで1986年、香港警察によれば、香港の青少年犯罪数は世界のその他の大都

表1　1987年青少年犯罪の状況　　単位：人

年齢	検挙人員	裁判所送致	訓戒	口頭警告
7-15歳	7,698	3,260	4,438	0
16-20歳	6,858	6,551	307	0

出典：1990年6月5日　明報

市に比べて低かった。16歳未満の犯罪は人口の0・2%、16歳以上21歳未満は1・5%[21]であった。中学が義務教育となってから8年後の少年犯罪発生率はそれほど高くなかったのである。1987年の青少年犯罪数は15歳以下と16歳以上の犯罪がそれほど大きく変わらない。ただ16歳以上は裁判所送致件数が多いが、15歳までは訓戒を受けることが多い。

現在の少年犯罪

ここ数年は、少年犯罪の質も変化している。昨今の犯罪は、次の事例に代表されるように、香港社会の格差が広がっている中で、生活の糧を得るために犯罪を繰り返すものである。

元朗区の暴力団のシマで、失業者を雇い、マンホールのふたを盗む集団が逮捕された。逮捕された3人は16―18歳の青年、1人は黒幕であった。警察は1人が無免許運転で31のマンホールのふたを載せているのを発見した。1つのふたにつき5香港ドルの報酬で、3人で分けていたという。その日1人当たりの取り分は約50香港ドルであった。これは、たかだか数百円で人生を棒にふるという悲しい事実であり、新界の少年の就業問題が厳しいことを物語っている。[22]

2009年人口10万人あたりの少年犯罪の検挙数は、香港が1108件、東京が1750件、シンガポールが665件[23]である。香港の検挙数は、2000年の1万2694件から、2010年の7831件に減っている。[24] 21歳以上の犯罪は2010年3万125件であることから、16歳未満の少年犯罪は全犯罪

表2　2000–2010年の少年犯罪の検挙数　単位：人

	2000年	2005年	2010年
10–15歳	6,229	4,531	3,576
16–20歳	2,465	4,780	4,255
総数	12,694	9,311	7,831

出典：http://www.police.gov.hk/ppp_tc/09_statistics/csd.html　2011.6.20参照。

表3　2003年の犯罪別青少年検挙数　単位：人

	少年（10–15歳）		青年（16–20歳）	
	男	女	男	女
傷害	102	6	260	9
傷害（重）	469	127	670	60
強盗	327	60	347	20
窃盗	740	883	325	372
その他窃盗	741	163	670	155
薬物運搬	16	2	120	30
薬物隠蔽	12	14	211	49
器物破損	155	17	242	13
けんか	96	13	423	43
公務執行妨害	130	5	275	2
非社会的行為	136	9	175	10
銃刀法違反	81	1	107	10

出典：http://www.hkcss.org.hk/cy/Crime.doc　2011.6.20参照。

の10％強で、16歳以上21歳未満の青年犯罪は10数％というように、全犯罪に占める青少年犯罪の割合が低い。日本の場合、全犯罪のうち少年犯罪（20歳未満）の占める割合は25・4％（2011年）である。

少年犯罪の多くが窃盗で、次に傷害が続く。

香港の少年司法

香港における少年司法は日本の少年司法と異なる点がある。車煒堅によると、少年犯は14歳以上16歳未満で、少年法廷で違法行為者とされた者を指すという[25]。香港では10歳以上16歳未満を少年犯、16歳以上21歳未満を青年犯という。16歳を過ぎると、成人法廷で起訴される。ただし感化官と呼ばれる家庭裁判所調査官に相当する者が、学校・職場の状況、事件の詳細を調査し、裁判官に示すようになっている。法律上、青年は、成人に比べて責任は小さい。1990年10月1日から18歳を成人としたが、21歳未満だと、選挙権、被選挙権などの資格がない。

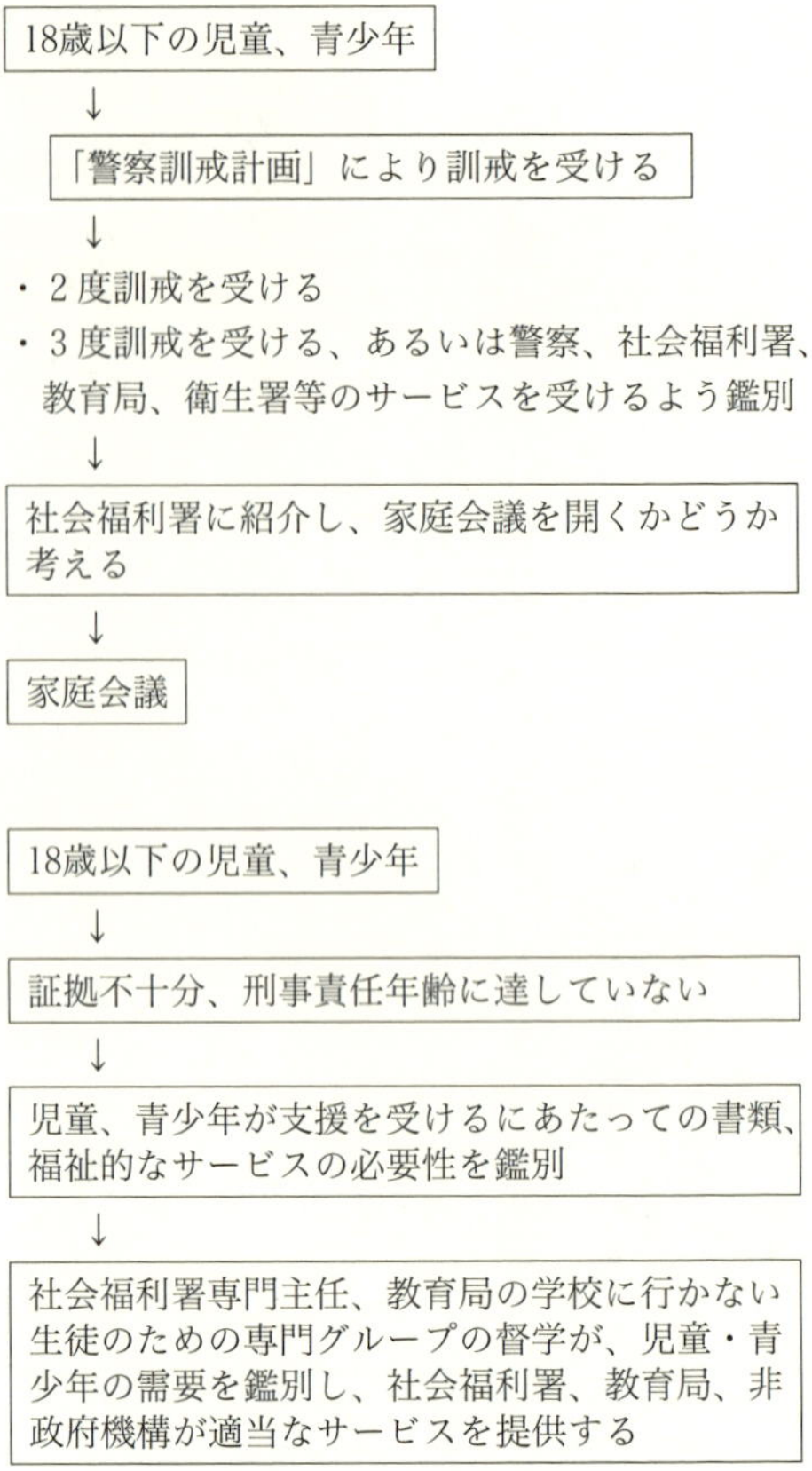

18歳以下の児童、青少年
↓
「警察訓戒計画」により訓戒を受ける
↓
・2度訓戒を受ける
・3度訓戒を受ける、あるいは警察、社会福利署、教育局、衛生署等のサービスを受けるよう鑑別
↓
社会福利署に紹介し、家庭会議を開くかどうか考える
↓
家庭会議
18歳以下の児童、青少年
↓
証拠不十分、刑事責任年齢に達していない
↓
児童、青少年が支援を受けるにあたっての書類、福祉的なサービスの必要性を鑑別
↓
社会福利署専門主任、教育局の学校に行かない生徒のための専門グループの督学が、児童・青少年の需要を鑑別し、社会福利署、教育局、非政府機構が適当なサービスを提供する

図１　「警察訓戒計画」と福祉的なサービス

出典：2009年８月修正「警察訓戒計画による訓戒を受ける児童・青少年の家庭会議に関するガイドライン」「附件13　触犯児童、青少年への支援を強める」http://www.swd.gov.hk/doc/YouthAtRist/FC%20Protocol%20_Revised%20in%20August_2009_%20Chi.pdf　2010年10月22日。

２００３年７月に改正された少年犯条例で、刑事責任の最低年齢は７歳から10歳となり、児童の無能力犯は従来通り10歳から14歳となった(26)。つまり、小学生に対する教育的配慮から刑事責任年齢が引き上げられたのである。

図１は、18歳以下の児童、青少年が警察から訓戒を受けた場合、受けない場合のフローチャートである。訓戒を受けた者、福祉的なサービスを受けるよう鑑別された者は関係者と保護者とで家庭会議が行われる。一方、訓戒を受けない、証拠不十分や刑事責任年齢に達していない者は、社会福利署、各地区の福祉事務所、教育局の長期欠席専門組が、児童、青少年の個々の需要や支援の必要を鑑別し、適した支援機関を紹

介している。[27]

香港で、少年に限定して支援を行っている機関としては、「少年犯罪撲滅委員会」「青年事務委員会」「危機青少年服務委員会」がある。「辺縁青少年服務委員会」（1993年）の委員は、社会福利署、労工及福利局、保安局、民政事務局、教育局、香港警務処、衛生署、禁毒常務委員会、家庭與学校合作事宜委員会、高等教育機関、教育局、非政府機構[28]の代表者がその構成員となっている。

しかし、こと、学校と各機関の連携は、警察学校連絡計画[29]のみが挙げられており、青少年に対する公的サービスの中心に学校は位置付けられていない。警察学校連絡計画は、警察の中学への巡回を指している。

学校における問題を抱えた生徒の生徒指導・輔導

1995年5月、犯罪撲滅委員会は、「学校は、問題を抱えた生徒の収容を工夫すべきだ。一部の生徒のため、比較的職業教育を重んじ、学術的な教育を少なくし、多様な課程を作るよう[30]」提案した。また、「授業についていけない生徒のために補習クラスをつくり、保護者と教師の間のコミュニケーションを行う。スクールソーシャルワーカーが生徒を支援し、ある地区の学校資源をネットワーク化し共同利用ができるよう制度化する。その他、教育機関は、政策で、学校が気軽に生徒を除籍にしない、留年させない、強制的に退学させたりしないようにすべきである[31]」などの報告がなされ、香港の教育界は生徒の就学を支援する方向に転向すべきだとした。

香港では、問題行動を起こす生徒に対して、まず、生徒指導、輔導が行われる。

学校内で、生徒の問題行動が発生した時のフローチャートは図2のとおりである。第一段階では校内で対応、第二段階では関連機関から支援を受け、その後、第三段階として特別支援学校、職業学校への転校、あるいは、法令によって停学処分となる。

停学、除籍については、香港基本法第279・A章第96条で、「①常任秘書長は、生徒の素行が悪く不適当で、当該校あるいはその他の生徒に良くない影響を与えると認めた時、絶対的な決定権を持つことができる。校長は、生徒を除籍、あるいは時間・条件を指定して生徒を停学にすることができる。②直接利害関係のない校長、あるいは校監が生徒を除籍、停学にする権限を持つ[32]」と、学校、他の生徒の教育活動を妨害する者に対しては義務教育段階の中学生であっても停学が可能となっている[33]。しかし学校は、規則に違反した生徒に3日を超える停学を命令した場合は、必ず教育局常任秘書長に知らせなければならない[34]。生徒が中学生の場合、学校は正式に保護者に通知をし、教育局常任秘書長の批准を得る前に、生徒を除籍処分にしてはいけない[35]という。

では、学校内では、どのような生徒指導上の問題点があるのだろうか。『訓輔人員専業手冊』では、生徒指導上のよくある問題点としては、「散漫」「集中しない」「授業をさぼ

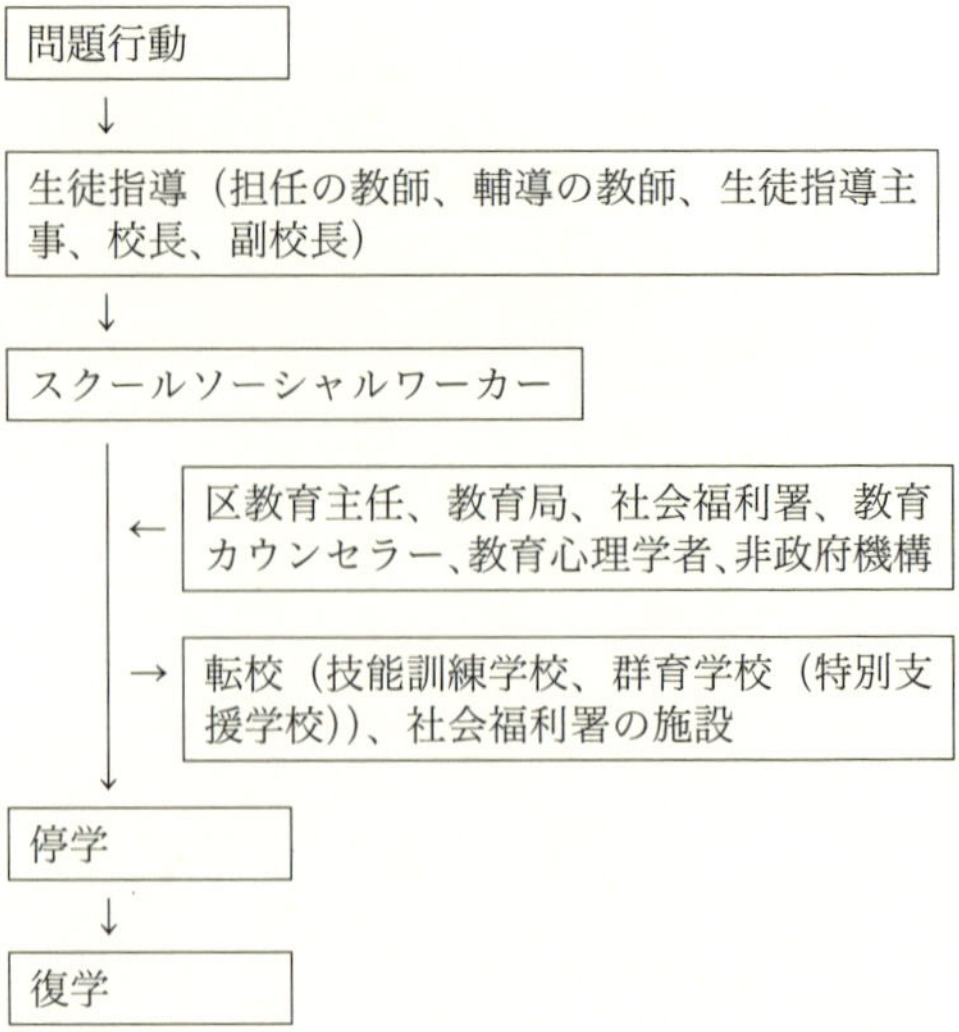

図2　学校内で問題が発生した時のフローチャート

出典：「学校処理行為有問題学生的程序表」教育署学生訓育組「学生訓育工作指引」1999年、附件五より作成。www.edb.gov.hk/index.aspx?langno=2&nodeid=944 2010年10月22日参照。

る」「盗み」「不良グループを作る」「持ち物を忘れる」「制服をだらしなく着る」[36]という点が挙げられている。「何度言っても改めない」「生徒の背景が複雑」「心から反省しない」「保護者が学校の対応に反発する」[37]と、指導の効果が十分に表れないという問題もある。生徒指導、輔導のマニュアルには、「暫定的に不良行為を厳しく懲らしめても、青少年の心身の発達の段階の助けとはならない。かえって青少年が反権威的、自暴自棄になる」[38]と、次のように生徒の気持ちを尊重した支援が示されている。

・生徒の立場に立ち、どうしてそのような状況になったのか、今でも継続しているのか、その原因を探す。
・生徒の前では、先生の「権力」を誇示せず、権威的な口調で生徒に話をしない。
・反発をしたり、規則違反をする生徒に対しては、早めに分かりやすく温かくその行為をやめさせる。正しい習慣をもつよう生徒に優しく勧め、肯定的な口調で生徒が冷静になるようにする。
・教師が、生徒の背景を察しつつ生徒指導、輔導を進め、良好な態度で生徒を教育すれば、関係は保持できる。[39]

しかし、2011年3月に筆者が訪問した中学では、「本校の規律を維持するため、生徒は必ず学校の規則を尊重・遵守する。学校は各規則に違反した者を罰する」というように厳格なものであった。[40]中学には、学生守則、制服・髪型の規則、奨励懲罰制度、試験規則の詳細な規定があった。

たとえば制服髪型規則には、男女別の夏服、冬服、ジャケット、シャツ、ソックス、ネクタイまで細かい学校指定のものがある。ズボンの幅、長さ、靴のかかとの高さの規定もある。

加藤十八は、アメリカの「プログレッシブ・ディシプリン」（段階的累積的規律指導）を「ディテンション」（正式な懲戒まではいかない指導措置）、「放課後居残り、土曜出校、教室外へ出され廊下で授業を受ける」、「ディテンションルーム」（2、3日留め置かれて1人で自習をさせられる）、正式の罰は、サスペンション（家庭謹慎、停学、オルタナティブスクール送り）[41]と整理している。香港でも、同様に段階的累積的規律指導が行われ、3段階をさらに3段階に分け、最終段階で停学、除籍などの処分が考えられている。加藤は、アメリカで生徒がオールタナティヴスクールを志願して入学すると述べている[42]が、香港でも裁判所の送致決定以外は、本人の承諾がないと群育学校に入学できない。

教科書に見る犯罪予防

香港の学校教育で、少年犯罪に関わる領域を教えるのは、「個人・社会及び人文教育領域」である。この領域には、中国史、公民教育、経済と公共事務、地理、歴史、倫理・宗教教育・仏教、社会という各科目が含まれる。

2002年に「個人・社会及び人文教育領域」課程が公布され、そのなかで、この領域の目的は「個人と集団・人と時間・空間及び環境との関係、人の文化や物的な世界における位置」について生徒に理解させるものとされた。2005―2006年までのこの領域の目標（中学1―3年）は「意味のある問題意識を示し、自ら学習の進展を計画し、さらに自発的にその解決をはかる」「健康的な個人の成長、調和的な人間関係を築く」「中国の歴史、文化、自然環境、人為的な環境に対する認識を深め、国民としての意識を高める」「堅い意思、責任を負う、進んで負担をする、他人の価値観を尊重する態度を育てる」というものである。[43]

そこで次に、2つの出版社の中国語教科書（中2）から、具体的に犯罪予防教育に関わる部分をみてみよう。

中学2年の教科書（文達出版、2000年）は、2A「個人と社会」篇、2B「香港と祖国」篇、2C「世界」篇と3冊構成となっている。この教科書は、「議論や生活と合致した教育活動を行い、生徒同士が協力して知識を得て、意識や技術を高め、自己・社会・祖国・世界に対する認識を高めること」を目的として編集されている。

「香港と祖国」の単元7「香港の法律と秩序」には、司法制度、警察の仕事、行刑施設について書かれている。写真をふんだんに使い、警察の捜査活動の状況、行刑施設の内部が一読して分かるような配慮がなされている。また、罪を犯した場合、どのような手順でどのような処遇がなされるのか、絵図で生徒に分かりやすく説明されている。[44]

同じく中学2年の教科書（導師出版、2003年）は、1997年に香港課程発展議会が公布した「社会教育科課程綱要」にもとづき、毎学年1冊、中学1年―中学3年の生徒のために編集されたものである。そのため、文達出版同様、5つの単元「自己」「家族と友人」「社会」「国家」「世界」に対応した構成となっている。特に実際に必要とされる健康・薬物・性・生命・倫理・インターネット・環境教育等にも力を入れる構成となっている。

導師出版の場合、少年犯罪に関わる単元では、第1節法律と秩序（司法制度、法廷の陪審団、法律援助、警察、行刑、更生保護）、第2節青少年の犯罪問題（青少年の犯罪の要因と種類）、第3節薬物教育（薬物の定義、医師の処方する薬物の使用と乱用、危険な薬物の種類、薬物乱用と薬物依存、治療と回復、薬物乱用の原因と影響、治療と回復）の順に説明がなされている。(45)

薬物教育には大きくページを割いており、具体的にどのような薬物があり、それらを服用するとどのような状態になるのかの説明、また薬物中毒になる原因、予防などが書かれている。(46)

一方、英文教科書（文達出版、2B香港と祖国篇）の構成（各単元）は次のようになっている。(47)

Social issues and social order（6．Drug Education, 7．Juvenile delinquency, 8．The legal system in Hong Kong, 9．Police control and correctional services in Hong Kong)

「薬物教育」には、薬物使用、薬物の種類に関する詳細なデータ、そして10代の薬物使用者のデータなどが提示され、それについて考える問題がある。さらに薬物中毒となる個人的理由・環境要因が挙げられ、中毒症状についてイラスト入りの具体的な提示、治療機関の写真入りの紹介、薬物防止のための政策のまとめで終わっている。薬物中毒になることがどういう症状を伴うのか、そして薬物中毒から脱却するために何が必要なのかの具体的なアドバイスを中心に書かれている。

「少年犯罪」では、香港における少年犯罪についてデータを読み取ることが要求されている。少年犯罪の定義、要因、少年犯罪の種類に関する表などが掲載されている。また少年が犯罪に走らないため、16歳のジョーダンという人物を示し、一緒に犯罪に巻き込まれない生き方を考えるようになっている。犯罪への誘い、少年犯罪の要因、犯罪に関するデータ、犯罪や薬物中毒へのコミットへの方法なども具体的に書かれている。また若者の暴力団加入に関する新聞記事の紹介もしている。

「法律制度」では、法の解説がなされている。法、法の強制力、法の原理、法制度の構造（裁判所、陪審員、法による救済、当番弁護士制度）について述べている。

「香港警察」には警察権力（犯罪防止、犯罪解決、社会秩序の安定維持、交通整理、不法移民問題）に関する記述、さらに警察組織について見取り図が示されている。行刑、犯罪少年への更生保護、矯正教育施設などに関しても書かれ、少年が違法行為をした場合、どのような手続きを踏まえてその処遇が決まるのかを示した図が掲載されている。

同じ出版社の同学年向けの中国語・英文教科書は同じ内容であるが、それでも用いられる資料、写真、イラスト、説明文などが多少異なる。中国語の教科書の場合、香港独特の社会問題として少年犯罪を土着の視点で解説している。英語の教科書は、少年犯罪の実態や予防のために必要な手立ては何かを考えさせる問いが文中に多く見られた。

模擬法廷

最近、多くの国で関連団体、弁護士会などが中心となり、中高生向けの模擬法廷が実施されている。出所者を支援する香港善導会『２００９至２０１０年年報』によると、高校の通識教育の教育モデルと模擬法廷が合致するという説明がある[48]。これまでも模擬法廷大会を行っていたが、２００９―２０１０年に、56中学が参加し、教育局優質教育基金の資助を受けたという[49]。通識教育が必修科目となったことで、今後も模擬法廷により多くの参加者が見込まれる。

社会福利署の施策

社会福利署では、少年福祉の立場からさまざまな活動を行っているが、ここでは、そのホームページ(http://sc.info.gov.hk/gb/www.swd.gov.hk/doc/annreport/b5/young_p3.html) から活動を紹介する。

社会福利署では触法少年の支援強化のため、2003年から試験的に、検挙・補導された青少年を召集し家庭会議を行っている（図1、271頁参照）。家庭会議の目的は、青少年・保護者・関連機関の者が参加し、青少年の需要に応じて、彼らのために前向きな計画を定めることにある。

このほか、2003年10月より夜間徘徊する青少年対象に深夜のパトロールを行っている。2004年4月には、辺縁青少年服務委員会（1993年成立。社会福利署署長が主席。青少年問題を研究、その課題を立案）にその検討結果を報告した。その後2004年10月、深夜の青少年アウトリーチセンターを18カ所設立し、九龍公園で2004年深夜のパトロール大会を行った。2005年8月からは社会福利署は予算を増やし人員を増加したという。

香港全土に各地域単位に設置されている総合青少年サービスセンターは、主任督導1人のもと、ソーシャルワーカーが青少年のために支援をする組織である。2005年3月で、132カ所存在する。また社会福利署は2003—2005年にかけて、中卒・社会経験がない青少年の失業率上昇問題を解決した。

1998年から社会福利署は異なる階層の者がボランティアに参加するよう勧め、「共同参加奉仕」の精神を掲げてきた。2004年から「香港傑出青年ボランティア計画」を行い、2003—2004年度には46人の優秀な青年ボランティアが各地区を訪問・交流した。2005年3月までに、47万4088人のボランティア、1270団体がボランティア活動に参加した。毎年香港社会では1000万時間のボランティア活動が行われているという。

また薬物に関しても、15カ所の薬物中毒治療センター、2カ所の薬物乱用者・回復者の交流場所、5カ所の薬物乱用者の指導センターがある。

社会福利署では家庭生活教育支援も行っている。1975年香港中文大学研究センター『青少年罪案社会成因研究報告』で、青少年犯罪は不本意な家庭生活と密接な関係があると報告されたことによる。2001年には香港大学に委託した「家庭サービス検討顧問研究」の結果が報告され、2005年に総合家庭サービスセンターが設置された。

関係機関との連携

2010年11月、社会福利署青年及感化服務科青年事務組によると、香港の青少年支援は、「全人的、総合的な支援体系で、青少年の各方面の絶えず変化する需要を考慮する」「社会福利署は、非政府機構への補助と監督を通して、青少年のために予防、発展、補助の支援を提供し、彼らの思想が成熟し、責任感がある、社会に対して貢献できるよりよい市民となるよう養成する」ということが目的である。社会福利署による支援には次のものがある。

・総合青少年サービスセンター（6歳から24歳の児童及び青少年）

指導、輔導。不利な環境にある青少年への支援。青少年の社会化、社会的責任、個人の潜在的な能力を発達させる活動。

・1校1人のスクールソーシャルワーカー

中学1校に1人の学校駐在ソーシャルワーカー。

学業、人間関係、情緒発達で困難がある生徒の問題解決を支援する。

・放課後託児計画

6歳から12歳までの児童が対象で補習、食事、保護者への輔導、教育。

費用は自己負担だが、低収入世帯、総合社会保障援助を受ける世帯の費用は全額免除か半額免除。

・地区青少年アウトリーチ・ソーシャルワークサービス

不良の影響を受けやすい青少年、6歳から24歳の輔導、指導。

・深夜のアウトリーチ

香港各区で不良の影響を受ける可能性があるハイリスクの青少年に接触。

・青年ホットライン

ハイリスクの青少年を輔導。

・地区の青少年発展資助計画

環境に恵まれない0歳から24歳までの子ども・青少年に、子ども・青少年の成長に必要なものを現金で支援する。

・コミュニティ支援奉仕計画

訓戒を受けた児童青少年に、主流学校に入ること、仕事を始めることに協力し、彼らの再犯を減らす。

アウトリーチサービスに関しては、『香港外展社会工作実録（1983）』が、香港のアウトリーチの在職教育について述べている。

アウトリーチの在職教育課程には、在職訓練（基礎理論―輔導技術、行為修正理論、危機介入理論、社会学の学習理論、問題解決モデル、ソーシャルネットワーク理論）、アウトリーチ専門理論（青少年のサブカルチャー、不良グループの力関係、いかに問題の青少年の父母と協力するか、どのように対象と初歩の接触・関係・治療関係を建立するか、暴力団・シンナー・薬物などの関連知識・理論）、実務工作の技術（球技、凧、カヌー訓練、どのようにケースを処理するか、青少年センターと感化サービスと協力し宿舎サービスを申請し、本人が仕事、学校を探せるようにする、性教育、青少年の内なる世界と関わりをもつ）、その他（いかにアウトリーチのソーシャルワーカーとして備えるのか、アウトリーチの発展方向及び業務のモデル、青少年の時事討論に関すること、監獄、労工処を訪ねる）などがある。[50]

1983年、樹仁学院の社工系では「近年卒業生がアウトリーチに身を投じる人が多くなったので、実習の機会を増やす以外に、4年生にアウトリーチ科目を開設した。しかし、アウトリーチ科目は青年奉仕の科目の1節にすぎず、その他、青少年センター奉仕、スクールソーシャルワーク、青少年宿舎などの支援も含む。関連するアウトリーチ科目は10節である（1節は3時間半）[51]」という。

香港遊楽場協会

香港遊楽場協会は、娯楽関係の協会組織であるが、戦後一貫して青少年向けの支援を行っている。遊楽場協会の組織は次のとおりである。理事には、香港社会でも評価される「太平紳士」の称号を持つ者が多い。

組織図表

執行委員会
←公開委員会、職員及び訓練委員会、支援及び活動委員会、管理及び財務委員会
←総幹事

・総発展主任（戦略及び研究―非常学堂主任、ソーシャルワーカー）
・総発展主任（パイオニアプロジェクト―青年工作室、青少年交流及び発展センター、スクールサポートスキーム・プロジェクト、スタジアム・マネージャー）
・スーパーバイザー（スクールソーシャルワーク―スクールソーシャルワーカー）
・地区スーパーバイザー（香港東区―青少年センター、キャンプマネージャー、アシスタントスーパーバイザー―総合サービスソーシャルワーカー―プログラム・アシスタント）
・地区スーパーバイザー（油麻地・尖沙咀・旺角区―アウトリーチ・チーム主任、ＹＮＤサービス（夜間、街にいる青少年への支援）・リーダー―ＹＮＤサービス・ソーシャルワーカー、地区アシスタント・スーパーバイザー）(52)

このうち、青少年センターは、一般に開放されている。香港遊楽場協会の旺角支部の事務室の上の階にも青少年センターがある。夜10時ころまで職員がおり、雑誌やその他の読み物、掲示板などが置かれており、座るスペースもある。

香港遊楽場協会の旺角支部は、西武やその他多くの店が入った大型ファッションビルと通路がつながったビルの2階にある。中に入ると、全面鏡張りの広いスペースがあり、事務室というよりは、少年がくつろぐスペースとして10畳ほどの空間がある。その奥にはバンド演奏ができる部屋、その隣がカラオケの部屋、といったように、少しでも青少年がこの協会とのつながりを断ち切らないためにも楽しめる設備を用意している。2階部分は一般に開放していないため、輔導で出会った青少年が紹介されて予約制でやって来る。他の青少年との接触がないよう気を配っているのである。

郭少棠によると、「1990年、曽蔭権財政司長が人気とりのため、政府が3億香港ドルの予算を社会福祉に回し、新しい支援をした。その一つが、深夜のアウトリーチソーシャルワークで、香港、九龍、新界各区で18隊の『夜回り隊』を作った」[53]という。

薬物については、民政署は50万香港ドルの経費で、社会福利署の支持、医療界の協力を得て、身体検査、行為認知の技術、体育・芸術による治療輔導、体験車、学校ワークショップなどの活動を行った。香港遊楽場協会が、2009—2010年、「抗毒夢工場計画」で扱ったケースは6676人で、直接処理したのは277人、ケース終了が55人であった[54]。香港の繁華街である油麻地・尖沙咀・旺角地区では500人以上のうち、4割近くが薬物の問題があった[55]。

香港遊楽場協会の「抗毒夢工場計画」の流れは次のとおりである。

早い段階での薬物、潜在的薬物乱用の青少年に対する鑑別
・教師の養成、コミュニティとの協力、紹介
・学校での活動、初歩の接触
・「身体機能試験健康車」で身をもって体験
↓
薬物の乱用をしない動機を高める
↓
ライフプラン
↓
地区、アウトリーチ本隊により医師と面談、診断
↓
身体検査、関連する支援
↓
医師と健康診断の報告を相談し共同で躍進計画を定める
↓
薬物を乱用しない動機が高まっていれば、構造認知活動への参加を紹介
↕
「夢、真」構造認知、多様な学び・訓練
↓
メンターシップ、若い薬物乱用経験者をロールモデルに行動
↓
ピアカウンセラー、反薬物大使として訓練する(56)

香港遊楽場協会は、２００９年から２０１０年は「反薬物基金」の賛助を得て、２００８―２００９年に慈雲区で、青少年診療所、小中学、警察などで青少年薬物に関する討論を行っている。[57]

他に、香港遊楽場協会の活動には、次のものがある。

・スクールソーシャルワークでは、児童生徒の個別のケース以外に、年度計画によって校内で発展的、予防的に小グループ活動、主題を設定し、ボランティア、民族融和、新しく香港に来た児童生徒の適応、性教育、情緒管理、精神の健康、反たばこ・薬物など、学校、児童生徒の異なる必要に合わせて活動を行っている。[58]

実際に小学4校、中学8校での小グループ活動は、毎年小学で３３８回、相談支援はのべ数百回にのぼるという。[59]

・「新境界」コミュニティ支援奉仕計画―青少年の困難解決の能力を高める計画[60]

・理想学校支援計画

40校の小中学、団体で、のべ1万人が、信和集団の計画により、戸外の体験キャンプ活動に参加した。小学の全方位輔導では、小学4年生の2クラスで、スクールソーシャルワーカーが越境児童の家庭問題を処理した。[61]

・青少年交流・発展センター

内地（広東省、チベット、内モンゴル）と香港の交流は30回で、参加人数は８００人を超えた。[62]

・展翅計画、青少年就業見習い計画、学校アウトリーチ（職業養成、ライフプランのワークショップ、高校

2年生の模擬試験、その他、放課後学習支援計画）

32小中学、3000人以上の児童生徒、教職員が参加した。「導師網」で運動や補習班の教師が学校で教師をすることを計画し、能力のある青少年48人が17校で教師をした[63]。

・バスケットボール・アカデミーの開催

青少年個人の成長、団体精神、逆境での力を高める訓練を行った[64]。

これら遊楽場協会の活動は、基本的に、助成を受けつつ、香港教育局、社会福利署の事業を実施するものである。教育局、社会福利署と民間団体の協調がうまくできているといえる。それゆえ、遊楽場協会特有の活動とはいえず、それぞれの場所で異なる民間団体が同様の活動を行っている。

明愛

天主教団体の明愛では社区センター、青少年総合センター、児童及び青少年センターで、小中学のスクールソーシャルワーク、学生支援、就業カウンセリング、青少年の薬物乱用のカウンセリング、アウトリーチ、学童保育などを行っている。毎年、230万人の者が活動の対象となっている。またカウンセリングは1700人もの青少年が受けているという。この他、7000人のボランティアが積極的に活動している。青少年の薬物乱用防止、失業青年のための就業支援・パソコン教室なども行っている[65]。

また、14—18歳の、家庭・行動・情緒面で適応困難な少女たちが24時間宿舎で生活を共にする培立学校などがある。

そのほか、学校も多く経営している。明愛の総本部には、明愛徐誠斌学院も入っており、副学士課程3年制を受講できる。主に中学5年修了生が3年かけて20歳で卒業できるものである。旧制度下では中学5年、つまり高校2年生が入学したが、現在は高校3年卒業後に入学もできる。このほか昼間、夜間部の毅進課程もあり、これは中5会考に合格しなかった者が1年通学すると高校卒業資格と認可されるものである。毅進課程には、製菓など実務的なコースが多く、普通科高校でみられるようなコースは少ない。他に一般人向けの生涯学習センターとして、各地に学校を持っている。

明愛本部には職業訓練学校があり、バス通りに車の修理工場がある。車の修理工場や印刷工場の職業教育は中学3年修了者向けに行っているが、車の修理工場の受け入れは、毎年1、2人である。天主教教会などに車修理の案内などのパンフレットが置かれているが、現在では学生数から見ても大きな役割を果たしているとは言えない。一方で印刷工場も学生はほとんどいないが、印刷工場は明愛、天主教関係、そのほか教科書なども含めさまざまな印刷物を扱っている。現在では中卒者は仕事探しが難しく、修理工場などで職業訓練を受けても一般の労働者になれるかどうか、というところである。しかし、今後、特に大幅な変更がない限り、車の修理工場はこのまま維持する予定であるという。

香港善導会

香港善導会は、香港で犯罪者更生を行う民間団体である。感化教育を行う政府機関には社会福利署があり、社会福利署職員や他の民間団体職員と連携して、犯罪者の更生を行っている。センターでは、ソーシャルワーカーによる保護観察中の人の就職情報の提供やカウンセリング、経済的な問題、住居の問題への支援が行われている。

湾仔のセンターはそれほど広くはないが、入口には求人が貼ってあり、大体1カ月7000香港ドル、8000香港ドルほどの月給の情報提供がなされていた。香港では、企業に就職する時、必ず経歴欄に前科を書く欄があり、虚偽の申告をしても分かってしまう場合が多いという。

香港善導会青少年犯罪予防センター

2005年、香港最初の犯罪教育センターとして設立された香港善導会の犯罪予防センターは、青少年のための互助活動を行い、学校のいじめ、物質的な誘惑、友達の誘い、薬物などに対して、自我の保護、法を守る意識を育てている。

青少年犯罪予防センターは、1香港ドルで政府から土地を借り受け、建物は簡素であるが、大変多くの活動をしている。ソーシャルワーカーが小中学生向けに活動を行っており、毎月、数十校の予約がある。1回につき十数人が受け入れ可能だが、人数が多いときは2回に分けて1グループはホールで（40畳ほど）で、1グループは模擬刑務所やゲームなどで時間を過ごす。ホールでは階段を使っての活動や演劇を行い、模擬刑務所では実際に懲教署から借りてきた毛布やベッドを触ってみたり、独房に入ったりする。刑務所は冷暖房を使わないので、実際の刑務所と同じ環境で見学する。

また、刑務所で許可された物品リストなども掲示されており、一部の生徒からは、「私が使っているシャンプーなどとメーカーが違う」という話が出たり、限られた範囲の購入リストに驚く者が多い。このほか模擬刑務所の隣には迷路が作られており、中学生以上は目隠しをして同級生の肩につかまりながら徐々に迷路の中を進んでいく。床の一部にクッションを入れており、妙な感覚があったり、同級生と協力しながらゆっくり進むことで協力、コミュニケーション能力、そして困難に打ち勝つ能力を学ぶという。目隠しをしない場合は、明るい照明の中で壁のあちこちに質問コーナーがあり、質問に答えたり、情報に触れながら進んでいくが、途中突然暗くなる部分や、鏡で覆われた壁から出られず唸ってしまう生徒もいる。そのような時は、やはり同級生と協力して壁を押してみるなどして脱出するのだという。人生にはさまざまなことがあるということをうまく迷路に例え、迷路を出ることで達成感を味わうというものである。

このような活動に参加する学校は第3組に分類されている場合が多い。第3組というのは成績が優れない生徒が多い学校である。十分に手当てができない生徒の一部が問題行動を起こしていることから、学校でスクールソーシャルワーカーが増えることが期待されるが、経費の面で無理だろうということであった。生徒がセンターに来る以外に、ソーシャルワーカーが学校に出向く場合がある。

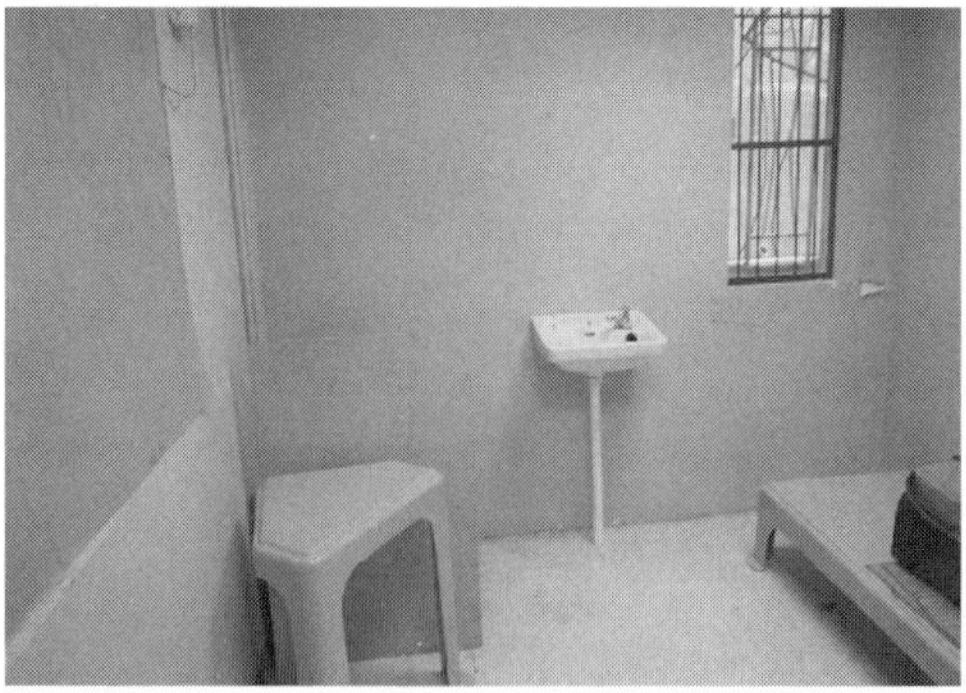

模擬刑務所
2011年5月筆者撮影

青少年犯罪予防センターでは、出所者の人生について話を聞く講演会も企画している。香港の学校では1週間に1回の全校集会で講演を聞く場合が多い。出所者の講演会が直接的過ぎるきらいがあれば、プロの劇団員による出所者の気持ちを表現するような劇を観劇することになる。学校の中には、「うちの学校の生徒は特に問題はないので、このような連携は必要ない」という学校もあるが、最近はオファーが多い。幼稚園向けの劇で、悪いことはよくないという教育や、小学生向けに年齢に合った劇なども行っている。また、宿舎を持っている学校で、2泊3日などの集団生活を計画することもある。昼間は学校、夜間は食事作りなど、特に活動がない場合もあるが、同級生と宿泊する経験がない生徒も多いので、このような活動は好評だという。

香港では、自尊感情を失う生徒が多いので、青少年犯罪予防センターも「犯罪はよくない」というメッセージを出すよりは、生徒が集団生活やコミュニケーション能力を高め、自尊感情や自信を取り戻すような活動を行っている。ソーシャルワーカーによれば、貧しい家庭の生徒の半分くらいはハングリーに頑張るが、そうでない場合も半分ほどいるという。

アウトリーチ

実際に、2011年5月、2時間ほど深夜のアウトリーチに参加した。

薬物乱用防止のキャンペーンが書かれた車で、油麻地など香港の繁華街を訪れた。

青少年は、クラブ、ディスコ、ネットカフェ、公園にいることが多いため、まず最初に向かったのは公園である。当日、公園では特に青少年の姿はなかったが、親が家に友人を連れてくることを嫌がるため、中学生は、外に出かけるようになる。

次にネットカフェに行った。香港のネットカフェは、あまり健康的な場所とは言えない。植民地の宗主国であったイギリスのネットカフェはというと、レストラン、お総菜屋さん、土産物屋さんなどに併設されており、開放的である。しかし香港のネットカフェは、お世辞にもきれいとはいえないビルの中の閉鎖的な空間にある。10代の男性が、昼夜問わずゲームに興じている。台湾のネットカフェは、都市部では雑居ビル内にあるが、ごく普通の喫茶店という感じで、もう少し入りやすい空間である。

チェーン店のネットカフェは、中に入ると、中央に15台ほどのパソコンがあり、青少年が大型画面に向かってゲームに興じていた。時には7時間、10時間もゲームをし続けるという。一般にネットカフェは、値段が安く、半日30香港ドルで過ごせる。つまり、夜、入店すると、朝まで約300円でいることができるので、両親の仲が悪く居場所がないとネットカフェに入りびたりになる。毎日ネットカフェに通う者もいる。両親が渡す小遣いは、人によってばらばらである。日本のように個室で横になれるスペースはないが、2人掛けのソファに無理やり寝ることはよくあるそうである。常時20人程度の者が同じゲームにずっと興じており、次の段階をクリアするため声を上げてゲームをしていた。ソーシャルワーカーは、そのうち、若い彼らに話しかけたり、自分たちの連絡先を渡していたが、穏やかに青少年と関わる姿が見られた。

輔導の方法は、薬物の場合は警察に通報せず、できるだけやめるように勧める。一方で、けんかの場合は仲裁せず、その後の人間関係を構築することも必要なので、警察にもソーシャルワーカーであることを明かさず、ただ「喧嘩をしている」と通報して、警察の到着を待つという。また、ディスコなどで酔っ払い、友達が介抱してくれず嘔吐する者を家に送ったりする。特別な場合は救急車を呼ぶという。危険な状況の少年を家に送り届けることもある。

1日何人もの青少年に出会い声掛けをする場合もあるが、少ない時は数人の場合もある。状況によって大きく異なるという。輔導のメンバーは、リーダーを除いて、すべて20代であった。夜10時から出勤で朝6時までの活動であることから、若者が多い。彼らはみなソーシャルワーカーの資格を持っており、専門的な訓練を受けている者である。月曜日を除いて、昼夜逆転の生活を送っているうえに、昼間に少年が仕事を探してほしい、警察や法廷に一緒に行ってほしいとの連絡もあるので、昼間もゆっくりと休めない場合がある。しかし、香港では資格があるソーシャルワーカーには働く場があり、一般の労働者に比べると生活は安定している。

学校にもスクールソーシャルワーカーが1校に最低1人は設置することが義務付けられているため、輔導をするソーシャルワーカーがスクールソーシャルワーカーに連絡したり、学校の教師と連絡をとる場合がある。

次に、ディスコに行ったが、0時過ぎに未成年者が娯楽施設にいることが禁じられているため、警察の手入れで多くの人が再入場を待っているところだった。外国人向けのバーやディスコがある地域で、朝3時過ぎになると多くの香港人の少年が店の下の道路に集まっているという。朝までどこかで時間をつぶして朝食を済ませて家に帰る者もいる。

ソーシャルワーカーが面倒を見ているという少女の場合は、今は昼夜が逆転し、時々仕事をして、自分で遊ぶ金を賄っているという。友達は親から小遣いをもらって遊んでいるが、私は、それは嫌だと言う。普通語が得意で、台湾のドラマを見て少しずつ普通語を学んだという。家に帰ると、母親が「太陽に当たらないとだめだ」と起こしに来るが、眠いので起きないという。時々仕事で中国人に買い物を頼まれても普通語が分かるので、自分の勉強は役に立っているという。またディスコの何が楽しいかという質問には、おしゃれをして友達とディスコにいるのが楽しいと言う。

クラブやディスコはお金がかかるので、社会人が多い。その分、ドラッグなどの誘惑も多い。ドラッグは、日本のようにエクスタシー（ＭＤＭＡ）は最近流行していない。ネットカフェは値段が安い分、あまりお金がない者も多いので、ドラッグの売買はあまり行われていない。

参加した活動の状況は以上の通りだが、女性に対する誘惑は多く、援助交際、風俗産業に誘われたりするという。

警察の犯罪予防活動

香港警務処のホームページ（http://www.info.gov.hk/police/hkp-home/chinese/）には、各中学（高校）の連絡先、中学訓導主任のネットワーク、少年警訊（少年ポリスコール）、青少年への犯罪予防情報、青少年活動など、さまざまな関連記事が掲載されている。

１９７４年「警察学校連絡計画」が作られ、地域の警察業務の一環として実施された(66)。この計画の目的は、青少年の犯罪予防のため関連機関と協力するというものであった。

警察は、生徒と保護者に接触するのに学校が最適な場所だと考えた。そのため活動は、「警察と学校の良好な関係づくり」「警察の職責を生徒に認識させ、法遵守の重要性を認識させる」「犯罪・薬物乱用・暴力団・放浪・性犯罪・交通違反などについての危険を明らかにする」「生徒と学校に全面的に犯罪防止を推進する重要性を分からせる」「生徒・学校にグループ・個別討論を通して、規律意識・正確な価値観をもってもらう」「地域の警察、福祉事務所、学校の連絡を担当し、警察、教師、スクールソーシャルワーカー、生徒と良好な協力関係を保持する」(67)など、多岐にわたる。

各警察署には中学連絡主任の警察官が配置されている。２０１１年１月から６月の香港全土での中学連絡主任の仕事は、中学訪問数のべ5619回、学校講座数のべ786回、生徒との接見数のべ984回であった。[68]

日本では、2011年6月、中学連絡主任は、小学615校に対して37人、中学559校に対して56人いる。[69]日本では、単発的な警察や保護司による犯罪予防教育が行われているが、香港では、警察の学校内での活動によって生徒の犯罪予防に何らかの効果が上がっているという理解が学校側でなされている。

筆者が訪問した警察署では、中学連絡主任の女性警官が、学校は警察官を歓迎している、制服ではなく生徒をリラックスさせるため普段着で行くという。警官は月に1回は学校に行き、犯罪予防の講演をする。校内暴力などの問題は、学校から連絡がある場合に警官が出向く。

一方、少年警訊は、未来の指導者となる少年が犯罪撲滅に協力し、正しい価値観を持つようにするものである。四大訓練として、警察の知識（香港警察の組織・職責、公民の責任と拘留・逮捕権、窃盗、交通政策と道路の安全、薬物と暴力の問題、青少年犯罪、三合会の犯罪、情報と犯罪、個人保護）、指導者の才能（個人の才能、その他の関連の才能、団体精神、組織の必要）、管理技術（自己管理、人的資源の管理、項目管理、財務管理、時間管理、知識管理）、個人の発達（国家の認識、公民教育、環境保護、社会奉仕、仕事と関連する経験、歩操、体育訓練、音楽、言語、運動、芸術、専門的な技術、課外の訓練、調理、救急[70]）が訓練されている。

少年警訊課程は、新高校課程の「その他の学習経歴」と部分的に教育局の要求する単位が合致している。また、2009年9月、大学連合入学弁事処が大学連合入学弁法（JUPAS）で、少年警訊会員の「個人の成就項目」に関する単位修得を考慮するようになった。また、香港青年奨励計画（HKAYP）は、少年警訊会員が少年警訊個人発展課程に参加すると、同時に香港青年奨励計画のそれと重なる科目の単位を修得することができるようにした。

このように香港では警察機関と学校との関係が強いが、学校の主体性を守るために教師などが何らかの歯止めをかける役割を担わないと、生徒を監視するシステムとして働く可能性が高い。警察権力による学校教育への関与に関して一定のラインを引かないと、生徒に威圧感を与えたり、法を根拠としたモラルの押し付けが行われる危険もある。

頑童学校

1990年代に入ると、尚学心がない生徒が入学する「頑童学校」設置が構想される。香港には、少年院、短期収容所、訓練センターなどの少年矯正施設があるが、「頑童学校」は、このような犯罪少年に対する施設ではなく、成績が悪く問題行動を起こす生徒のための「実用中学」であった。これら学校は、9年制義務教育のもと、問題がある生徒に対して、主流中学とは違い職業教育を中心とした教育を受けさせるものである。そのひとつの学校が航海学校である。

1990年9月6日快報に、「教育署は、翌年、香港航海学校が『尚学心がない』生徒の試験課程を開くことを提案し、料理、金工、航海課程の3クラスを開設し、90人の生徒を収容することにした。「以前から、香港航海学校の校長は快報の訪問を受けた時、教育署と当該校は翌年に試験課程を組織し、開設することを考えており、中学1年から中学3年の尚学心がない生徒に、職業先修課程で文科・工芸科の学習を学ばせる」としている。

教育署が、航海学校で新課程を開く目的は、航海学校の教育領域、教育対象を広げるため、教育署が文法中学（主流中学、今は文法中学はない）での生徒の不適応なケースに対し、この試験計画を実施するためである。

「試験課程は、料理、金工、航海課程、加えて文法中学課程を含み、生徒は1年の課程を修めたのち、工業学院課程で勉強することができる。彼らは知識・技能を持つことができるほか、航海学校の正規課程、航海訓練課程で教育を受けることもできる」として、義務教育のなかで十分に成績を出せない生徒に対し、彼らを普通科を中心とした教育に限らず、技術を中心に習得させ、進学の道も開拓することが試みられた。

しかし、これに対しては反対の意見もあった。

ある人は、学校の設立を提案し、問題の生徒を輔導することを提唱した。ある人は特別支援学校の生徒が馬鹿にされることを心配した。主流学校の校内暴力事件を減少させるため、立法局議員鄭徳健は、周囲の生徒のため学校を設立することを賛成した。現時点で、彼らは主流学校に学んでいるが、問題はますます大きくなっているからである。香港資助中学聯会主席張子江は、教育署の提案で、成績、行為に問題がある生徒に学校を開設し、当該校でオーストラリアと同じ学校の教育方法を採用することに賛同した。また、主流学校で特別クラスを設け、生徒に特別教育することの効果は小さく、根本的な方法ではない、と意見した。香港家庭福利会助理総幹事鄧劉潔梅は、学校設立に賛成した。彼女は、政府がスクールソーシャルワーカーを増加させ、ソーシャルワーカーをさらに多くの時間、学校に滞在させ、予防、輔導を進めることを希望した。香港扶幼会総幹事張震邦は学校設立の提案に対して、少し違った感じを持っていた。香港はすでにこの種の学校を設立しており、彼は、教育署長の意味は、この他の学校なのか分からない、とした。しかし張は香港では最近多く学校設立の需要があることを認め、現在の青少年問題はとても複雑で、青少年問題は家庭、社会に多くの根源があるとした。ただし、張は、この種の学校設立で情緒あるいは行為に問題がある生徒を収容することは、ラベリングの問題が出現し、生徒が社会で不良だと差別されるのでは、と心配している。(71)

香港航海学校

それでは、2011年3月に訪問した、香港航海学校の状況を紹介する。教員の話によると、群育学校（特別支援学校）から香港航海学校に入学する生徒もおり、群育学校と香港航海学校は「兄弟学校」であるという。身体訓練、海上訓練、その他の訓練、寄宿舎生活によって問題行動を改善する。訓練は海軍並みの実用的な活動が多く、「人となることを教え、書物を教えるのではなく態度を教える」という。航海学校ならではの海上訓練では、生徒全員が泳ぐことができるのか聞いたところ、教員は、「最初は泳げなくても、泳げるようにする」と述べた。

宿舎生活は月曜日から金曜日までで、金曜日夕方から日曜日までは家に帰る。厳しい規律ある集団生活の中で、生徒は徐々に鍛えられているようである。

生徒は学習意欲がないだけでいろいろな能力に長けているが、読み書きが難しい。一部の保護者が、生徒の成績を良くしてほしい、生徒に大学に行って欲しいという希望を持つが、学力の問題でなかなか難しいという。

香港航海学校は授業料免除（高校3年まで）で、寄宿舎も申請すれば無料であるが、食費、活動費は1カ月440香港ドルかかる。

群育学校

次に特別支援学校の群育学校の詳細を見ていく。群育学校は、特別支援学校に含まれる、問題行動がある児童生徒向けの学校である。

歴史的に、日本の占領期が終わった1945年8月には、路頭に迷う子どもも多く、彼らのために食事と技能訓練を施す教育機関があった。それが現在の一部の群育学校の前身となっている。現在、香港では、犯罪歴、問題行動がある生徒が、公教育制度のなかで、群育学校で学ぶことが保障されている。日本では児童自立支援施設が義務教育を行っているが、しかし、学齢期に子どもが学校で十分な支援を受けずに問題行動を起こしたのであれば、学校教育のなかで教育の専門家を中心に教育支援を行う必要があると思われる。

表4　香港の特別支援学校

単位：校

	通学制	寄宿制
盲学校	2	2
ろう学校	2	1
肢体不自由児学校	7	3
群育学校	7	6
知的障害児学校	41	14
医院学校	1	0
総数	60	26

出典：http://www.edb.gov.hk/index.aspx?nodeID=7389&langno=2 2011.7.29参照。

群育学校設立の目的は、「中度、厳重な行為及び情緒の問題がある児童生徒への支援を強化し、彼らが成長の段階で短期間問題となる適応困難に対して援助をすることを目的とする。彼らの生活技能を高め、できるだけ早く新しい主流学校で教育を受けられるようにする」[72]というものである。対象は、「小学2年から中学3年で中度及び厳重な行為、情緒上の問題がある児童生徒で、これらの問題は窃盗、放蕩、不良、家出なども含む」[73]とあるが、現在は高校3年まで収容し、中学生以上の生徒が多い。

群育学校は主流学校とは異なり、「クラスは人数15人を最多とし、教師が児童生徒に個別の関心を持ち、有効に支援をする。児童生徒の個別の必要性に応じて、剪裁課程及び多様な異なる教育方法のほか、校内の教師、ソーシャルワーカー及び教育心理学者がさらに下記の支援を行う[74]」というように、「a生徒の情緒、家庭、人間関係等の問題に対して支援、b生徒が正確な価値観を持つことに協力し、責任感、良好な品徳を養成することに力を尽くす、c生徒の生活技能を高め、生徒の保護者、監護人、主流学校の教師と緊密に連絡をとり、共同で生徒を支援する[75]」環境が整備されている。群育学校には教員のほか、ソーシャルワーカー、心理学の専門家がおり、また、比較的学力が低い生徒のために、剪裁課程、つまり、一般的な課程より、科目内容を削除した教育課程が組まれている。

２００３—２００４年度から、主流学校で生徒の個別の差異を支援するため、特別支援学校と全校参与型モデルの豊富な経験を持つ主流学校が、特別支援学校付属資源センター、全校参与型モデル資源学校となった[76]。主流学校と特別な教育支援を必要とする生徒に関する知識、実践経験を分かち合うことが目的である。香港教育局『児童生徒の個別の差異を顧みる—インクルーシブな学校の指標』（２００３年7月第一版、２００８年8月第三版）によると、群育学校に限らず、一般に、学校に人的資源の加配が行われている。

現在、香港には、7つの群育学校（男子校5校、女子校2校）があり、その中の6校が宿舎を持っている[77]。群育学校では、問題行動がある生徒が、公教育制度のなかで、学校で学ぶことを保障されている。

群育学校入学

では、どのような者が入学するのだろうか。

第一に、裁判所での審判の結果、群育学校送致が決定した者、第二に、主流学校で教師とスクールソーシャルワーカー、輔導の教師、あるいは輔導主任が輔導をしても改善しない場合、保護者の同意ののち、校長により中央統籌転介系統評審委員会（中央統籌紹介系統評価審査委員会）に紹介し審査を受けた者である。[78]教育局、社会福利署で中央統籌転介系統評審委員会が実施されるが、重要なのは、裁判所での群育学校送致は強制力を伴うが、中央統籌転介系統で審査を受けた場合は本人が同意しなければ入学する必要がないということである。[79]

審査は、休日を除き、7日間で次の手順で行われる。

紹介者→教育署高級督学（特殊教育支援及学位安排組）、社会福利署高級社会工作主任（感化服務二組）→審査委員会→申請表がはっきり書かれているかどうか→群育学校へ入学する必要があるかどうか、他に宿舎サービスを加えるかどうか→群育学校・宿舎、あるいはその他の教育・宿舎に紹介

申請書を書く場合、学校の訓導、生徒支援担当者など、幅広い関係者、専門家（ソーシャルワーカー、教育心理学者、臨床心理学者、精神科医）の意見が必要となる。[80]また、資料としては、申請書のほか、心理学者・輔導員の報告、健康診断書、最近の学校の成績表が必要となる。[81]

さて、群育学校には昼間部、宿舎制、短期適応課程がある。[82]

1．学校

昼間部に適合する生徒は次のような問題行動をとる者である。

A 学校の規律を無視し、輔導を受けても何度も校則違反をする。例えば、けんか、教室の秩序を壊し、教師の授業に影響を与える

B 他の同級生に校則に触れることをそそのかす

C 公然と学校に反抗、学校を侮辱する

2．家庭

A 父母との関係が悪く、父母は教育、管理をしない。子どもはさらに反抗し、父母は、子どもと衝突する場面で有効にしつけられない

B いつも夜遅くまで家に帰らない、家出をする

C いつも兄弟で言い争いけんかする

3．個人、人間関係

A 行為が衝動的で、怒ったり、他人や公共の物を壊す

B 他人、あるいは自分に対する暴力（たとえば軽微な自傷行為）

C 自制心が弱く、人と関わる場合、往々にして秩序を破壊し人が嫌がることをする

D 友達の不良グループに参加し、学校に行かず、違法行為をする(83)

宿舎に入る生徒は、家庭の教育力、支援を期待することができず、昼間部の生徒に比べて、より不良性が高い者である。

1．家庭

父母の関わりがほとんどなく、父母が親としてすべきことをせず、虐待をしている疑いがある

2．個人、社交

不良グループのなかで活躍し、環境を変えることがなければ、サブカルチャーの不良文化の影響から脱することは難しい(84)

一方、短期適応課程の生徒は、群育学校に学んでいる間も在籍校は元の主流学校で、「短期適応課程を終えた後、行為が改善するところがあれば、元の学校に戻ることができる(85)」。短期適応課程の目的は、「生徒、保護者及び主流学校の教師の積極的な参加を通して、各生徒の基本評価、鑑別を進め、それぞれの生徒に応じた多様な特別輔導課程を編成し」、「更に有効に生徒が早く主流学校に戻れるように助ける」というものである。

また、短期適応課程のほか、宿舎の放課後の活動がある。適応困難な生徒、その保護者は通常宿舎生活に抵抗があるため、宿舎生活の一部を体験するものである。宿舎の放課後の活動は、最終的に生徒が自分から宿舎の活動を受けられるようにするものである(86)。

具体的な放課後の宿舎の活動には、輔導、家庭支援活動、運動（球技、健康運動等）、クラブ活動、自己発展のための活動(87)がある。

放課後の活動の場合も、新しいケースであれば、中央統籌転介系統による審査で活動に参加することができる。もともと学校で学んでいる者は宿舎より書面で中央統籌転介系統に通知する。必要であれば、学校による生徒の「放課後の活動」への送迎サービスがある。表5は、家庭環境と生徒の状況による群育学

表5　家庭における生徒の教育環境と生徒の状況による群育学校の教育

生徒の状況 家庭支援	軽度	中度	重度
足りている	・主流学校＋匡導班・校内の輔導	・群育学校昼間部	・群育学校昼間部 ・宿舎制群育学校
改善すべき	・主流学校＋匡導班 ・主流学校＋匡導班＋群育学校以外の宿舎	・群育学校昼間部＋宿舎 ・群育学校昼間部＋放課後サービス・宿舎	・宿舎制群育学校
不足	・主流学校＋匡導班＋群育学校以外の宿舎	・宿舎制群育学校	・宿舎制群育学校

出典：教育局通告第2/2002号　档号：ED4/12/1434/92、附録5、p. 9。匡導班は、主流学校で学ぶ行為・情緒の問題がある生徒のために輔導をする。

校の入学先の分類である。

他にも、群育学校入学想定者の資質として、次のものが挙げられている。

人の注意を引く、校則に触れる、暴力的破壊、いつも授業に出ない、教師と生徒の関係がよくない、家出、親子関係がよくない、衝動的な行為がある情緒の問題、強迫的な行為、恐怖（学校に行けない）、自殺の傾向・徴候、人と関われない、他人や物に暴力、邪教に参加、暴力団、性犯罪、窃盗、薬物乱用[88]

学校への生徒の分配は男女の性別以外はほとんど同じである。重度の問題行動があるという理由で特定の群育学校送致処分をするわけではない。ところが実際は、宿舎制の群育学校と違い、通学制の学校は「ＩＱ１００前後」で、特に障がいがない、という生徒が多いという。宿舎制の方は、ＩＱが80以下の生徒のみ受け入れているのとは大きく異なる。

次に、２０１１年5月、筆者が訪問した3校の群育学校を紹介する。本書では、インターネットで公開されている報告書、刊行物を中心に、一部学校関係者へのインタビューも交えて論じた。

宿舎制女子群育学校—善牧会瑪利湾学校

善牧会瑪利湾学校は、香港南区の丘陵地帯にあり、近くにカナダ国際学校、シンガポール国際学校などがある。同じ群育学校の男子全寮制学校も大変近くにある。

善牧会は、1835年フランスで創立された国際的な天主教女修道会で、1968年香港で瑪利湾センター、瑪利湾学校が設立された(89)。天主教宗教団体が運営しているため、学校内に宗教を感じさせるものが置かれ、教育にも特徴がみられる。

1. 全人教育を目的とし、聖書、倫理道徳、個人社会及び人民の教育を重んじ、生徒に福音の啓示、キリスト教博愛の精神を紹介することに力を尽くす。
2. 生徒がキリスト教の精神を発達させ、個人の宗教信仰の自由、価値、尊厳が生かされるように、日常生活で生徒を導き、キリスト教精神を実践推進し、友愛を発揮する。
3. 宗教的雰囲気に充ちた学校を作り、学校を愛し、神を称揚する(90)。

瑪利湾学校は、アメリカの修道女が中国経由で香港で活動を始め学校を設立し、貧しい子どもに技能訓練を行ったのが始まりである。それを香港社会福利署が支援した(91)。

その後、香港の義務教育施行に伴い、学校が教育局管轄になったため、職業訓練校として政府に登録すると、瑪利湾学校の女児が中学に進学できないことから、特別支援学校として登録した[92]。現在、職員の給与の教育に関わる部分は教育局から、生徒の食・住などは社会福利署から支給されている。

収容

瑪利湾学校に収容されている児童生徒は、学校あるいは家庭で適応困難、主流学校では勉強ができない12－15歳の小学6年から高校3年の女子[93]である。宿舎生90人、昼間生45人、135人を収容することができる。

宿舎に入る場合、平均12－18カ月、最長3年で、短期適応課程は2、3カ月ほどの収容となる。裁判所の決定、学校の決定で問題行動が改善したら主流学校に復学することになる。

筆者による校長へのインタビューによると、「大部分の生徒は教育局に紹介されて群育学校に入学し、自分で入学を希望していなかったので、いつも学校側と衝突する」、「主流学校でけんかをし、裁判所で群育学校送致の命令が出されて、裁判所から直接群育学校に来る子もいる。裁判所から直接来るので、群育学校は監獄だと思っている子もいる」。

校長によると、「家庭との関係を良くするのも学校の仕事である」という。父母に教育能力がない、シングルの親、父母がいない場合も多い。父母は子どもにどう関わったらいいのか分からない、生徒もどう自分を大事にしたらいいのか分からないという。父母はわずかなお金を子どもに与えるのみで、子どもは生活力（食事を作る）さえ身につけていない。父母は仕事が忙しく家に帰るのは遅く、家で子どもは一人で過ごす。

宿舎生は授業料と食費、宿舎費が全額免除される。昼間生は授業料免除だが、昼食代、雑費、ノート、制服、視覚芸術科、家政科、その他の活動費用は自己負担である。[94] 宿舎生も雑費、制服代、活動費用などは自己負担である。

学校運営

学校運営の根本的な理念は、「行為、情緒、学習面で適応困難な女子生徒に良好な学習機会を提供し、徳、智、体、群、美、霊の成長、彼女たちと一緒に、積極的に人生に向かい、社会に貢献する」[95] ことにある。

施設には、教室9、輔導教室2、パソコン教室2、音楽室、視覚芸術室、ミシン室、家政室、総合科学実験室、図書館、資源室、生徒活動センター、バスケットボール場、体操場、礼堂、食堂がある。[96]

2009―2010年度から新学制となり、新高校制度で3年制高校となったことから、2011―2012年度から高校3年の定員を15人増加[97]する。

2011年現在、小学6年が1クラス、中学1年が2クラス、中学2年が2クラス、中学3年が2クラス、中学4年、中学5年は各1クラスである。

2009―2010年度、職員は校長1人、教師17・5人（非常勤も含むため）、ソーシャルワーカー1・5人に対して115人の生徒がいた。学期終了時の生徒は91人で、そのうち宿舎生70人、昼間生21人[98]であった。

インタビューでは、校長の他、3人の教師と話をすることができた。1人目の教師は訓導主任、体育、中国語、英語担当、2人目の教師は英語、宗教担当で、複数の教科教育と校務分掌を担当している。1人の教師が5〜7人の生徒の担当で、3、4教科を教えている。1人の教師が専門的に1教科を担当することは、教師の定員から難しい。英語は異なる学力程度で3つのグループに分け小グループ学習をしている。1クラス15人が最大とはいえ、実質10人弱の授業が大半で、その分、予算を割り当てられた教師以上の教師数が必要である。そのため、1人の教師の負担が過重になっている。

「生徒が規則違反をした時、教師は輔導と事件の記録に大量の時間を必要とし、教育に影響が出ている」、「中学生は、学校にいる期間が短いので高校課程への接続が難しい」、「生徒は異なる時期に入学するので、遅く入学した生徒は短期間では学習の進度に追いつけない」などの問題が起こっているという。

生徒の出席率は、中学2年は80％弱、高校2年が60％程度と低く、昼間制の高校生の欠席率は高い。昼間制の高校生は生徒全体の10―15％で、仕事をしたり、家に父母がいないなどの環境で、家が遠いと夜ネットを見ていて寝過ごして出席しないこともあるという。

2009―2010年度、校長・教師の学歴は、大学の学位を持っている者94％、修士号を持っている者27・8％、正規の教員養成を受けた者100％、特別支援教育の訓練を受けた者27・8％である。特別支援教育の養成を受けていない者が多いが、教師経験年数が長いか、他にソーシャルワーカー、輔導の教師が割り当てられ、少人数制教育を行うことでカバーしている。

進学、就業

生徒が本来より早く瑪利湾学校を離校する理由は、主流学校へ進学、就業、家で過ごす、職業養成計画に参加、他の宿舎・更生センターへ、失踪、という順である。中学3年義務教育修了後の進学状況は、15人がそのまま学校に留まり高校1年へ、12人が主流学校へ、香港専業教育学院1人、就業1人である。瑪利湾学校の生徒は主流学校に復学することに一部成功しているともいえるが、一部は主流学校に戻れない状況がある。

離校するのは、瑪利湾センター、学校、ソーシャルワーカー、保護者、監護人と話し合った後に、生徒が正式に申請する。

これまで香港の学制では、中学5年、高校2年まで進学し、その後大学進学のため預科に進むのが一般的であった。高校3年制になる前のデータであるが、高校2年の進学状況は、就業5人、家で過ごす1人、毅進課程1人、海外進学1人と、進学率は高くない。

生活

一般的な生活は、朝7時起床、7時半朝食、8時40分—4時学校、夕方5時シャワー、6時夕食、10時就寝(99)である。

7：00—7：15　起床
7：15—7：30　ベッドメーキング
7：30—8：00　朝食
8：00—8：40　掃除

8：40―16：00　学校　制服を着る
16：00―17：00　おやつ
17：00―18：00　シャワー
18：00　夕食
22：00　就寝

保護者は学校にいる生徒に食べ物を差し入れできないので、学校が生徒に1週間分のおやつをあげる。生徒は、宿舎の自分専用のカギ付きロッカーに自分のおやつを入れ、自由に取り出して食べたいように食べている。

3カ月に1回、ソーシャルワーカー、教師と自分で情緒をコントロールする指導をする。以前は、法教育をしていたが、一人ひとりの生徒の問題性、情緒を考慮するようになったことで、生徒が教師に普通に話すようになり、生徒と教師の関係がよくなったという。

課程

2009―2010年度の授業日数は190日で、実際の授業日数は170日である。[100] 教師（2人の教師で15人の生徒を受け持つ）、ソーシャルワーカーと臨床心理学者で、それぞれの生徒の授業の個別学習計画を立てている。

香港の学校では、第1章、第4章で述べたように、8つの主要学習領域があるが、瑪利湾学校の授業時間数は表6のようである。

主流中学に比べて、中国語、社会科学系、英語の文化系の授業が多く、理数系が少ない課程となっている。

瑪利湾学校『周年校務計画2010―2011年度』によると、高校生は、他の主流高校と同じ、「必修科目、選択科目、応用学習課程、その他の学習経歴」を学ぶことになっている。応用学習課程には、工業学院、大学で勉強する授業もある。選択科目には、幼児の成長教育、航空学、西洋式食品、健康の基礎などがある。希望すれば異なる業種の勉強もできる。

つまり、生徒の関心に基づいた授業を受けることが可能になっている。現在では、主流学校でも各学校によって、一定の範囲内で学校独自の課程を編成することが可能となっている。そのため学校でさまざまな教育課程の工夫がなされているが、群育学校では学習に関心がない生徒が多いため、特に多様な活動課程を用意しているのである。

「その他の学習経歴」は、参観、教育キャンプ、ボランティア、警学関懐大使（西区の警察、青少年センター、学校が連携して、中学生、高校生が互いを理解し、活動や指導者訓練を通して師友関係を深める）、多元知能躍進計画（香港警察学院での紀律・指導者・身体訓練、中国交流団で中国訪問[101]）などがある。香港警察学院の訓練は、警察官同様の訓練を受けるものである。教育局が企画し、群育学校の生徒以外に、一般の中学生、高校生も参加している。

また、学内で開催される活動には、毎週2回70分、ボランティア、粘土工作、家事常識

表6　授業時間数　　単位：時間

中国語	英語	数学	科学	科学技術	個人・社会及び人文	芸術	体育
194	155	97	39	39	166	58	19

出典：瑪利湾学校『周年報告』2009–2010年度、p. 10。

クラスがあり、また火曜日8―9時間目には化粧指導、jazz fun dayなどがある。2010―2011年度は、計200万円近くの経費で次の活動が行われた。

JUZ FUN DANCE　予算2万4000香港ドル
跆拳道　1万5000香港ドル
身体・情感の表現　1万5000香港ドル
流行音楽の演奏　1万7100香港ドル
打楽器　1万5000香港ドル
ネール　1万6500香港ドル
デザイン　1万6500香港ドル
粘土の飾り　1万3500香港ドル
劇　1万香港ドル
中学5年の生徒のための応用学習課程　1万6055香港ドル(102)

このように「その他の学習経歴」が豊富にあるのは、生徒の家庭背景として経済的に恵まれない者が多いからである。経済的、文化的背景から家庭の経済状況では享受できない活動を学校で経験することになる。これらの活動に必要な費用は、生徒の自己負担であるが、学校側が、総合援助世帯（生活保護世帯）、就学援助である学生資助計画などを受けている世帯の生徒には経費を補助している。総合援助世帯、学生資助計画などを受けている世帯の数は不明だが、1年の活動参加費の減免者は、総合援助世帯の生徒のべ347人、学生資助計画全額補助世帯の生徒のべ171人、学校が費用の10%を負担する低収入世帯の生徒のべ66人[103]と多い。

プロジェクト

また、生徒が群育学校で教育をうけるなかで必要とする様々な支援プロジェクトを立ち上げている。「喜楽成長計画」HELIX PROJECTは、「共に成長をする道を創る」ことを推進するもので、1年で20時間実施している。[104]生徒が成長期の困難を克服し、学習動機を高め、彼女たちの成長と学習を支援するため、2007年9月に開始した。[105]心理学者と中学生で資金を調達し、中学生が個別の改善計画を定めている。

スクールソーシャルワーカーは社区の組織CHOICEと協力し、「人生資本—健康な人生」計画を推進し、年最低2回、生徒の精神面を支える「心の会」を行っている。

このほか、基金申請の結果、シティバンクから、高校演劇部に2万香港ドル、年末の市場への出店に5000香港ドルが支払われた。これとは別に、6年間で1000万香港ドルの基金を申請し、イギリス人の英語の教師を雇っている。生徒は、自分たちで英字新聞を作るなど、積極的に活動している。

1997年の香港中国返還後の政府による児童生徒・学生の中国訪問計画は、群育学校に限らず、香港の小・中・高・大学で行われている。2010年2月、この計画による中国北京、南京への旅行では、政府補助以外の学校の支出は生徒9人で1000香港ドルであった。

宿舎制男子群育学校―香港青少年培育会陳南昌記念学校

次に香港青少年培育会陳南昌記念学校を紹介する。学校の歴史は、次のようにまとめられる。(106)

１９４８年　香港青少年培育会が設立され、「筲箕湾児童営」が、貧しくて行くところがない犯罪を犯した児童に居所、扶養、教育、工芸訓練を提供した

１９５３年　中環で、香港児童安置所が落成

１９６１年　小学課程開始

１９７０年　正式に、情緒・行為に問題がある児童、適応困難な児童のための特別支援学校となる

１９９３年　中学課程が開設

１９９９年　小学部廃止、中学部9クラスに体芸科試験計画で、美術、音楽、体育等の多様な小グループ活動が午後行われる。生徒が自由に好きな活動を選択参加できる「追蹤輔導計劃」で中学卒業生を輔導もともと１５０人の生徒の定員であったが、１９９９年4月から宿舎生が１２０人から96人に減り、２００８年には１２０人となった。その他は、通学生で12―16歳の男子中学生

２０００年　「驕陽計画」で短期適応課程を開始

２０１０年　国民教育交流団で中国旅行
２００１年　体芸科を多元知能科とする
２００４年　高校課程実験計画、２００９年から正規の新高校課程開始、専門を超えたＩＣＡＮ課程実施
２００６年　学校独自のＨＯＰＥ課程実施
２００８年　保護者教師会設立

陳南昌記念学校の教育目標は、次のとおりである。

・貧しくて頼るところがなく、行くところがない、10—16歳の青少年の福祉を促進し、費用の負担なく扶養、庇護、教育、その他多様な援助をし、その体力、智力、精神力、職業技術の能力を発達させ、彼らが成人となり、社会において生活条件を改善することを期待する
・青少年が教育、訓練を受ける過程で、その独立性、責任感、自尊心を発揮し、十分知識と技能を高め、有用で有意義な生活を送れるように鼓舞する[107]

学校は7階建てで、12教室、9特別教室[108]で、情報科学技術教育の学習のため、校内は無線Ｌａｎでつながっている。教育局、社会福利署が学校の費用を支払い、外出の時の生徒の食事代は香港青少年培育会が支払う。

陳南昌記念学校では、中学で20年勤務ののち群育学校校長となった校長に話を聴くことができた。「内地から来た中国人は香港に来て何年もいても群育学校には来ない。天洲圍にベトナム人の貧しい地域があり、学習水準が低い。香港ではベトナムから来た男子は情緒、人間関係で問題がある場合が多い」という。特別支援学校には学区制がないため、全香港から生徒が通学してくる。香港の中心地までバスで20分ほどと交通の便はいい。

２００４年から群育学校の高校課程が始まったが、授業は15人以下でも雰囲気が悪い。生徒は、「先生なのにどうして自分を馬鹿にするのか」と文句を言い、教師も病気で休む比率がとても高い。また、南区で、生徒が行為を改善すれば原籍校に戻る短期適応課程（驕陽計画）（3カ月、6カ月）を行っている。香港では、主流学校では広く支援が必要な生徒がいるが、インクルーシブ教育はしっかり行われていないという。

教育

２００９—２０１０年の学校の3年発展計画は次の通りである。

1．よりよい教育と学習の雰囲気を作り、学習能力が低い者に、正しい前向きな学習目標を立てさせる。
校内でよりよい学習と教育の雰囲気を作り、児童生徒の積極的な学習態度を養成する。教師は共同で授業の準備をし、共同の教育モデルで、多様な学習の必要性がある児童生徒を支援する。

2．愛国心教育を強化し、生徒が愛国心教育の様々な活動に参加し、国家民族に対する感情を強める。

異なる媒体により国情教育を紹介し、生徒と保護者の、中国の国情及びその国際的な影響の認識をさらに一歩進める。

3．職員、生徒、保護者に金融危機、各種ストレスが倍増している環境に対して、不合理なストレスをなくし、自らの逆境を理解し、健康な人生を建立し、向精神薬乱用に反対する教育を強化し、健康に生徒の心身を成長させる[109]。

現在、香港では群育学校に限らず、どの学校でも愛国主義教育が熱心に行われている。瑪利湾学校でも、中国旅行に向かった者がいるが、それは陳南昌記念学校でも同様である。基礎的な教育、団体活動、旅行での教育に加え、愛国心教育を推進した結果、たとえば生徒はアジア大会での中国選手の活躍に感動したという。

生徒は中学生が多く、中学2年、中学3年のクラスが多い。教師20人に対し、100人程度の生徒数である。過去3年勤務した6割の教師は10年以上の教育経験がある[110]。

校長は、「異なる観点と方法から、生徒の天賦の才能、潜在的な能力を発掘し、彼らに自己肯定、自尊感情、自信を持たせ、自分を強め、その長ずるところを発展させる[111]」ようにする、つまり、知育だけではない、すべての生徒の多様性を尊重すると述べている。

潜在的な能力の発達のため生徒に表現、人間関係を学ぶように仕向ける。家庭環境がよくないと、どのように人と関わっていいのか分からないので、機会があれば、社会に関わる活動も行う。異なる方面で発揮できる機会を与え、体を動かすなど、スポーツ等の能力も高める。HOPE課程は群育学校共通のプロ

表７　2009年各開設のクラス数、生徒数　単位：人

	中１	中２	中３	中４	中５	総数
クラス数	2	3	3	1	1	10
男子	19	36	29	9	10	103

出典：『香港青少年培育会陳南昌記念学校2009-2010学校報告』2010年７月５日、p. 4。

表８　教師数　単位：人

校長	1
教師	19
資源教師	0.4
社会工作者	2

出典：『香港青少年培育会陳南昌記念学校2009-2010学校報告』p. 7。

表９　教育課程

学習領域	中国語	英語	数学	個人、人文及び社会	科学教育	科学技術
中１－中３	中国語 普通語	英語	数学	総合人文	総合科学	パソコン 設計と科学技術 電子と電気 (中１－中２)
中４－中５	中国語	英語	数学	経済	科学と科学技術 生物 環境、社会及び文化	商業 パソコンと情報科学技術 学校応用学習

出典：『香港青少年培育会陳南昌記念学校2009-2010学校報告』。
音楽、芸術、体育は、「多元知能課程」の中に含まれる。

ジェクトであるが、どの学校も独自のプロジェクトを行っている。ＩＣＡＮ課程では、教育局の「多元知能挑戦計画」「紀律部隊職前養成課程」を利用し、瑪利湾学校同様、規律訓練も行っている。

歴史的に群育学校は、十分な学習の基礎がない生徒を対象としていたため、生徒の生活の糧となる職業技術を身につけることを中心としてきた。しかし、陳南昌記念学校では、生徒の工芸技能を発達させると同時に、今は必修科目も重視している。２００９－２０１０年、８学習領域、計11学科で、毎日35分８時間授業で45週、総時間数２３３３時間の授業を行っている。

生徒の評価は、試験、授業、態度を含め、総合的に生徒の学習特性を考慮したうえで判断していく(112)。

学歴社会である香港では、保護者が生徒が

学士課程に進学することを希望しても、生徒は精神的なことや家庭の問題もあり、学習が追いつかない。多くの主流学校は5クラス（3クラスは成績がいいエリートで運動もできる、2クラスは一般の生徒）であるが、2クラスの生徒も本当は能力があるが機会を与えられていない。生徒も機会があれば主流中学に転学したいが、途中で離校するのは25％で、就業、その他、主流学校に転校、福祉計画、法令違反、職業訓練課程に参加、という理由である。

訓育と輔導

陳南昌記念学校の訓育と輔導の根本的な理念は、1．個人及び社会化の発達、2．生徒の潜在的な能力の発達を鼓舞し、自我を高める、3．生徒の「自尊自愛、集団を愛する」態度を養成し、人間関係を改善する、4．生徒に「自ら規則を守り、責任をもつ」精神を養成し、新しく社会に入る準備とする、5．全校教師・生徒が訓育、輔導の仕事を推進し、正しい校風を作ることを推進する、6．家庭、学校、社区のパートナーシップを建立する[113]、である。教師とソーシャルワーカーで小グループを作り全校の訓育、輔導を統括し、訓育、輔導で生徒のよい点を成長させ、訓育、輔導を3つの層に分け、他に奨励、懲罰を加えている。具体的な各層における指導はグラッサー（William Glasser）のチョイス・セオリー（Choice Theory）理論によって、次のように詳細に定められている。最終的な判断（別の学校への転校、警察の要請など）は、多様な連携機関と関わりながら判断する[114]。

第一層の予防「生徒の潜在的な能力を発達させ、正しい校風を作る」

1．生徒を迎える活動、2．生徒の指導者訓練、3．訓導・輔導小組の訓練、4．進学就業の輔導、5．社会化の課程、活動、週会、講座、6．社会化の評価系統、7．ボランティア奨励計画、8．読書、9．放課後の面会、10．学校の規律（集団居室での評価、教室管理、教師が教室を見る、通学生の規律）、11．追跡輔導計画、12．保護者、13．驕陽計画、14．青年牧団の契[115]

第二層の予防「問題の生徒を分析し、介入する」

1．点数の累積、2．毎日の輔導名簿につける、3．毎日の訓導・輔導、4．毎週教室での居残り、5．学校で話を聞く、6．問題行動の記録、7．個別の輔導、面会、8．特別な輔導、面会、9．授業出席停止、反省、10．問題行動に関する記録、11．問題行動に関する約束、12．内部で協力してケースに関わる[116]

第三層「総合的に悪化を防止する」

1．停学、2．協力して特殊な生徒のケースに関わる、3．保護者と面会、4．ソーシャルワーカーと面会、5．福祉主任と面会、6．感化主任と面会、7．教育心理学者に紹介、8．臨床心理学者に紹介、9．警察と協力、10．その他の資源[117]

群育学校に限らず、香港の主流学校も成績優秀者の奨励、懲罰の点数化を行っているが、陳南昌記念学校を例にとると、次のような点数のつけ方がなされている。

奨励は、1．授業で加点、2．物を与える、茶会を催す、3．書面で奨励する、4．ボランティア賞授与、5．表彰状授与、6．旅行をする、7．集団居室での評価、奨励品の授与、8．学校活動賞授与、9．成績優良の付与である。[118]

一方、懲罰は、1．点数マイナス、2．1回につき10点マイナス、3．教室居残り（毎週累積20点マイナス）、4．宿舎居残り（毎週累積30点マイナス）、5．「欠点」をつける（教師が訓育輔導組を経て、2週間約束を守らせる）、6．「小過」をつける（4週間約束を守らせる）、7．「大過」をつける（教師が訓育輔導組を経て、あるいは訓育輔導組が決定する）、8．相応の罰を受ける、[119]である。

通学制の男子群育学校―香港扶幼会許仲縄記念学校

香港扶幼会は、1952年、華則仁医師、史密夫牧師らが、上海街で児童習芸社を創立したことに始まる。その後、政府の補助で1970年扶幼センターに扶幼学校、1974年則仁センター、則仁学校、1978年許仲縄記念学校が設立された。[120]1974年、教育条例で特別支援教育の運営団体として補助を受けた。1970年代当時は特別支援教育は特に重視されなかったが、徐々に重視されていった。

校長へのインタビューによると、「香港の教育は生徒と教師の比率が高い。教師も人も少ない。主流学校は名誉のため、問題行動がある生徒がいると、群育学校の短期適応課程（3－6カ月）に紹介する」「許仲縄記念学校の生徒の英語、中国語、数学の水準は小学程度で、学習動機がなく、学習能力は低い」というが、「ADHDの生徒は少なく、IQは100程度で、基本的には人の話は聞かない、問題行動を起こした生徒」だという。

筆者が訪問した時も、1人の男子生徒が生気もなく机に伏せたり、ボーとして、輔導の教師と一緒に保護者の迎えを待っていた。

輔導の教師によると、生徒の睡眠、食の改善が目標で、個別の計画で、彼らが学校に来るよう励ましている。例えば、朝は起きるよう電話し、教師の自己負担で朝食も与える。クラス担任、ソーシャルワーカー、輔導の教師3人で学校に関心を持たせるようにしている。午後の時間は、ホールで、スポーツ活動を行い生徒と話をするなかで、教師は生徒が授業の目標に達したのかが分かる。香港では成績が良ければ評価されるが、それ以外の生徒は他に良いところを発揮するところがない。香港の教育環境、家庭環境が生徒には居心地の悪さをもたらしている。能力発揮の機会さえあれば関心を持ち努力できる者が多いという。誰も何も生徒に教えず、父母も30分も生徒をののしったり馬鹿にしたりするので、輔導の教師は生徒が本当に可愛想だという。生徒の話し相手は友達しかいない。

筆者が校長から「この生徒は日本語ができるから」と紹介された生徒は、単語や文法を組み合わせて器用に日本語を話していた。しかし、学校でファッションデザインを教えると、中学3年でデザインに慣れていない生徒は初めてのことなので怖がる。始めるきっかけ、機会を作ってあげるという。

校長は、「主流学校は1校1000人の生徒で1人のソーシャルワーカーしかおらず、学校は生徒の学力水準で第1組、第2組、第3組と組み分けをする。生徒は学力がないことに打ちのめされている。1クラスの生徒数が30−40人では一人一人に対応、処理できない」という。一方、香港扶幼会では、「2、3人のソーシャルワーカーで157人の生徒に対応する。その分、主流学校のコストは1人毎年5−6万香港ドルだが、許仲縄記念学校は1人毎年12万香港ドル以上で標準の2倍のコストがかかっている。生徒のため多様な活動を提供し、家庭環境、世帯収入がよくない社会保障に頼る生徒に活動、食費の補助をする。学校の活動では学校が費用の大半を工面し、100香港ドルの活動では生徒には10香港ドルを負担してもらい、訓練、旅行で数千香港ドルの費用でも10分の1、あるいは20分の1の300香港ドルを生徒に負担してもらう以外は完全に費用を免除している」と、多様な学びの機会を提供することを重視している。通学制の学校であるが、家庭に生徒を世話する人がいない、あるいは家庭の機能が理想的ではなく宿舎が必要であるとき、香港扶幼会の元洲宿舎、長康宿舎に申請して入居することができる[121]。

香港扶幼会によると、生徒の68・9％が学校での問題行動、23％が違法行為、8・1％が心理的な問題によって在籍している[122]。通学制の学校であるので、それでも問題性はそれほど高くない。

クラス編成は、中学1年が2クラス、中学2年が4クラス、中学3年が4クラス、高校1年が1クラス、高校2年が1クラス、高校3年が1クラスと、中学2年、中学3年のクラスが多い。

学校は7階建てで、13教室、3工場、1実験室、5特別室、礼堂、多目的の球場がある[123]。筆者が見学した時は、生徒は体を動かすのが好きなので、多目的球場でサッカーの指導を受けていた。

『学校報告2009—2010』によると、許仲縄記念学校は、「扶幼会独特の学校運営の理念を受け、『自尊、自治、自立』を校訓とし、生徒の徳、智、体、群、美の均衡な発展に尽力する。生徒に自尊感情、自信を持たせ、正しい前向きな道徳価値を養成し、生徒が主流社会に入り、社会に対して責任を負い貢献する公民となることを目標にしている」という。教育理念は、「他人を大事にする、自分を大切にし自分をばかにしない、仕事をして自活する。他の同級生をばかにする、礼儀がない生徒にはすべての教師が責任を持って指導し、彼らと一緒に問題を解決していく」。

校長は、天主教の学校で教壇に立ったが、教師は天主教徒でないといけないわけではなかったという。キリスト教の学校はキリスト教徒でないと教師になれないし、宗教活動を重視し、生徒のよくない行為を改善する。香港ではキリスト教、天主教、仏教団体が大きく、キリスト教、天主教の宗教的背景を持つ人口が多いが、校長は宗教による指導も一理あるが、宗教の信仰がなければ、一般の人々の価値観、一般の労働者の価値観で生徒の問題行動を管理したいと述べた。発達段階にある生徒には、仏教の素食ではなく、本物の肉や魚を食べさせないと成長することができないという。

それでは学校としてどのような教育目標を立てているのだろうか。『学校発展計画—三年学校発展周期（２００９—２０１２）』によると、これまで見てきた群育学校の教育信念とあまり変わりはない。

1．多様な学習課程を通して、生徒の学習動機を誘発し、好学自学の精神を養成し、新しい思考力、そして生徒に自信を持たせ、個人の発達成長のため絶えず学習の努力をさせる。

2．楽しい学習環境、全人的発展を目指す均衡のとれた課程により、生徒が自己の多様な知的能力、将来の方向を発掘する。

3．集団における生徒の成長を重視し、彼らが正しく人、物事に関わる態度を持ち、まじめに人と関わり、公平、公正、集団の精神で物事に関わることを助ける。

4．公民教育を通して、生徒が中国を愛し香港を愛するよう導き、責任を負う公民となる。

表10　2006-2007年各学習領域の授業時間百分比　単位：％

中国語	17.80
英語	13.30
数学	13.30
個人、社会及び人文教育	14.40
科学教育	6.70
科学技術教育	15.50
芸術教育	8.80
体育	8.80
学習領域を超えた領域	1.40

出典：香港扶幼会許仲縄記念学校学校『学校表現評量報告』出版年不明、p. 3。

表11　「その他の学習経歴」に充てた時間数、回数

	時間（時間）	回数（回）
知能発達	216	216
徳育、公民教育	63	42
芸術	108	108
体育	702	894
社会奉仕	700	19
仕事と関連する経験	12	3
総数	1,801	1,282

出典：香港扶幼会許仲縄記念学校『学校報告2009-2010』p. 20。

校長によると、１９９７年の中国返還以降、香港では政治に敏感になり、植民地時代、小さい頃からあまり自分のことを中国人とは言わなかったが、現在では中国の教育機関、学校と交流することで、中国人という意識が徐々に大きくなっているという。愛国主義教育、共産党教育、国民教育に関する節目の大型活動があり、毎週月曜日には国旗掲揚、国歌斉唱をする。基本的には母語である広東語で教育するが、１９９７年群育学校でも、普通語は必修科目となったという。

『学校表現評量報告』によると、２００６―２００７年で修士以上の学歴の教師は28・57％、学士の教師は85・71％、専門的に教師の訓練を受けている者は合わせて１００％で、特別支援教育の訓練を受けている者は95・24％[124]と、この学校に関して言うと、特別支援教育を受けている教師が多い。

中学課程の開設科目には、中国語、英語、数学、通識教育、設計と科学技術、電気学、体育、視覚芸術、ファッションデザイン、パソコン、総合科学、普通語、公民教育がある。高校課程には、中国語、英語、数学、通識教育、科学技術と生活、情報と情報科学技術、体育、公民教育がある。この学校

は、ファッションデザイン科の活躍がすさまじく、廃品利用（ラーメンなどの包装紙など）で服を作り、コンクールで賞を受賞している。ファッションデザイン科では、香港のアパレル業の歴史を認識させ、その発展の趨勢、状況を認識し、一般のファッションデザインの専門技術の原理、技術を学習する。[125]

『学校報告２００９—２０１０』によると、高校生の「その他の学習経歴」で、球技、野外訓練課程、芸術、中国深圳市黄埔軍校訓練区でキャンプ、社会奉仕では「フィリピンに暖かいものを送る」運動、区内の小学生に放課後補習支援などを行っている。[126] 社会との接点が豊富な活動が用意されている。生徒の経済的負担を軽減するため、学校が生徒の活動費、交通費、入場費を出し、２０１０—２０１１年度はのべ８０３人がその対象となった。[127]

２００９—２０１０年度、教師による生徒の厳重な規則違反行為の処理はのべ２７７回、輔導室での処理のケースはのべ５５６人であった。担任の教師によるクラスの輔導がのべ30回、個人の輔導はのべ２１９人、２００８—２００９年度の各学期、校内で操行賞を受賞したのはのべ48人、新入生の導向課程（入学の輔導）にはのべ78人が参加した。[128]

学校の訓育、輔導に関しては、『香港扶幼会許仲縄記念学校パンフレット』によると、次の特徴がある。

1．記過制度（校則違反をすると欠1をつける。欠3で小過、小過3で大過となる）がない。各生徒の問題は訓育、輔導の両方で処理し、責任と調和を強調する。

2．それぞれの生徒はソーシャルワーカーと一緒に過ごす。ソーシャルワーカーは新入生の入学輔導、ケースの輔導、親教育、家庭生活の輔導、補習をする。

3. クラス担任、学年の輔導の教師は、生徒の個別の必要に応じて輔導計画を定める。同時に毎年クラスの輔導計画を作り、クラスの凝集力を高める。
4. 生徒それぞれの長所を発達させ、その悪い習慣をなくす。
5. 教育心理学者が鑑別、治療を提供する。

輔導の支援
1. 2人のソーシャルワーカーと1人の教育心理学者
2. 特別に設計した「個人、社会及び人文教育」課程、公民教育を行い、生徒の社会適応能力を促進
3. 放課後の個別の補習
4. 進学、就業の輔導

学業及び学業以外の活動
1. 生徒が学外のコンクール、陸上大会、卓球大会、舞踊、朗読コンクールに参加するよう鼓舞し、生徒が自信を強める。
2. 卒業生は高校課程に進学する以外、分配を通して主流学校の高校課程に進学するか、職業訓練局の養成を受ける。

短期適応課程

１９９７年から、80校以上の中学、２１０人近い生徒が短期適応課程を利用した。この課程は宿舎制で、最少３カ月である。生徒の学籍は原籍校にある。問題行動が改善したら原籍校に戻り学業を継続する。[129] 対象者は中学1年から中学３年の男子で、学校秩序を破壊し、校則違反をし、学校で改善しない者、あるいは普段人と関わるのが困難で学校の集団生活に適応することが難しい者である。[130] 群育学校の一般生徒同様、中央統籌転介系統により入学する。

ソーシャルワーカー、クラス担任、原籍校の学校の教師と協力して生徒を評価し、生徒の行為と態度が目標に達していれば原籍校に戻り授業を受ける。群育学校の努力だけでなく、原籍校の学校の教師の職責も問われている。

1．原籍校の教師1人が協力し、生徒が学校に戻った時支援する。

2．生徒が原籍校に戻った最初の３カ月は、教師は必ず定期的に生徒と目標を検討し、生徒の目標達成を励ます。

3．群育学校と原籍校２校の教師が緊密に連携し、生徒の原籍校での適応状況について情報交換を

図３

許仲縄記念学校入学第１週から第７週
教師とソーシャルワーカーが生徒を評価
入学８週間後
原籍校の教師と保護者が中期検討会に参加する 原籍校に戻る前の準備 教師とソーシャルワーカーで生徒を評価、生徒の自己評価
原籍校に戻った後
１週間　教師とソーシャルワーカーが原籍校の教師、生徒にメールで連絡 ６週間　原籍校の教師が生徒を評価 ６カ月　原籍校の教師が生徒を評価、生徒の自己評価、終期検討会、保護者の意見、すべての課程の評価

出典：香港扶幼会許仲縄記念学校『短期適応課程パンフレット』出版年不明、p. 3。

する。

4. 生徒が原籍校に戻って6カ月後、許仲縄記念学校の教師、ソーシャルワーカー、保護者で終期検討会をする。[131]

香港の群育学校の取り組み

香港の主流学校に戻るための群育学校は、日本の学校とは大きく異なる。日本は一学区一公立中学という状況で、生徒に進学の選択肢がなく、公立中学では問題行動を起こす生徒の教育権が保障されていない。瑪利湾学校から言えることは、第一に学習動機が低い、問題行動を起こす女子生徒を収容する学校は2校あるが、多様な生徒が通学、宿舎での生活も含めて指導を受けていることである。第二に、女子の関心が高い教育活動を実施し、生徒が学習に対して前向きになれる努力がなされている。瑪利湾学校は天主教の宗教色が強く、多様な活動があり、学校全体が生徒に対して寛容な点が多い。

その一方で、どの群育学校でも言えることだが、主流学校に比べて一生徒あたりの教師が多く、コストが高い。しかも、集団生活になじめない者や通学生で通学しない者もいるという現実がある。また、群育学校には、ラベリングの問題があるとも言われる。1990年代の実用中学の香港航海学校も、社会的には評価されないという理由で、人気がなく、主流中学となった。

香港の少年犯罪対策

このような社会背景のもと、香港の少年犯罪対策に関して、香港議会ではどのような議論がなされていたのだろうか。

２００３年12月24日の議会では、黄成智議員の質問に対して、当時の保安局局長が、「多くの関連機関の共同参与」と答えている。つまり、多くの関連機関が連携して予防にあたっているというのが最近の香港の状況である。

非政府機構、その他関連機関が、問題を抱えた生徒に対する教職員教育も行っている。例えば、キリスト教香港信義会は、学校向けプロジェクト「調和のとれた学校計画」を実施し、教師向けの講演会を実施したり、校内で直接活動をすることもある。

また、香港では、天主教、キリスト教団体が積極的に地域と青少年を結びつけ、独自に青少年向けの活動を行ったり、地域や警察と密接に連絡を取り活動を行い、少年犯罪予防に一役担っている。また、日本ではなかなか難しい家庭訪問、保護者支援なども可能な限り行っている。

台湾の少年犯罪

２００４年７月に台湾では痛ましい事件が起きた。６歳女児が殺害され、その犯人は女児の兄の友人だった。聯合報（２００４年８月２日）によると、犯人は同じ社区に住む家庭に問題がある16歳の少年であった。

黄少年は女児を殺害後、社区に戻りバスケットボール場でいつものようにボールで遊び、それから他の少年と女児を捜し歩いたという。—中略—。黄少年は複雑な家庭の出身で、母は彼が６歳のとき離婚して彼を連れて実家の父親の家で同居した。父親が養父となり、新しい家では兄、姉、養母（祖母）がいた。彼は9歳でやっと就学した。学校の先生の目には、黄少年はいつも寡黙で、同級生を攻撃することも妹をいじめることもなかった。しかし、彼の成績は悪く、資源班の指導の対象となっていた。同級生と話をすることもほとんどなかったが、不良行為の記録もなかった。社区管理委員会の総幹事は、彼は悪い子どもではない、社区の除草・環境整備を喜んで協力してくれたという。

新竹市社会局局長張偉賢は、「長年みんなで社区の緑化・美化に力を注いできた。老人が集い、人情味あふれる感じがしていた。その実、寂しい老人、家庭内暴力、子どもへの関心に欠けているなどの問題が社区の片隅に隠れている」と述べている。

ここでいう資源班とは、林素貞によると、特別支援学校、特別支援学級と普通学校、普通学級の中間に位置する、軽度の障がいを持った児童生徒、学生が在籍するもので、就学前から大学まで設置されている。(132)

筆者が訪問した国民中学での聞き取りによると、資源班は児童生徒に障がいがあって在籍するものであり、在籍には保護者の同意が必要である。学校入学前に障がいの有無を鑑別しているので、国民小中学、高校で問題行動を起こすのは障がいが原因ではなく、学習意欲がないと考えられている。普通学級に在籍するかどうかは、教育局主管の鑑別委員会で障がいを鑑別し、学校生活のなかでも評価し判断をする。個々の生徒によって異なる状況なので、異なる輔導をする。資源班は数が少ないので、学内の委員会を経て取り出し授業を行う。知能、学習障害などで異なる教育をするため、毎週国語5時間、英語3—4時間、数学4時間の取り出し授業を行い、3人の生徒がいたら2人に輔導をし、1人に数学を教えたりしている。資源班の教育は、1人、小グループなど多様である。資源小組では、放課後、空いている時間に、問題のある生徒ための教育も行っている。

資源班には学習の遅れで問題行動、予測できない行動をとる生徒も入っているが、学習意欲が低い・成績が悪い生徒は「資源班」という判断はされない。学習意欲が低いと、正規の教育課程に興味がないので、弾性的な課程（戸外活動、調理などを計画）、技能課程の授業に出ることになる。しかしこのクラスに出席するのには許可が必要で、週1回（以前は週1、2回）と定められている。

台湾の少年犯罪研究

周素嫻（2004）は、台湾における犯罪研究において犯罪者の類型分析研究が多いこと、1985—2001年までの台湾の人々の社会問題に関する関心として青少年犯罪問題はあまり高くなく、関心が高いのは家庭内暴力、自殺、外国籍労働者、選挙、進学、離婚問題だと書いている。[133] 少年犯罪研究は少年司法に関する研究も盛んだが、どちらかといえば教育学・心理学的アプローチの研究が盛んである。1．少年の悩み、2．少年の心身の発達、3．少年の学校生活、4．少年の家庭生活、5．少年を取り巻く地域について、政府刊行物、行政院青年輔導委員会をはじめとして、多くの資料集が発行されている。学校生活に関連するものは、加害者少年と学校との関係についての研究が多い。[134]

関連機関の連携

1987年から1996年までの10年間で少年犯罪は1・5倍に増加した。しかし2003年台北市政府警察局「台北市青少幼年統計（人口、犯罪及び輔導）」によると、少年観護所に収容される者は年々減少し、少年輔育院（少年院）に収容される者も減少傾向にある。

また1972年「少年不良行為及虞犯予防弁法」、1995年「児童及少年性交易防制条例」、1962年「少年事件処理法」、2003年「児童及少年福利法」、2004年「児童及少年保護通報及処理弁法」が施行され、少年の「犯罪行為」と「福祉・権利」のため法令改正・立法措置をとるなど盛んな動きが見られる。

2009年の児童（7―12歳）・少年（12―18歳）犯は9316人[135]おり、2008年に比べ125人減少した[136]。

法務部では中学、高校における犯罪予防教育を重視し、司法、教育、警察、青年輔導委員会など関係部門と協力体制を構築している。

2004年の場合、教育部訓育委員会の黄教育部長は、内政部児童局、家庭内暴力及び性侵害防治委員会、警政署、法務部、経済部、交通部、行政院新聞局、行政院衛生署、青年輔導委員会、労工委員会、各県市政府と協力連携し、社会資源を活用した。重点課題は①家庭の機能を高めること、新台湾の子の指導、不登校の児童生徒への具体的措置、②生活教育、品徳教育、法教育、消費教育などに関して民間資源と協力して画期的な措置をとること、各機関内部業務の統合を強化、ネットワークを建立し、分業整合の支援体制を形成することにあった。

行政院少年輔導委員会によると、少年犯罪のうち男子の占める割合が80％以上で、多動性のある少年が多く、父母の学歴は低く、生活面で収入が安定していないなどの点がみられる。そのほか学校生活における交友関係などは一般の少年との間に違いは見られず、むしろ家庭の影響力が大きいと結論付けている。行政院青少年事務促進委員会でも、関連機関、弁護士、教育・体育・社会福祉関連の専門家及び民間の児童福祉団体、婦女幼児擁護団体、犯罪予防団体、社会教育団体などの委員と青少年問題を審議した。

また、行政院で児童少年犯罪者数の減少の具体的目標が定められている。そのための措置としては、2002年、①児童少年犯罪予防の研究、定期的な状況の分析、②社会資源を活用し、夏休みに児童少年犯罪予防活動を推進する、③学校で法教育を進め、児童生徒に法の観念を養成する、④コミュニティの力量を強め、薬物乱用反対の運動を強化する、⑤少年矯正学校を推進し、犯罪の矯正を強化する、⑥更生保護を強化し、矯正機関と連携するなどが提言されている。

ここから台湾では、関連機関の連携が構築された上で、犯罪数を減少する努力がなされていることが分かる。

学校内の輔導

林武雄、鄭趨趁、郭静晃によると、教育部による学校の輔導は、経済的に貧しい、家庭に教育力がない生徒の個別指導、団体指導の慈輝班、技芸課程など多様な形態がある。(137)

通学制慈輝班

新北市立（新北市になる前は台北県立）江翠国民中学

「台北県慈輝班学生復学輔導─輔導実施要点」によると、新北市には3校の慈輝班があるが、1校（江翠国民中学）が通学制（定員1学年20人で3学年で60人）、2校が宿舎制（1校は定員男子生徒48人、女子生徒32人）である。慈輝班は、親が亡くなった生徒、経済的に困難な生徒、シングルの家庭の生徒、家庭に教育力がない生徒を対象としている。学校、社会局で紹介され、申請する。国民中学の生徒は、保護者・監護人のサインがあって、担任の教師、輔導室より毎年2月、5月、9月に慈輝班がある学校に申請する。国民小学卒業生は毎年5月に申請を受理される。毎年、復学輔導会議（3月、10月）・ケース検討会議（3月、6月、10月）がある。学者・専門家、教育局、社会局、警察局、少年輔導委員会の担当者、スクールソーシャルワーカー、社会局、区域の社会福祉センターのソーシャルワーカーが、生徒が慈輝班申請の資格があるか、資格があれば生徒の学校、期間を決める。就学後の輔導・追跡もする。

江翠国民中学は、以前は最盛期に5千人も生徒がいたが、現在は千数百人と少ない。慈輝班は特別支援教育に属し、特別支援教育の教師が生徒を支援している。資源班の障がいがある生徒、中途班の不登校の生徒とは異なる、シングルの親、経済的に困難な家庭の生徒が入っている。犯罪性が高い生徒というより、家庭に経済力がない生徒のための通学制のクラスである。

生徒の家庭は、福祉の扶助もあるが月収1、2万元で、アパートの中の小さな小部屋、あるいは本来建てるところができない場所に不法建設した家などに住んでいる。親は忙しく台所用品もそろっていないので、生徒は弁当を買って食べる。調理実習では、数人の中学生が楽しそうに特別支援教育の教師と話をし

表12　2011-2012年度の慈輝班の時間割

		月曜日	火曜日	水曜日	木曜日	金曜日
1時間目	8:30—9:15	中国語	パン製造	中国料理	輔導	班集会
2時間目	9:25—10:10	体育	パン製造	中国料理	健康教育	地理
3時間目	10:20—11:05	歴史	パン製造	中国料理	英語	資料処理
4時間目	11:15—12:00	芸術視聴	パン製造	中国料理	体育	資料処理
5時間目	13:20—14:05	理科	数学	数学	地理	中国語
6時間目	14:15—15:00	総合領域	理科	理科	中国語	英語
7時間目	15:20—16:05	数学	英語	中国語	中国語	公民

出典：新北市立江翠国民中学。

つつ杏仁豆腐を作っていたが、親を手伝うためにも料理の勉強は必要だという。

生徒は新北市全域から通学してくるが、時には台北市から越境入学する場合もある。通学の便などを考えて入学する場合は委員会を経て許可される。

慈輝班の経費は市政府教育局特別教育組が負担する。給食費、交通費は生徒にすべて給付される。日本が福祉制度で家庭環境に問題がある生徒を支援するのとは異なり、台湾では教育制度のなかで支援を行っている。

慈輝班では、取り出しの授業ではなく、独立して授業を行っている。普通学級との交流は全校集会などであるが、慈善班ならではの教育課程があり、生徒が普通学級と同じ活動に参加するのが適しているのか考慮する。他の学校の慈輝班との交流もある。時間割をみると、中国語、数学などの主要教科は、普通学級と比べて1教科あたり1週間1時間少ない程度である。英語は、一般の生徒は双語幼稚園（二言語幼稚園）、アメリカ英語補習班に行っているが、慈輝班の生徒は補習班に行っていないので、単語を覚えるのが難しく、少しずつ覚える。

慈輝班は、一般的な学科と技術課程を一緒にした教育で、活動的、多様な教育を行っているが、少人数教育で1クラス4、5人である。しかし、生徒は宿題をしっかりやってこないので、学校で補習教育をしている。台湾の教育は、日本のように学校以外は家庭の役割と、学校と家庭を分けて考えない。台湾では家庭に期待できない分、昼休みや放課後の時間を使って成績が低い生徒のために補習をする。しかし、生徒は勉強が嫌で途中で帰ってしまうこともある。

現在は、3年生が6人、2年生が4人の2クラスである。1年に156万元の経費で、専任教諭の人件費の他、業務費として非常勤講師・専門のカウンセラーの給与、学校外活動の経費を使っている。一般教師の時給は360元であるが、非常勤講師（パソコン、料理、パン製造など）の時給は400元、非常勤のカウンセラーの時給は資格があれば800元、資格がなければ600元である。台湾ではセブンイレブンなどで働くと時給100元であることから、講師・カウンセラーなど専門職の時給は高い。(138)

宿舎制慈輝班

中山高校大徳分校（国民中学）

「基隆市立中山高校大徳分校慈輝班2012年度実施計画」では、教育目的は、「不登校の生徒、家庭で生徒を教育できない、貧困・シングルの親の生徒の教育を強化し、生徒が心身ともに健全な発達をするため」、「技芸教育を合わせて実施し、生徒が適性な発達をし、基本的生活能力を身につけるようにする」と書かれている。入学資格は、国民小学の卒業生か、国民中学の学齢期の生徒で、各学校の輔導の会議でこの就学環境には適応できないとされ、かつ保護者・監護人が同意し、基隆市復学輔導就読小組の審査の資格に合う者である。慈輝班は、国民小学の輔導処、国民中学の教師、ソーシャルワーカーと会議を開き、必要性の高い者から優先的に入学させる。保護者も生徒も、どちらもこの慈輝班に行くことを同意した場合、入学する。

全校生徒33人の生徒のうち、3、4人は普通学級在籍の生徒であるが、慈輝班で一緒に授業を受けている。山の上の学校だが、以前は基隆市の人口も多く、1500人ほど生徒がいた。しかし基隆港での仕事も減り産業構造が変わり、失業率、離婚率も高い。父母と一緒に暮らせない生徒も少なくない。基隆市から通学する通学生と、遠い地域、その他の学区からの宿舎生がおり、宿舎生は36人（男子28人、女子8人）が上限である。

教師は教諭6人、生活輔導員4人、その他調理員などの業務士である。担任の教師は朝7時半から夕方5時まで生徒を指導し、夜は生活輔導員が宿舎で世話をする。朝7時半から夜8時半頃まで授業があり、生徒は、夜10時就寝する。夜間は3時間（夜6時から夜8時25分）、多様な授業（手芸、柔道、パン作り、パソコン、西洋料理など）を用意している。柔道は、けんかの時自分を守るため、高校、大学進学の際に体育系に進学するため行っている。

宿舎生は月曜日から金曜日まで学校にいるが、金曜日から日曜日は家に帰るので、月曜日に学校に戻ってこない生徒がいる。宿舎には監視カメラがあり、夜間は施錠され、外出できない状況にある。漫画本、テレビが置いてある集団指導室もあるが、好きなゲームができない、好きなテレビを見れないという理由で学校から逃げ、他の学区の生徒は元の学校に戻っていく。

4人部屋で、8畳の部屋に二段ベッドが2つあり、1人ずつ学習机を持っている。(139)

民主法治検査及び訪問視察

2003年、「予防少年児童犯罪方案」が施行された。そのなかでは①どの機関でどのような児童少年の行為に対して罰則を規定するのか、②親教育の重要性とその管轄部署について、③公民教育、法教育、輔導、職業訓練・就業指導について、④マスコミ対策について明記されている。この方案は各小学校、中学校のホームページ上でも公開され、学校側の関心の高さがうかがえる。

このうち学校内の輔導について、ここでは説明したい。

教育部では、国民小中学を対象に「民主法治検査及び訪問視察」を行っている。これは学校で民主的な教育が行われているかどうかを検査するものである。その検査方法は各学校が独自の検査方式により計画を遂行しているかどうかをチェックし、その上で訪問視察を行うものである。検査・訪問結果は6段階で評価される。5、6等の学校は、最初の計画を変更し、主管教育行政機関によって指導を受ける。

この民主法治検査は、民主的な学校経営をすることで学校内部の風通しをよくすると同時に、法教育の一環とみられる。生徒の権利・義務、教師の権利・義務について、また問題発生時の解決方法などもチェック項目となる。輔導については教育部による教員・学校の功労者表彰制度もある。

検査項目は大きく分けて、計画と組織（計画、規則、組織運営）、校風（行政指導、教師の民主性）、輔導（生活輔導、心理輔導、教師の有効的活用）、生徒の自治、社会資源に分けられる。そのうち犯罪防止に関しては、主に輔導で犯罪防止の呼びかけがなされているか、春暉密集輔導政策が実施されているかの検査項目がある。また裁判所などへの参観も検査項目に入っている。

生活輔導は、1．生徒の生活輔導（校内外の生活輔導）、2．春暉専案の実施強化、実施過程及び成果、3．

表彰制度の施行、4．犯罪予防防止の強化、5．不登校の生徒の輔導の強化である。

心理輔導は、1．認輔（チューター）制度を実施、2．春暉密集輔導を強化、親教育の活動の実施である。

担任の教師の輔導は、1．責任制の実施（担任の教師の職能の専門性、教師会議等）、2．時間の善用（「担任の教師の時間」の計画、効果）、3．親と教師の連絡の強化（家庭連絡簿、家庭訪問、学校の日、座談会）、4．クラス経営の強化（いかに担任の教師のクラス経営の能力を高めるか、クラス経営の効果はどのようなものか）である。

このうち、春暉密集輔導政策というのは教育部の政策に基づいた台北市内中学・高校で実施されているものである。2002年度を例にとると、目標は、①不登校の予防、復学への指導、②暴力傾向のあるハイリスクの生徒の指導、③社区の資源を結合し、有効な輔導ネットワークを作る、④教師の輔導の専門知識を高め、効果を高めることであった。2003年度の重点課題は生徒の薬物乱用に関する輔導である。1998年「毒品危害防制条例」、教育部2003年「春暉専案実施計画」に基づき、薬物乱用をしている生徒を小グループに分け、全力で指導することが目的とされた。そしてその成果を各学校から教育局、教育部に毎月末報告するよう定められている(140)。

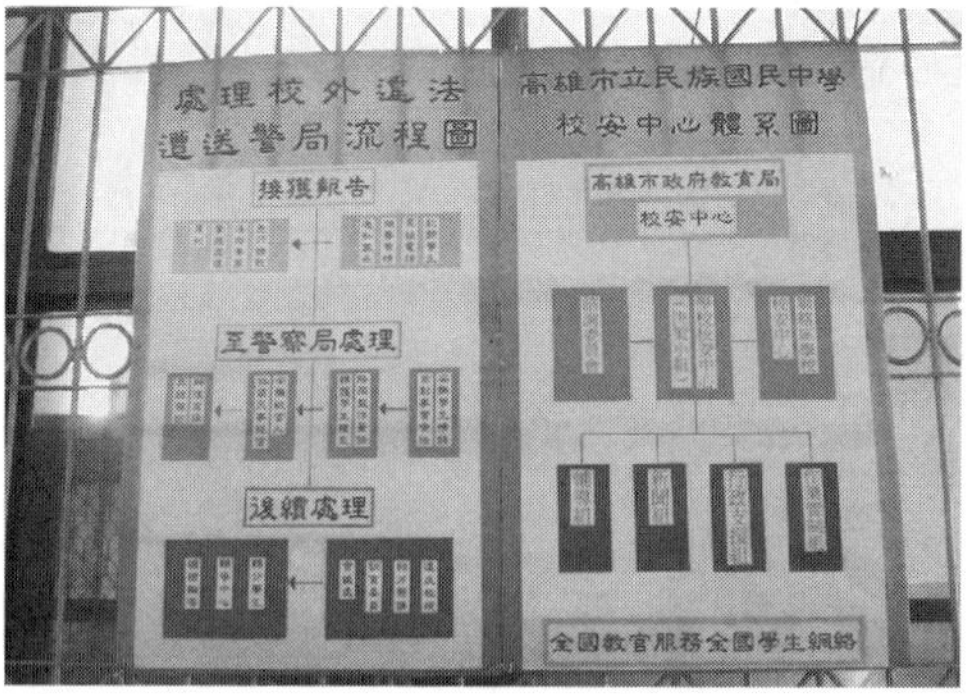

生徒の校外での違法行為の処理に関する
フローチャート図
2010年12月筆者撮影

台北市2003年度下半期・2004年度「学生輔導の新体制の建立―教育、訓導、輔導の三位一体実験方案」の推進計画は、教育部の政策を踏まえ、これまでの台北市公立学校の輔導制度が不登校・少年犯罪問題を減少させてきた実績の上に、学校、家庭、社区と連携をとりながら全市で輔導ネットワークを形成することを目的としている。経費は教育部の補助金のほか、不足分は台北市政府教育局が年度予算の中から支給している。ただし単なる犯罪予防教育ではなく、生徒の全人教育、さらには教師が輔導に関する専門知識を深めることで日々の教育成果を高めることも目的に含まれる。具体的な期待できる成果（前年度に比べての）は生徒の休学率を0・2％減少させる、不登校の生徒の復学を100％とする、原住民及びシングルの親の家庭の子どもの休学率を4・3％以内にする、授業をさぼる比率を8・5％以内にする、校内の暴力、犯罪事件を110件以内にするというものである。

そのほか教育部の中に訓育委員会があり、そのホームページでは法教育に関する行政計画、関連法令などが記されている[141]。

さらに、台湾では小学生、中学生、高校生のための全国法律常識試験が開催されている。100分で20題を解く、4択マークシート方式の試験である。例えば高校レベルであれば「阿彬は運転免許証がないまま運転をした。道路交通条例の規定によりいくらの罰金が科せられるか」という問題が出される[142]。

高雄市生徒カウンセリングセンター

高雄市の教育局では、複数の学区に1校のカウンセリングセンターを設置している。

『生徒カウンセリングセンター業務報告』（李佩珊主任、2010年12月24日）によると、「国民教育法第10条によって国民中学では輔導室を設ける。輔導室には主任が1人、校長が選んだ専門的な知識を持つ教師、輔導担当者若干を置き、生徒の輔導を行う」ことが義務付けられている。

高雄市の公立国民中学は計39校（完全中学も含む）あり、輔導の教師の法定編制数は128人であるが、この配置数であると、現在国民中学生徒は約6万3000人であるので、1人の輔導の教師が492人の生徒をみる計算になるという。

生徒カウンセリングセンター設置の理由は、「重い困難を抱えた生徒が日増しに増え、学校で事件も起きている。重い適応困難を抱えた生徒を専門的にケアする人に欠け、学校の輔導業務の推進も極めて差がある」として、児童生徒へのカウンセリングセンターが設置された。成立の理念は、「学校における専門的な輔導を健全にし、特にセンターを設置することで、学校が生徒の心理相談支援の効果を上げることに協力する」というものである。

高雄市生徒カウンセリングセンターは、2005年10月、設立された。その中心業務には、次のものが挙げられる。

・学校の心理相談の専門的知識を高める
・学校から紹介された重い適応困難な生徒のケースを輔導
・保護者、教師に対する相談支援
・学校のケース検討会議への協力
・学校の事件処理における心理相談業務への協力
・学校と社会の輔導資源の整合への協力
・成果の評価とケースの追跡管理

その組織は次の通りで、３つの区にスーパーバイザーがおり、そのもとに専門の心理士、学校の輔導の教師などがいる。

教育局──主任秘書─第二科国民中学教育─生徒カウンセリングセンター──国民中学各校

教育局─カウンセリングセンター──主任（ケース担当者、行政担当者、輔導担当者、専門を生かして徴兵の代わりに1週間に1、2回来るボランティア）
　├北区分区センター──スーパーバイザー（専任心理士、学校兼任心理輔導担当者、外部の専門家）
　├中区分区センター──スーパーバイザー（専任心理士、学校兼任心理輔導担当者、外部の専門家）
　└南区分区センター──スーパーバイザー（専任心理士、学校兼任心理輔導担当者、外部の専門家）

２０１０年現在、高雄市には、外部のスーパーバイザー、相談心理士30人、教育心理輔導担当者６人、教育局で雇った兼任心理輔導担当者18人、ボランティア６人、実習生（1年間）６人、大学院在籍（修士、博士）の実習生1人がいる。

２００９年、1年を通して、カウンセリング４７６４件、コンサルタント４１４件、ケースのミーティング２２６４件、カウンセリングのケースは家庭・親子関係１０３件、学校の問題行動45件、コンサルタントのケースは家庭・親子関係１０６件、学校の問題行動36件を扱った。

高雄市立民族国民中学

高雄市の民族国民中学は高雄市の中心にある。大都会で人口が多いため、1年生13クラス、2年生15クラス、3年生17クラスで、生徒数1400人と学校規模が大きい。音楽などの資優班もある。

「国民小学與国民中学班級編制及教職員員額編制準則」では、第3条で「24クラス以下の国民小学では1人の輔導の教師の配置で、25クラス以上の国民小学では24クラスごとに1人の輔導の教師を増加する」、第4条で「国民中学は15クラス以下で1人の輔導の教師を配置し、16クラス以上の国民中学は15クラスごとに1人の輔導の教師を増加する」と定められている。民族国民中学の場合、1人の輔導の教師で292人の中学生を担当するのは負担が重く、輔導の教師は、法律を改正すべきだと言っていた。輔導の教師は、学校にポストが空いている時、大学心理系卒業生で資格がある者を雇うという。

生徒に問題があれば、担任の教師、授業担当の教師から指導、そして輔導の教師による輔導がなされる。輔導の教師は授業の時間（あまり勉強が難しくない授業）を利用して輔導をするが、授業担当の教師に、「輔導室相談通知票」を渡す。授業時間以外は昼休みや随時輔導を行う。

輔導室学生相談通知票

○年○クラス○号生徒（名前）を、○月○日○曜日○時間目、輔導室で輔導をするのでお願いします。

輔導室教師○○

この他、「高雄市立民族国民中学生輔導紹介表」があり、輔導の教師が次の点で必要な情報を書き込むことになっている。

違反行為、学業問題、家庭問題、交友問題、生理上の問題、自我の問題、進学問題、就業の問題、教師との問題、その他

輔導の教師は、1週間10時間の授業(30—45分の授業も1時間分と換算)を行う。しかし、すべての生徒の輔導はできない。心理的な問題の教師は医師、心理士に診てもらうことになっている。

国民中学における輔導は、クラス担任(生徒と話し合う)↓訓導、輔導の教師(分析、推論)↓クラス担任の教師の授業調整への協力、ソーシャルワーカー・心理士と連携、学校側が保護者と面談の3段階である。

問題行動のある生徒の輔導については、担任の教師が1週間に1回面接し、問題行動が直らないと、輔導の教師が何週間、1—2カ月も面接を継続する。そのうえで、生徒カウンセリングセンターで支援してもらう。生徒のけんかは担任の教師か授業担当の教師が処理するが、事件性が高いと保護者に連絡する。校内暴力は危機処理組の教師と保護者で円満に処理し、そののちに教育行政、警察に報告する。

一般に問題行動の背景には、家庭環境が良くない場合が多いという。家庭環境が良くないと社会局に通報し、問題によっては解決するケースがある。しかし、ソーシャルワーカーの数が少ない。そのため、学校に「ハイリスクの家庭評価表」がある。そこに書かれているハイリスクの家庭とは、次の状況が見られるものである。

1. 家庭の人間関係が良くない。家のなかで激しいけんかをする。親子関係にない幼い子女を連れた人と同居する。家計負担者が薬や酒におぼれ、精神疾病、犯罪の前科などがある。
2. 児童生徒の父母、あるいは家計負担者が特殊な仕事に就いたり、精神疾病にかかっている。酒や薬におぼれ医者の診察を受けていない。継続して診察を受けていないなど。
3. 家に自殺傾向があるか、自殺した者がいる。
4. 貧困、シングルの親、祖父母による教育など、その他不利な要素がある。
5. 家計負担者が失業あるいは何度も失業している。減員、解雇、強制退職など。
6. 家計負担者が死亡、家出、重病、服役など。
7. その他。

この他、学校の輔導室には、「家庭暴力事件通報表」「性被害犯罪事件通報表」が用意されている。

台湾の警察局、少年輔導委員会

高雄市警察局少年警察隊の業務には次のものが挙げられる。

・少年のぐ犯・犯罪予防措置の計画、指導、執行
・少年輔導活動の計画、運営
・少年犯罪予防の宣伝、教育

・少年保護、福祉的措置の執行
・少年犯罪資料の統計分析
・問題行動のある少年の相談、輔導の協力
・不登校の生徒、家出、行方不明の少年の調査協力
・学校の安全・保護、学校外の生活指導委員会の校外連絡巡回業務への協力
・不登校の生徒の追跡協力、調査中止の通報作業
・その他関連の少年保護

1995年に成立した高雄市政府少年輔導委員会は、警察分局を単位に少年の輔導を行っている。その業務は、「全市予防児童少年犯罪及び少年輔導機構連携会議を半年に1回開き（民間団体も会議に参加）、社会、警察、衛生医療、就業、新聞、教育等の部門を結合し、児童少年の問題行動の予防を強化する」[143]ものである。

高雄市少年輔導委員会の任務は、1.関連する青少年輔導の政策決定、人員訓練、研究発展等の業務、2.公立の機関、民間団体と協力して輔導を推進する、3.民間の輔導が困難な時、委員会が技術、人的な協力を与えるものである。[144]少年輔導委員会は、問題行動がある少年の個別の輔導、緊急の相談サービス、冬休み、夏休みのキャンプなどの活動も提供してきた。[145]

委員会の構成メンバーは、主任委員・秘書長1人、副主任委員（警察局局長、教育局局長、社会局局長3人）、委員14人（台湾高雄少年法院裁判長、学者4人、児童少年服務団体代表5人、経済発展局局長、労工局局長、衛生

局局長、新聞処処長）である。

少年を輔導する場合は、教育局、警察局、社会局、少年法院、労工局、衛生局、新聞処などで、次のように協力している。

1．少年がいつも学校に行かず、外で遊んでいる場合は教育局が主で警察が協力

2．少年が家出、外で遊んでいる場合の処理は警察が主で教育局が協力

3．学校に行かず、失業あるいは正業に就かない少年の輔導は、就学は教育局が主で、就業は労工局が主、警察は協力

4．少年が家庭や学校に反抗する場合は、教育局、警察が主

5．少年が社会秩序に反抗し、不良組織に参加、問題のおそれがある場合は警察が主で教育局が協力

6．少年が孤独で、夜、帰る家がない場合の救助は、社会局が主で警察が協力

7．少年の心身が不調あるいは伝染病、薬物乱用で治療が必要なときは衛生局が主で教育局、警察が協力

8．少年法院が審理に付さず、管理・教育をするよう訓告する場合は、少年法院が主で、警察、教育局、社会局が協力

9．少年の輔導の宣伝については、新聞処が主で、警察、教育局、衛生局、社会局が協力

10．その他の関連する少年の輔導は、その状況をみて本委員会が決議し、関連機関団体と運営する

ケースとしては、シングルの親の家庭の少年、国民中学生が多い。少年の保護者あるいは親友が主体的

表13　高雄市少年輔導委員会が輔導したのべ人数

単位：人

男	女
183	165

出典：高雄市政府少年輔導委員会『個案輔導実務彙編』2010年、p. 4（表三　ケース背景の統計表）。

表14　少年の家族　単位：人

両親	シングルの親	祖父母	継父、継母	不詳	その他
132	158	25	12	7	14

出典：高雄市政府少年輔導委員会『個案輔導実務彙編』2010年、p. 4（表三　ケース背景の統計表）。

表15　輔導した少年の学歴　単位：人

国民小学	国民中学	職業高校	高校	不詳
20	234	46	21	27

出典：高雄市政府少年輔導委員会『個案輔導実務彙編』2010年、p. 4（表三　ケース背景の統計表）。

に少年輔導委員会に救助を求めてきた場合が多く187人、その次に警察からの紹介が80人、福祉機関からの紹介が46人、教育機関からの紹介が31人、司法機関からの紹介が1人、その他が3人[146]である。

相談内容の内訳は、「学校に行かない」のべ147人、その次に「親子の関係が悪い」のべ147人、「家出」のべ127人、「不良交友関係」のべ96人、「深夜徘徊」のべ74人、「窃盗」「不純異性交遊」各のべ45人、「いつも授業に遅刻する」のべ43人、「遊蕩」のべ40人、「インターネットばかりしている」「教師を尊敬しない」各のべ39人、「情緒不安定」のべ26人、「家庭内暴力」のべ24人、「薬物乱用」のべ20人、「暴力」のべ16人、「人間関係がよくない」のべ12人、「未婚同居」のべ7人、「未婚妊娠」1人、「その他」のべ39人[147]であった。

電話相談はのべ5091人、面談はのべ920人、家庭訪問はのべ164人、手紙はのべ49人、その他はのべ121人[148]であった。相談に関しては、母親が父親より相談に関わる比率が高かったが、それは性別役割との関係が深い[149]という。

輔導の流れ図
紹介・主体的に救助を求める↓ケースを受ける↓鑑別↓相談↓追跡
紹介・主体的に救助を求める↓関係を建立、資料収集、資源の評価、鑑別
↓輔導計画を定め執行する
↓ケース終了↓追跡
（ケース終了は、1．行為改善、犯罪のおそれがない、2．行方不明、3．他県市へ移動、4．保護者が輔導を願わない、5．司法の処遇へ、6．失踪、7．満18歳に、8．その他(150)）

2010年12月のインタビューでは、警察局局長など高い地位の人で少年輔導委員会が構成されているが、高雄市は人手不足であるという。高雄市は警察局少年隊からの援助で人手不足を穴埋めしている。さらにボランティアと正式な輔導担当者が共に輔導をしている。最初からボランティアが直接輔導をしないが、輔導が可能な段階でボランティアが輔導をする。3カ月―6カ月少年を観察して、状況が改善したら輔導は終了となる。

高雄市政府少年輔導委員会『志願服務人員服務守則』によると、ボランティアは4種類である。

1．「個別輔導組ボランティア」18歳以上で高校卒業以上、心身健康で、少年の輔導、犯罪予防に対して熱心で、3段階の訓練を経て審査に通った者。第一段階はボランティアを専門的なグループに分け、毎回3時間8回の授業。第二段階は少年事件に関する内容理解、相談技術の授業で、毎回3時間8回の授業。第三段階は他の専門的な支援の授業。在職訓練は12時間の少年輔導委員会の研修、他に12時間のその他機

関あるいは少年輔導委員会の研修を選択。

2.「アウトリーチサービス組ボランティア」18歳以上で高校卒業以上、心身健康で、少年の輔導、犯罪予防に対して熱心な者で、2段階の訓練を経て審査を通った者。在職訓練は、6時間の少年輔導委員会の研修、他に9時間のその他機関あるいは少年輔導委員会の研修を選択。

3.「方案支援組ボランティア」18歳以上で心身健康、少年の輔導、犯罪予防に対して熱心な個人、あるいは少年の輔導、犯罪予防に関心があり本会と長期協力できる大学の部活。大学生が夏休み、冬休みを利用して、少年のファイルの整理のボランティアをする。新しく方案支援組に入るボランティアは、1カ月6時間の実習を行う。実習期間中は交通費の補助はない。実習後審査に通れば、正式なボランティアとなる。在職訓練は、3時間の少年輔導委員会の研修、他に3時間のその他機関あるいは少年輔導委員会の研修を選択。

4.「青年ボランティア」12歳以上の在学生で、学校の規定で社区奉仕の単位が必要、あるいはその他の理由で短期奉仕ができる者。少年輔導委員会が時間数を証明する。交通費の補助はないが、健康診断、在学する学校の「事故保険」に加入する。

ボランティアは、月曜日から金曜日午前9時から12時、午後2時から5時、午後5時から9時の間で、夜は個別輔導組のみの活動である。ボランティアの監督が延長時間の必要を認める場合を除き、ボランティアは毎月少なくても2回、毎回3時間以内、延長時間は30分と定められている[151]。

少年輔導委員会の輔導の方法は、ゲームセンターなどで遊んでいる少年に対してカードを渡し、設備が整った場所に連れてくるというものである。警察少年隊に輔導を要請することもある。深夜徘徊や授業中の生徒の教師に対する脅迫は、警察少年隊へ通報、少年輔導委員会に紹介される。

少年輔導委員会の実質的な責任者の女性は、輔導は、少年と関係を築くのが第一歩であると言う。ぐ犯少年は、少年法院に送致するより、輔導の方が多い。高雄市、南投県では、少年法院送致前に少年を輔導し、これでもダメだと思ったら少年法院に送致するという。法廷で緊張したり、犯罪が悪いと分かっている少年にはいいチャンスで、まだ救える子どももいる。原因は家庭の問題で、保護者と少年の教育に問題がある。保護者は40数年生きてきて我慢強くなくてはならないが、子どもを逮捕してほしいという保護者が多い。そのため、3－5カ月保護者を改善することで少年にいい影響を及ぼす。少年が一度も少年輔導委員会に来なくても、保護者の考え方を変える努力をしている。保護者は輔導に感謝をしないが、しかし少年は少し改善するという。

香港と台湾の少年犯罪

香港では、戦前の不良児、貧しい子ども、工芸を学びたい子どもが混在したセントルイス工芸学堂などが戦後も存続した。1970年代に入り、すべての子どもが正規のルートで学校に入学すると、学校に行かない少年が、すなわち不良少年とされる。

問題を抱えた生徒がどうして逸脱行動をするのか、その背景は台湾と香港では大きく違わないが、学校制度、校内での対策、関連機関の協力体制が異なる。

香港、台湾ともに、学校の中で、訓育、輔導が充実しているが、香港では、問題行動を起こす生徒に対して、訓育、輔導、スクールソーシャルワークでケアをする。校内で予防的な訓育や輔導を充実させ、そのうえで、問題行動を起こす生徒に教育を受けるモデルを複数用意している。

また、教育局管轄の群育学校、社会福利署管轄の少年福祉機関、懲教署管轄の矯正機関などが連携している。そのため、学校のみが独立して問題行動を起こす生徒の教育を行うのではなく、社会資源が分散されている点が香港の特徴であろう。外部機関のソーシャルワーカーとスクールソーシャルワーカーとの連絡も盛んで、生徒支援の資金は政府や多様な団体の基金が利用される。地域の中核に天主教、キリスト教団体をはじめとする宗教団体、その他の団体が関与している状況が見受けられるのも特徴的である。香港では民間の資源が豊かで、教育行政の支援の不足を埋めることに成功している。

香港では、裕福な層と、そうでない層の生活圏が大きく分かれるため、貧困や学力不足を痛感した少年が犯罪に走る可能性が高い。そのため、社会福祉に尽力する天主教やキリスト教の団体、治安維持を目的とする警察などさまざまな組織が、同じ目的のもと、活動を展開している。

台湾では、第5章で述べたように、不登校の生徒に対する支援の数値目標を掲げ、同時に教育行政機関が民間機関と協力しつつ、不登校生向けのクラス、学校を設立することに積極的である。警察も不登校の児童生徒対策に関わり、警察局内にある少年輔導委員会では積極的に街をたむろする少年に声をかけ、少年輔導委員会に出向いてもらうようにしている。日本では、犯罪予備軍となる少年、軽微な罪を犯した少年へのケアや支援が声かけレベルで終始している場合が多い。台湾では少年輔導委員会で支援をしていく。少年輔導委員会の女性から、「どうして日本では少年に声をかけて積極的に犯罪の予防、支援をしないのか、誰かが少年に声をかけて支援をしてあげないとかわいそう」という感想を聞いた。

また台湾では、少年問題対策で官公庁の壁がなく施策が進められている。学校では輔導の教師と高雄市のように複数の学区で1校に常駐する心理士が、難しい問題を抱える生徒のケアにあたっている。また、学校全体で民主的な校風を作るよう、生徒にも自主権を与えたり、薬物乱用防止教育も行われている。

現実には、香港、台湾でも校内暴力、いじめ、少年犯罪が発生しているが、それでもそれを予防するための教育プログラムやすべての児童生徒に対する学習の保障の制度設計がなされている。

日本では、生徒が問題行動を起こすと、他の生徒に迷惑になるという理由から、教師からノンフォーマルに家に帰るよう指導がある。そうなると問題を抱えた生徒は、自分に適した援助を受けるどころか、義務教育段階にもかかわらず教育を受けることが保障されなくなる。日本では、香港、台湾の第一段階の校内の生徒指導、輔導さえ十分に行っていない。第二段階での関係機関との連携、第三段階での多様な公的機関、民間の社会資源を支える制度設計もなされていない。日本では、審判で施設送致となった生徒に対して、裁判所、児童相談所、教育委員会、少年鑑別所、少年院と連携がある程度で、その場限りの支援だといえる。今後の日本の少年犯罪対策としては、予防を中心とした諸機関の連携と同時に、多くの少年が学齢期にあることから、多様な学校の形態を認めることが必要である。

注

（1）日本における香港の少年犯罪研究については、比嘉康光「香港における少年犯罪」（『立正法学論集』28（1～4）、1995）がある。また菊田幸一・辻本義男監訳『アジアの少年法Ⅱ』（成文堂、1995）では、少年犯罪者条例の翻訳と解説がなされている。このほか、中国語圏（中国、香港、台湾など）では、それぞれの少年司法、少年犯罪の状況、犯罪予防活動に関して紹介されており、台湾の少年福祉を扱った曹華源・郭静晃『少年福利』（亜太、１９９９）も、香港の少年福祉、矯正教育機関などについて概略をまとめている。車煒堅『香港青少年犯罪問題』（中華書局（香港）有限公司、２０００）は、香港の少年司法を中心に少年犯罪の動向もまとめた好著である。この他、Choi Alfred/Tit-Wing Lo "Fighting Youth Crime: Success and Failure of Two Little Dragons", Times Academic Press, 2002は、香港とシンガポールというアジアの都市における少年犯罪の詳細について議論をしている。

(2) 工芸学堂に関する先行研究は、方駿・熊賢君主編『香港教育通史』齢記、２００７年にみられる。工芸学堂の発達は、各基督教会の回顧録、記念誌にも一部見られる。

(3) 江口勇治編『世界の法教育』現代人文社、２００３年、８頁。

(4) 方駿・麥肖玲・熊賢君編著『香港早期報紙教育資料選萃』湖南人民出版社、２００５年、３４８頁。

(5) 方駿・麥肖玲・熊賢君編著『香港早期報紙教育資料選萃』湖南人民出版社、２００５年、３４８−３４９頁。

(6) 方駿・麥肖玲・熊賢君編著『香港早期報紙教育資料選萃』湖南人民出版社、２００５年、３５０頁。

(7) 方駿・麥肖玲・熊賢君編著『香港早期報紙教育資料選萃』湖南人民出版社、２００５年、３５０頁。

(8) 方駿・麥肖玲・熊賢君編著『香港早期報紙教育資料選萃』湖南人民出版社、２００５年、３５２頁。

(9) 香港教育資料中心編写組『香港教育発展歴程大事記（１０７５−２００３）』香港各界文化促進会有限公司、２００４年１月、76頁。

(10) 同右。

(11) 香港教育資料中心編写組『香港教育発展歴程大事記（１０７５−２００３）』香港各界文化促進会有限公司、２００４年１月、87頁。

(12) １９８９年３月２日文匯報。

(13) １９９０年２月14日快報。

(14) １９８６年１月５日華僑日報。

(15) １９８６年１月５日華僑日報。

(16) １９９０年３月26日快報、「単親家庭生徒の困難な環境」。

(17) 范能知「青少年犯罪問題研究小組報告書」撲滅罪行委員会、１９８１年。

(18) 陳錦祥・李炎昌・陸偉国「香港針対預防犯罪的青年工作之理念及模式」香港青年協会・上海市青年聯合会主編『預防犯罪与青年工作―滬港両地的探索与実践』華東理工大学出版社、２００５年、５頁。

(19) 同右、６頁

(20) Rachel, So, Shuk Wah "Upsurge of Juvenile Delinquency in Hong Kong", Hong Kong School of Professional and Continuing Education University of Hong Kong, 1997, p. 24.

(21) １９８６年５月２日明報。

(22) ２００６年２月９日明報。失業青年がマンホールのふたを泥棒し、暴力団から1つのふたにつき5香港ドルの報酬を得ていた。

(23) 「警方統計数字２０１０」http://www.police.gov.hk/info/doc/2010_police_in_fig.pdf 2011.6.20参照。

(24) http://www.police.gov.hk/ppp_tc/09_statistics/csd.html 2011.6.20参照。

(25) 車煒堅『香港青少年犯罪問題』中華書局、２０００年７月、９頁。

(26) ２００９年８月改正「警察訓戒計画による訓戒を受ける児童・青少年の家庭会議に関するガイドライン」1頁。http://www.swd.gov.hk/doc/YouthAtRist/FC%20Protocol%20_Revised%20in%20August_2009_%20Chi.pdf 2010.10.22参照。

(27) 同右、２頁。

(28) http://www.swd.gov.hk/sc/index/site_pubsvc/page_young/sub_seryouthrisk/id_districtoyo/ 2010.5.31参照。

(29) http://www.police.gov.hk/ppp_sc/11_useful_info/youth/pslp.html 2010.10.19参照。

(30) 陳錦祥・李炎昌・陸偉国「香港針対預防犯罪的青年工作之理念及模式」香港青年協会・上海市青年聯合会主編『預防犯罪与青年工作―滬港両地的探索与実践』華東理工大学出版社、２００５年、９頁。

(31) 同右。

(32) http://www.legislation.gov.hk/ 2010.5.31参照。

(33) 大久保正廣「中学校における懲戒規定―台湾・韓国の事例から」『福岡大学大学院論集』38(2)、２００６年、１７９頁。

(34) 教育局『学校行政手冊』(2010年5月28日更新)、42頁。
(35) 同右、43頁。
(36) 訓輔人員専業手冊以正面規律為取向、第一章訓輔人員常見的困難1・3難以処理的紀律問題、http://www.hkdca.org/handbook/apx3-01.html 2010.5.31参照。
(37) 訓輔人員専業手冊以正面規律為取向、第一章訓輔人員常見的困難1・4処理紀律問題的難処、http://www.hkdca.org/handbook/apx3-01.html 2010.5.31参照。
(38) 訓輔人員専業手冊以正面規律為取向、第三章積極進取之師生関係3・1師生関係之和諧校園的基石、http://www.hkdca.org/handbook/apx3-01.html 2010.5.31参照。
(39) 訓輔人員専業手冊以正面規律為取向、第三章積極進取之師生関係3・2師生関係是影響人的基礎、http://www.hkdca.org/handbook/apx3-01.html 2010.5.31参照。
(40) http://www.sscc.edu.hk/index.php?i=1&s=8 2011.3.2参照。
(41) 加藤十八編著『ゼロトレランス』学事出版、2007年、65頁、69頁、70頁。
(42) 加藤十八編著『ゼロトレランス』学事出版、2007年、95頁。
(43) http://www.emb.gov.hk/index.aspx?langno=2&nodeID=2406 2010.5.31参照。
(44) 『2B香港と祖国篇』文達出版、2000年、42―61頁。
(45) 陳志偉『青少年と彼の世界(中二下冊)』導師出版、2003年、編輯説明。
(46) 陳志偉『青少年と彼の世界(中二下冊)』導師出版、2003年、124―151頁。
(47) Lau PuiYung, Tse Yun Chee, Woo Wai Yin (Exploring Social Studies 2C, our community, Manhattan press (H.K.) LTD., 2000.
(48) 香港善導会『2009至2010年年報』51頁。
(49) 香港善導会『2009至2010年年報』51頁。
(50) 《外展》刊物編委会『香港外展社会工作実録』集賢社、1990年、100頁。
(51) 《外展》刊物編委会『香港外展社会工作実録』集賢社、1990年、111頁。
(52) 『香港遊楽場協会2009―2010年報告』組織図表、13―14頁。

(53) 郭少棠『遊楽顕童真―従遊楽場到社会服務』香港遊楽場協会、2003年7月、356頁。
(54) 香港遊楽場協会『香港遊楽場協会2009―2010年報告』組織図表、40頁。
(55) 香港遊楽場協会『香港遊楽場協会2009―2010年報告』組織図表、40頁。
(56) 香港遊楽場協会『香港遊楽場協会2009―2010年報告』組織図表、72頁。
(57) 香港遊楽場協会『香港遊楽場協会2009―2010年報告』組織図表、76頁。
(58) 香港遊楽場協会『香港遊楽場協会2009―2010年報告』組織図表、46頁。
(59) 香港遊楽場協会『香港遊楽場協会2009―2010年報告』組織図表、47頁。
(60) 香港遊楽場協会『香港遊楽場協会2009―2010年報告』組織図表、48頁。
(61) 香港遊楽場協会『香港遊楽場協会2009―2010年報告』組織図表、54頁。
(62) 香港遊楽場協会『香港遊楽場協会2009―2010年報告』組織図表、58頁。
(63) 香港遊楽場協会『香港遊楽場協会2009―2010年報告』組織図表、62頁。
(64) 香港遊楽場協会『香港遊楽場協会2009―2010年報告』組織図表、66頁。
(65) http://ycs.caritas.org.hk　2011.3.1参照。
(66) http://www.police.gov.hk/ppp_tc/11_useful_info/youth/pslp.html　2011.10.19参照。
(67) http://www.police.gov.hk/ppp_tc/11_useful_info/youth/pslp.html　2011.10.19参照。
(68) http://www.police.gov.hk/ppp_tc/11_useful_info/youth/pslp.html　2011.10.19参照。
(69) http://www.police.gov.hk/ppp_tc/11_useful_info/youth/pslp.html　2011.10.19参照。
(70) http://www.police.gov.hk/ppp_tc/16_jpc/files/JPC_leaflet.pdf　2011.7.22参照。
(71) 1990年1月21日華僑。
(72) 教育局通告第2／2002号　档号：ED4/12/1434/92、1頁。
(73) 教育局通告第2／2002号　档号：ED4/12/1434/92、1頁。
(74) 教育局通告第2／2002号　档号：ED4/12/1434/92、2頁。
(75) 教育局通告第2／2002号　档号：ED4/12/1434/92、2頁。
(76) http://www.edb.gov.hk/index.aspx?nodeID=4875&langno=2　2011.7.22参照。

(77) 教育局通告第２／２００２号　档号：ED4/12/1434/92、3頁。
(78) 教育局通告第２／２００２号　档号：ED4/12/1434/92、2頁。
(79) 教育局通告第２／２００２号　档号：ED4/12/1434/92附録7、29頁。
(80) 教育局通告第２／２００２号　档号：ED4/12/1434/92、30頁。
(81) http://www.hkjcc.edu.hk/it-school/php/webcms/public/index.php3?refid=768&mode=published&nocache1309765508　2011.7.4参照。
(82) 教育局通告第２／２００２号　档号：ED4/12/1434/92附録1、4頁。
(83) 教育局通告第２／２００２号　档号：ED4/12/1434/92附録1、4頁。
(84) 教育局通告第２／２００２号　档号：ED4/12/1434/92附録2、5頁。
(85) 教育局通告第２／２００２号　档号：ED4/12/1434/92、6頁。
(86) 教育局通告第２／２００２号　档号：ED4/12/1434/92、7―8頁。
(87) 教育局通告第２／２００２号　档号：ED4/12/1434/92、8頁。
(88) 教育局通告第２／２００２号　档号：ED4/12/1434/92附録6、10頁。
(89) http://www.marycove.edu.hk/info_index.htm　2011.3.1参照。
(90) http://www.marycove.edu.hk/Curriculum/religious_studies/index.htm　2011.3.1参照。
(91) 許迪鏘『斜路上、瑪利湾一間女童院舎的四十年』The mother superior of the congregation of our Lady of Charity if the good shepherd of angers at HK. ２００８年。
(92) 許迪鏘『斜路上、瑪利湾一間女童院舎的四十年』The mother superior of the congregation of our Lady of Charity if the good shepherd of angers at HK. ２００８年、7頁。
(93) http://www.marycove.edu.hk/info_index.htm　2011.3.1参照。瑪利湾学校『周年報告』２００９―２０１０年度、3頁。
(94) 善牧会、瑪利湾センター『瑪利湾学校パンフレット』２０１０年12月1日印刷。
(95) 瑪利湾学校『学校発展計画２００９―２０１０、２０１０―２０１１年度』。
(96) 瑪利湾学校『周年報告』２００９―２０１０年度、3頁。

(97) 善牧会、瑪利湾センター『瑪利湾学校パンフレット』２０１０年12月１日印刷。
(98) 瑪利湾学校『周年報告』２００９―２０１０年度、４頁。
(99) ‘Walking Together Marycove school English Newspaper’, July 2010, Issue 5.
(100) 瑪利湾学校『周年報告』２００９―２０１０年度、10頁。
(101) ２０１１年１月『家校通訊』６頁。
(102) 運用「学校発展補助」計画書、２０１０―２０１１年度、11頁。
(103) 瑪利湾学校『周年報告』２００９―２０１０年度、13頁。
(104) 瑪利湾学校『学校発展計画２００９―２０１０、２０１０―２０１１年度』７頁。
(105) ２０１１年１月『家校通訊』１頁。
(106) http://www.hkjcc.edu.hk/it-school/php/webcms/public/index.php3?refid=698&mode=published&nocache1309765410　2011.7.4参照。
http://www.hkjcc.edu.hk/it-school/php/webcms/public/index.php3?refid=713&mode=published&nocache1309765794　2011.7.4参照。
(107) http://www.hkjcc.edu.hk/it-school/php/webcms/public/index.php3?refid=711&mode=published&nocache1309765399　2011.7.4参照。
(108) 『香港青少年培育会陳南昌記念学校２００９―２０１０学校報告』３頁。
(109) 「２００９―２０１０年学校３年発展計画」９頁。2011.3.1参照。
(110) 『香港青少年培育会陳南昌記念学校２００９―２０１０学校報告』８頁。
(111) http://www.hkjcc.edu.hk/it-school/php/webcms/public/index.php3?refid=712&mode=published&nocache1309765784　2011.7.4参照。
(112) http://www.hkjcc.edu.hk/it-school/php/webcms/public/index.php3?refid=701&mode=published&nocache1309766289　2011.7.4参照。
(113) http://www.hkjcc.edu.hk/it-school/php/webcms/public/index.php3?refid=735&mode=published&nocache1309766293　2011.7.4参照。

(114) http://www.hkjcc.edu.hk/it-school/php/webcms/public/index.php3?refid=736&mode=published&nocache1309766461#1st　2011.7.4参照。

(115) http://www.hkjcc.edu.hk/it-school/php/webcms/public/index.php3?refid=739&mode=published&nocache1311224223　2011.7.21参照。

(116) http://www.hkjcc.edu.hk/it-school/php/webcms/files/upload/tinymce/dandg/second.htm　2011.7.4参照。

(117) http://www.hkjcc.edu.hk/it-school/php/webcms/files/upload/tinymce/dandg/third.htm　2011.7.4参照。

(118) http://www.hkjcc.edu.hk/it-school/php/webcms/files/upload/tinymce/dandg/encourage.htm　2011.7.4参照。

(119) http://www.hkjcc.edu.hk/it-school/php/webcms/files/upload/tinymce/dandg/punishment.htm　2011.7.4参照。

(120) http://www.sbchcsms.edu.hk/schoolFounderOrganization.htm　2011.7.22参照。

(121) 『香港扶幼会許仲縄記念学校パンフレット』出版年不明。

(122) 香港扶幼会『２００９—２０１０ Annual Report』54頁。

(123) 『香港扶幼会許仲縄記念学校パンフレット』出版年不明。

(124) 香港扶幼会許仲縄記念学校『学校表現評量報告』出版年不明、１頁。

(125) 『香港扶幼会許仲縄記念学校パンフレット』出版年不明。

(126) 香港扶幼会許仲縄記念学校『学校報告２００９—２０１０』４頁。

(127) 香港扶幼会許仲縄記念学校『学校報告２００９—２０１０』19頁。

(128) 香港扶幼会許仲縄記念学校『学校報告２００９—２０１０』18頁。

(129) 香港扶幼会許仲縄記念学校『短期適応課程パンフレット』出版年不明、１頁。

(130) 香港扶幼会許仲縄記念学校『短期適応課程パンフレット』出版年不明、２頁。

(131) 香港扶幼会許仲縄記念学校『短期適応課程パンフレット』出版年不明、３頁。

(132) 林素貞『資源教室方案』五南図書出版、２００９年、３頁。

(133) 周素嫻『少年犯罪』五南図書出版、２００４年、７—11頁。

(134) 林文瑛・王震武・黄富源「青少年犯罪形勢歴程的学校因素探討」台湾社会問題研究学術研討会、１９９９年12月29—30日。

(135) 法務部犯罪問題焦点、http://www.moj.gov.tw/public/Data/0351553522448.doc　2010.6.23参照。
(136) 山田美香・張汝秀「台湾・香港の中学校における問題行動を起こす生徒の支援」（研究ノート）名古屋市立大学大学院人間文化研究科『人間文化研究』第14号、2010年12月、張汝秀担当分198頁。
(137) 林武雄「台湾中輟生之処置與輔導」中国文化大学社会福利学系主編『当代台湾地区青少年児童福利展望』揚智、2002年、369頁、表15－5、（鄭趨趁、2000）。郭静晃『児童少年社会工作』揚智、2004年、376－380頁。
(138) 2011年11月28日の筆者の調査による。
(139) 2011年11月28日の筆者の調査による。
(140) 2002年教育部「中小学民主法治教育検核及訪視要点」。
(141) http://www.edu.tw/EDU_WEB/Web/DISPL/home.htm　2006.2.22参照。
(142)「1998年度第一学期全国中小学・高中（職）．五専法律常識大会、高中職試題」。
(143) 高雄市政府少年輔導委員会「本会簡介」出版年不明。
(144)「高雄市政府少年輔導委員会設置要点」『高雄市政府少年輔導委員会個案輔導記録冊』2009年12月。
(145) 高雄市政府少年輔導委員会『個案輔導実務彙編』2010年、1頁。
(146) 高雄市政府少年輔導委員会『個案輔導実務彙編』2010年、2頁。
(147) 高雄市政府少年輔導委員会『個案輔導実務彙編』2010年、2頁。
(148) 高雄市政府少年輔導委員会『個案輔導実務彙編』2010年、6頁。
(149) 高雄市政府少年輔導委員会『個案輔導実務彙編』2010年、5頁。
(150) 高雄市政府少年輔導委員会『個案輔導実務彙編』2010年、104頁。
(151) 高雄市政府少年輔導委員会『志願服務人員服務守則』2011年（適用期間2011年1月1日から2011年12月31日）。

コラム

独特なメイドさんとの生活、30万人のメイドさん

香港に行くと、日曜日のセントラルなど繁華街の路上で、友達同士でシートを敷いておしゃべりに興じるメイドさんたちを見ることができる。メイドさんはフィリピン人、インドネシア人が多い。公園などに行くと、弁当を持ち合い、談笑するメイドさんのグループで足の踏み場もないほどになる。街中には買い物を楽しむメイドさんのグループの姿も見られる。図書館に行くと無料でインターネットができることから母国の友達、家族とメールでやり取りをする姿、また英語圏のフィリピンから来たメイドさんが英語の本を読む姿がある。

香港の家庭は共働きで、自営業の家庭を中心にメイドさんを雇用している家が多い。日本円で月額3万5000円程度で雇用できるため、気軽に雇用する場合が多い。しかし、その雇用については、法規で厳しい規定があり、基本的には2年間の雇用が最低義務付けられる。そのため短期のメイドさんの雇用はできないことになっている。1年、半年などの雇用はできない。

メイドさんの紹介センターに行くと、メイドさんの写真付き履歴書などを見せてもらい、いつごろからメイドさんが必要か、どんな人がいいのか、などを聞かれる。既に香港にいて、別の家庭で勤めているメイドさんであれば、彼女の休みの日に雇用するかどうか面接をすることもできる。さもなければ、海外から呼び寄せることになる。その際には、飛行機代、その他手続き費用も雇い主の負担となる。

日曜日のセントラルは、メイドさんの歩行者天国となっている。歩行者天国でシートを敷いて聖書を読んだり、ゴスペルを歌ったり、民族の踊りを踊ったり、悩みを互いに打ち明けている。また、出身国の行事、例えばインドネシア独立記念日にはビクトリアパークでインドネシア・フェスティバルが開かれる。メイドさんは基本的に1週間に1日休みがもらえるが、多くは雇用主の休みが日曜日であるため、日曜日に休む者が多い。

香港でフィリピン人が多いのは、英語教育を受け、なおかつ短大卒以上の学歴の者が国内の不景気から多く職を求めて、単身香港に来るためである。またフィリピン人やインドネシア人によれば、アジア各国でメイドさんの月給が最も良いのが香港なので特に人気がある。英語が通じるということもある。

フィリピンやインドネシアではメイド派遣会社があり、派遣会社を通して、香港側の紹介所が契約をする。派遣会社は現地で広東語や中国料理を学ぶ講座を開き、メイドさんは授業料を支払い、香港のメイドさんとなる。2週間1000香港ドルの養成講座である。

しかし、香港の雇用主が自由に彼女たちの1日の労働時間などを定めるため、朝6時から家族の朝食作り、そして夜12時までの家事・育児と過重労働が問題となっている。一部の香港人は自分の会社や工場の労働者としても使う場合がある。

子どもの育児に関しては、メイドさんが生後すぐの夜泣きをする赤ちゃんの面倒をみることで、ストレスから虐待事件を起こしたこともある。子どもの面倒を見るのが大変な子育て家庭は、祖父母では体力的に持たないからメイドさんが必要である。

香港でも、日本の保育所のように乳児も預かってくれる幼児センターがあるが、12時間保育で日本円で6万円程度とそれほど安くない。メイドさんを雇った方が家事、子育て、雑用もしてくれることから安い。

しかしメイドさんに対する虐待も多く、裁判所に訴えるケースもある。一方でメイドさんが雇用主からお金を借りたまま返さないケースもあり、それも問題となっている。

住宅事情が良くない香港では子どもと同じ部屋にメイドさんを住まわせる傾向があり、メイドさんと子どもとの密着した関係が問われている。メイドさんと長時間過ごす香港の子どもはメイドさんと離れられなくなる。

香港の中産階級以上のメイドさんの子どもへの影響は大きい。メイドさんが学校への送り迎え、過剰なまでに毎日の生活の中で子どもに気づかいをしてくれる。夜10時近くでも、メイドさんは、母親と子ども2人の外出、1人で2人の子どもの夜の買い物に付き合っている。

31歳フィリピン人のメイドさんは、「フィリピンに子どもがいる。雇用者に特に問題はない、いい人。子どもの世話をしている。朝6時から夜10時まで働く」、41歳、23歳親子のフィリピン人のメイドさんは、「香港の子どもの世話は大変。香港では英語ができない人もいるから広東語が少し話せる。朝7時から夜9時まで働く。子どもの世話でも老人の世話でもいい」と述べた。

他のフィリピン人のメイドさんは、「3カ月の赤ちゃんの世話を24時間している。香港に来たのはサラリーがいいから。3400香港ドルから少し賃金が上がる。フィリピンで広東語を学ぶので全然問題ない。カナダは週休2日で別の仕事もできるから行きたい。日本はフィリピン人が働くにはエンターテイメント・ビザしかないが、制度が変わってメイドとして行ければ、サラリーが高い日本に行きたい。子どもと老人の世話では子どもの世話の方がいい」と、日本で子どもの世話をするためメイドさんとして雇用されたいという。

おわりに

本書は日本における公教育の枠組みが、明治時代に欧米から学んだものから進展がないことに警鐘を鳴らすものである。日本では、１８７２年の学制頒布から今日まで公教育のあり方、教育課程に抜本的な改革が行われたとは言い難い。学齢期の児童生徒が1日の大半を過ごす場であることから、学校は児童生徒の生活に必要な、生活まるごとの支援を行う必要がある。

日本では、学校と生活が切り離されていることで生じる教育問題（学習への意欲の低下、問題行動など）に対して、戦後、中等教育で職業教育を盛り込んだ課程編成が行われた以外、教育改革で議論されることはなかった。また、子どもの貧困、子どもの学力と生活水準・環境がここ10年ほど議論されているが、議論の中心は社会扶助の充実であり、公教育の問題として問われることは少なかった。最近は、本書でも取り上げたように、日本でもスクールソーシャルワーカーが自治体に入っているが、現状は1つの自治体が数人配置するだけで、あくまでコーディネーターとして学校と家庭を取り持つものである。学校では、子どもの生活に関する問題を認識しない雰囲気があり、教育問題を解決できない状況がある。児童生徒の生活に必要な支援は、担任の教師に力量があったり、地域に協力がみられる偶然性に左右される。

本書では、中国の特別行政区ということもあり、日本では、文部科学省のデータや国立教育政策研究所の調査でも取り上げられることが少なかった香港を中心に取り上げた。現在、香港はＰＩＳＡの成績が高いところに関心を持たれているが、長い間イギリス植民地であったこと、シンガポールの方がＴＩＭＳＳの成績が高いことから、研究対象となることも少なかった。香港は世代間の学歴の格差も大きく、また若い世代でも台湾の70数％と比べ大学進学率が20％前後、高卒後の教育機関への進学率も50％ほどと低い。しかし、教育改革を論じる理念に台湾との共通点が見られる。本書では北欧ほど「高福祉・高負担」ではない香港、台湾の取り組みを紹介してきた。香港、台湾に共通にみられる教育改革をまとめると次のようになる。

第一に、香港、台湾とも、児童生徒の「全人的発達」を支援するために、物理的な要求（授業料無償化、奨学金など）、精神面の要求（輔導の教師、スクールソーシャルワーカーとの相談）への支援が整備されていることである。経済的に弱者の児童生徒、学習成就が低い児童生徒など、支援が必要な児童生徒に大胆な支援を打ち出している。

政府が音頭をとって、台湾では原住民や経済的支援の必要な者のため福祉的な政策を行い、香港では、多様な児童生徒の育ちにソーシャルワーカーの福祉的な介入を行い、青少年センターと学校の連携の下で課外活動や補習、学童保育が行われている。

香港では官立・資助中学でも、輔導の教師、スクールソーシャルワーカーに悩みや経済的な問題の支援

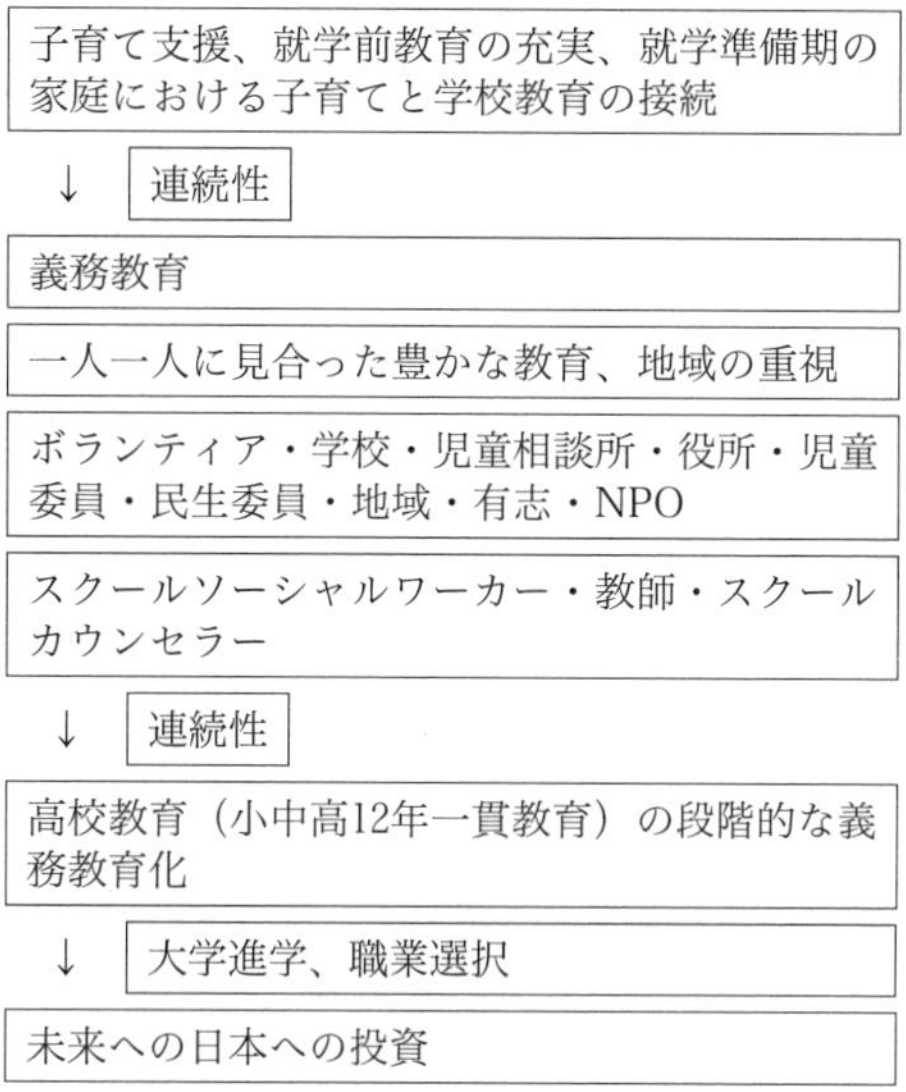

図1　児童生徒の能力を生かす制度

出典：筆者作成

を仰ぐことができる。台湾では国民中学1校に数人の輔導の教師がいたり、国民中学複数で1校に心理相談センターがあるなど、香港以上に、生徒の精神的な支えとなる人物がいる。思春期の葛藤に対するアドバイスや多様なアプローチで、学校全体で児童生徒を顧みる雰囲気を作っている。

しかし、日本の義務教育はそれぞれの児童生徒の能力を生かす制度設計になっていない。多くの児童生徒が、公教育の外で自助努力の範囲内で、公教育で満たされない部分（学習の遅れ、悩み、問題行動に対する支援など）を満たしている。

第二に、香港、台湾の教育改革は教育課程改革と同時に実施され、何をどのように学ぶのか、そこに各学校独自の目標設定が行われている。政策レベルの教育改革と教育現場の改革が同時進行で、教育現場で政策の実施プロセスを目の当たりにすることができる。

日本の必修教科は5教科（国語、数学、理科、社会、英語）であるが、この教科の分類は戦後まったく変化していない。現在の学習指導要領は戦後その枠組みに大きな変化がなかった。一方、香港、台湾では9年一貫教育を提示し、どのような学びをするのか、その学びをどの領域の枠組みに入れるのか、教育課程の設計をし、狭い範囲での学びではなく領域制にすることで、１つの事象を学ぶのであっても幅広く複合的に学ぶことが可能となっている。日本でも、学習指導要領には、教育方法で新しい工夫が提言されているものの、基本的に何を学ぶのかということに対してはあまり積極的な提言がなされていない。香港では、教育方法の工夫で、児童生徒の主体性、生活にかかわる授業を行う努力をしている。教育課程改革なくして、子どもの学びの方法（協働の学び、小グループ学習、習熟度別クラスなど）を改善しても、問題の根幹の解決には結びつかない。その点、香港、台湾では、しっかりとした教育課程設計がなされている。

日本では、文部科学省が、少しずつ教育委員会、現場の学校に権限を移譲しつつあるが、香港、台湾ほどその流れは進んでいない。香港、台湾では、すべての学校が毎年の目標、数年の中期目標、教育事業と具体的な教育活動、教育課程を示し、自己評価を提出している。香港、台湾ともに学校裁量課程という学校独自の課程を編成できること、また学校の民主化が進んだこともあり、各学校の特色と教育活動への取り組みが違うことも大きな特徴である。

しかし、香港、台湾における中央の学校現場への権限の移譲は、学校も相応の学校運営の説明責任を果たすことが問われる。学校運営、教育面での説明責任とは果たしてどこまで必要なのか、その議論もある。教師に時間的にゆとりを与えなければ、現場の教師の教育改善、工夫ではよくならないと思われる。

香港、台湾では、放課後、授業についていけない児童生徒への補習が行われている。つまり、児童生徒の多様性と、そこに見られるどんな児童生徒の潜在的能力も伸ばすことができるような支援が行われている。児童生徒が自尊感情を身につけ、将来に向かって挑戦するよう彼らを振り向かせている。具体的には、部活や授業などの教育活動を通して、彼らに活躍の場を示し、そこで評価していくことである。また、児童生徒には多様な活動、旅行により見聞を深めるなど、潜在的な能力を発達させることができる場が必要である。児童生徒の普遍的な福祉（人間としての生活の共通部分）、つまり、安心できる環境、自尊心を得られる大人や身近な人との関係、潜在的な能力を発揮できる場所を無視しないことである。

第三に、少年犯罪を挙げたが、本書で少年犯罪を取り上げたのは少年司法の紹介ではなく、あくまで教育改革の一環として、香港、台湾の学校が不良少年、ハイリスクの生徒にどう対応していったのかという議論が参考になると思われたからである。

たとえば、日本では、不登校、不良行為をする生徒に対する支援は、香港、台湾同様、第一から第三段階と生徒の状況に照らして、第一段階は学校における生徒指導、そしてより状況が厳しさを増す第三段階は他機関と連携しつつ指導がなされようとする。連携に関して、各教育委員会によっては、どんな時にどの機関との連携が必要か、フローチャート図の提示がなされているが、しかし、実際はそれがどれほど生活指導に生かされるのか難しいところだと思われる。

また、香港、台湾では学校教育の中で予防的な教育を行い、日々の教育活動の中で、様々な機関と連携する努力をしている。それが事後処理のフローチャート図づくりに熱心な日本とは異なる点である。香港、台湾では、日本でいう社会科の教科書で、少年犯罪に関わる詳細な知識、データが得られ、なおかつ、これまで厳しかった生徒指導のあり方がより生徒本位の民主主義的な学校運営へと変わっている。日本のように一部の進学校や特定の学校のみ、民主的な教育状況があるわけではない。香港、台湾では、中学で生徒指導と輔導の教師がともに生徒に関わるという方法で、どちらも生徒の個性を重視する制度設計となっている。

台湾では不登校の生徒向けの学校・クラス、経済的に貧しい家庭に教育力がない生徒向けのクラスがあり、これが少年犯罪防止、彼らへの支援でもあると考えられている。日本では、問題行動を起こすと、家庭裁判所でその行為の重さと家庭環境に応じて施設送致がなされる。児童自立支援施設では学校が設置され、教育委員会から派遣された教諭が施設内の教室で授業をしている。しかし筆者は、厚労省管轄の児童自立施設に教師が入っていく前に、学校で、教師が、不登校の生徒、家庭に教育力がない生徒、問題行動を起こす生徒の学習を保障した方がいいと思う。香港では教育局と社会福利署が教育面、生活園での連携をする、特別支援学校である群育学校に入学が可能である。群育学校の存在は、1990年代の頑童学校同様、ラベリングの問題を孕んでいるとはいえ、すでに中学段階で現存する学校内の格差（学習意欲、家庭環境の問題）を全く無視し、ラベリングの問題を誇張して、群育学校を否定する必要はない。群育学校は特別支援学校であるので、教師の配置も他の主流学校とは違う。

日本では、公立学校で問題行動を起こす生徒は卒業まで在籍するが、留年制がないにもかかわらず、学力がない生徒に十分な補習を行っていない。また、問題行動を起こす児童生徒の多くに発達障害がある場合がある。そのためには、教育課程の抜本的見直しと教師、養護教諭、スクールカウンセラーとスクールソーシャルワーカーの連携が必要である。

つまり、学校で起こる教育問題（問題行動、不登校、いじめなど）を学校内で解決していく。教育が将来への投資であるという前提で、就学期の問題は司法、福祉と連携し、公教育の内部で処理しようと試みるべきではないだろうか。

第四に、香港は特別行政区として、台湾は政治的な対立もあるが、香港、台湾、中国において強いビジネス・ネットワークが築かれている。今後は、アメリカやヨーロッパの輸入学問によるものではなく、シンガポールなども含めた一大中華圏で、単なる知識重視ではない教育モデルの提示がなされていくのではないだろうか。

第五に、公教育の概念は時代や社会的要請によって変化するものである。日本の状況はこの変化に対応できず、1990年代前半のバブル崩壊後の経済低迷に対して、それを支える若い世代が育たなかった。この間、貧困と学力間の相関関係は論ぜられても、どのような教育における福祉的ケアの導入が効果をもたらすのか、それに関する理論研究もほとんど行われなかった。税源がないなかでは福祉的ケアの導入の議論は徒労に終わるという理解があったと思われるが、公教育と福祉は文科省、厚労省と管轄も違い、この官公庁の壁が児童生徒の生活に必要な支援を分断してきた事実に目を向けるべきである。

日本の教育問題に対する提言

初等教育では、基礎学力と基本的な生活習慣、集団生活を学ぶことが必要である。中等教育では、学校卒業後の進路選択ができるように、社会生活に必要なキャリア教育、家庭を持つためのジェンダーについての教育、自分の身を守るための教育、他人とのコミュニケーション活動、プレゼンテーション能力などの自己表現の教育が必要だと考える。これらの点から日本の教育問題に対して次のような提言をしたい。

1．各校に1人はスクールカウンセラー、スクールソーシャルワーカーを配置すること。職員室と、職員室とは別にスクールカウンセラー、ソーシャルワーカーの個室を用意し、児童生徒がどちらでも相談に行ける人的配置と施設の整備をすること。保護者が、気軽にスクールカウンセラー、スクールソーシャルワーカーと相談できる状況を作ること。

2．担任の教師、学年主任、生徒指導主事、スクールカウンセラー、スクールソーシャルワーカーで、週に1回はケース会議をすること、また児童生徒のより良い育ちを保障するために教育活動を行うこと。

3．都道府県、政令指定都市で行われる教員・職員採用試験において、スクールカウンセラー、スクールソーシャルワーカーの募集もすること。教師と同じ雇用条件、福利厚生とすること。

4．スクールカウンセラーとスクールソーシャルワーカーは教師より担当数は少ないが、授業を持つこと。これまでの経験をもとに、スクールカウンセラーは児童青少年心理、スクールソーシャルワーカーは社会における問題（格差、労働など）の授業を1週間に数時間持つ。彼らが専門家として授業をすることで、児童生徒も授業で見知った先生であるため相談しやすく、かつ授業を介して同世代の心の問題、同世代が抱える生活上の問題、社会問題をリンクした学びが可能になる。教師より少ない授業負担のため、その他の時間は保護者、生徒、他の関連機関（市町村役場、児童相談所、その他）との折衝も行う。すべての子どもが義務教育を受ける以上、公立学校を中心に福祉のケアがなされていく、公教育の場を心理的ケア、福祉的ケアの専門家の拠点センターとすることが重要だと思われる。

5．政府が修学旅行費、給食費などすべての義務教育にかかわる経費の負担をする。しかし、政府が経費の負担に耐えられないのであれば、生活保護はともかく、就学援助は常駐するスクールソーシャルワーカーが役所に書類を出し、地域の児童委員、民生委員と協働し、子どもの生活状況を話し合う場を1カ月に1度は設けるべきである。緊急介入を要する場合は、絶えず、子どもの状況に目配りする必要がある。また貧困家庭の児童生徒に関しては、これまでスクールカウンセラーやスクールソーシャルワーカーが自腹でお菓子や食事を買ってきたり、保健室の養護教諭が前日の給食の残りの牛乳やパンを子どもに食べさせている話はよく聞く。しかし、果たして、このような状況が続くのがいいのだろうか。

北欧など一部の高福祉高負担の国では大学までの授業料無償、学校の朝食、給食、おやつなどが無料であるなど、目に見える形での提供がある。学校の授業以外に、それに付随する子どもの生活の一部として必要な支援（朝食、昼食、おやつ、クラブ活動、補習、精神的なサポート、生活相談など）を行うには、日本の教育費ではあまりに貧弱である。教育費を増やすには、国家の政策の中で教育を第一義とすべきか否か、国民的合意が必要である。その判断は最終的には国民がするものの、国民のなかには、学校教育の務めは「1時間目から6時間目まで授業をすること」だと思っている人も多い。そのため、子どもは生活と学びを同時進行的に学ぶどころか、学校では、明治時代以降続いている近代学校下での教師主導の学びが続いている。

香港、台湾では、幼稚園、託児所の一部で簡単な朝食を用意しているが、学校教育ではそのような状況にはない。台湾では給食費の補助が日本同様にあるが、香港ではそのような補助はない。その点、日本の給食制度の存続は、社会福祉、教育のどちらにおいても子どもの育ちに重要な意義があると思われる。

6．香港、台湾、日本ともに就学援助に相当するものがあるが、群を抜いて児童生徒の就学、進学支援をしているのは台湾である。日本では主たる家計支持者の父母が亡くなったり、病気、失業した時の支援には、生活保護、就学援助、母子家庭に対する手当加算、学費の減免などがある。これは、家庭で主要な家計負担者がいなくなることへの制度設計であり、児童生徒の問題を考えた制度設計ではない。あくまで生活に困窮している点が重視され、教育保障ではなく、生活保障となっている点が片手落ちではないだろうか。

7．台湾では、実質80％近い大学進学率となっている。台湾人の進学熱というのも当然関係しているが、それ以上に経済的な問題で大学進学できない状況がないようにというスローガンのもと、多様な経済面での就学支援がなされていることも大学進学率を高めている。日本の場合、大学進学は個人の将来への投資という受益者負担主義の原則が貫かれている。日本では、義務教育を除いて、進学には競争主義と受益者負担主義がはびこっているが、この背景には、すべての子どもに義務教育が無償（授業料、教科書）で、系統的な教育課程が提供されれば、あとは本人の努力次第であるという前提がある。公立高校の授業料無償化実施の時でさえ、学習意欲がない高校生が授業料無償で学ぶことに異議を申し立てる人がいた。

明治時代から日本の学校教育はアジアでトップの初等教育の普及率があり、戦後は高度経済成長以降、飛躍的に経済発展を遂げることができたため、日本では日本の教育を否定してこなかったのである。しかし社会は多様であり、人の個性も多様である。1990年代の経済低迷から20年ほど経ち、そろそろ明治時代からの教育は限界にきていると言えないだろうか。

当然のことながら、学校では学習やスポーツで評価される者、そうでない者がいる。しかし、日本では、ある分野で才能がある生徒に対してはその潜在的な能力を評価しつつ、才能を伸ばす教育を行わなかったし、一方では福祉の支援を必要とする生徒に相応の教育も行わなかった。経済低迷のこの時期だからこそ、他国、他地域では教育と福祉が連携してすべての児童生徒に教育保障をしている現状を知るべきであろう。生徒の側に立って、学校が公教育制度の中で、生徒の多様な背景と将来設計への展望を支えていくべきである。日本でもそれが必要とされている認識がありながらも、一方で財政難である目の前の事実に、その

表1　教育課程

言語	数学	理科・社会・情報	体育	芸術
国語、英語、その他の言語		生物、物理、化学、地学、歴史、地理、公民	体育、保健体育	

出典：筆者作成

場主義の対応しかできないでいる。

8．香港、台湾のように学校裁量課程の導入を考えることである。このために、公立学校の特性に応じた教育を行える環境づくりが必要である。まず、地域でその学校に合った独自の教育課程編成を可能にする人的配置を厚くする。学校が教育の説明責任を果たすことが求められている現在、地域で子どもを育てる教育支援を行うためには、教育課程の編成と子どもの福祉を並行して行うことが必要である。教育課程に関しては、戦後、現場の教師の研究会などが積極的に理論構築と実践を行ったが、今後は各教科教育を単位とする授業実践より、目の前の児童生徒が必要とする教育課程を再考すべきである。台湾では、各学校が地域に根差した教育、特に原住民地域では言語、歴史、民族の教育を行っている。日本では方言、民俗教育もあまり行われていない。また、地域性を重視するだけではなく、地域から飛び出す子どもにも、相当の教育をする必要がある。

教科教育ではない、5領域（言語、数学、理科・社会・情報、体育、芸術）で、表1のように教育課程を編成してみた。

日本も、香港や台湾のように領域性にする。領域内の教育、例えば、国語の教師と英語、ハングル、中国語などの外国語の教師、情報の教師で児童生徒の言語発達支援の連携をすることで、児童生徒は必要な情報ツールを自由に使いこなし、社会に出て必要な知識、力量を身に付けることができるであろう。日々の教育のなかで、学校裁

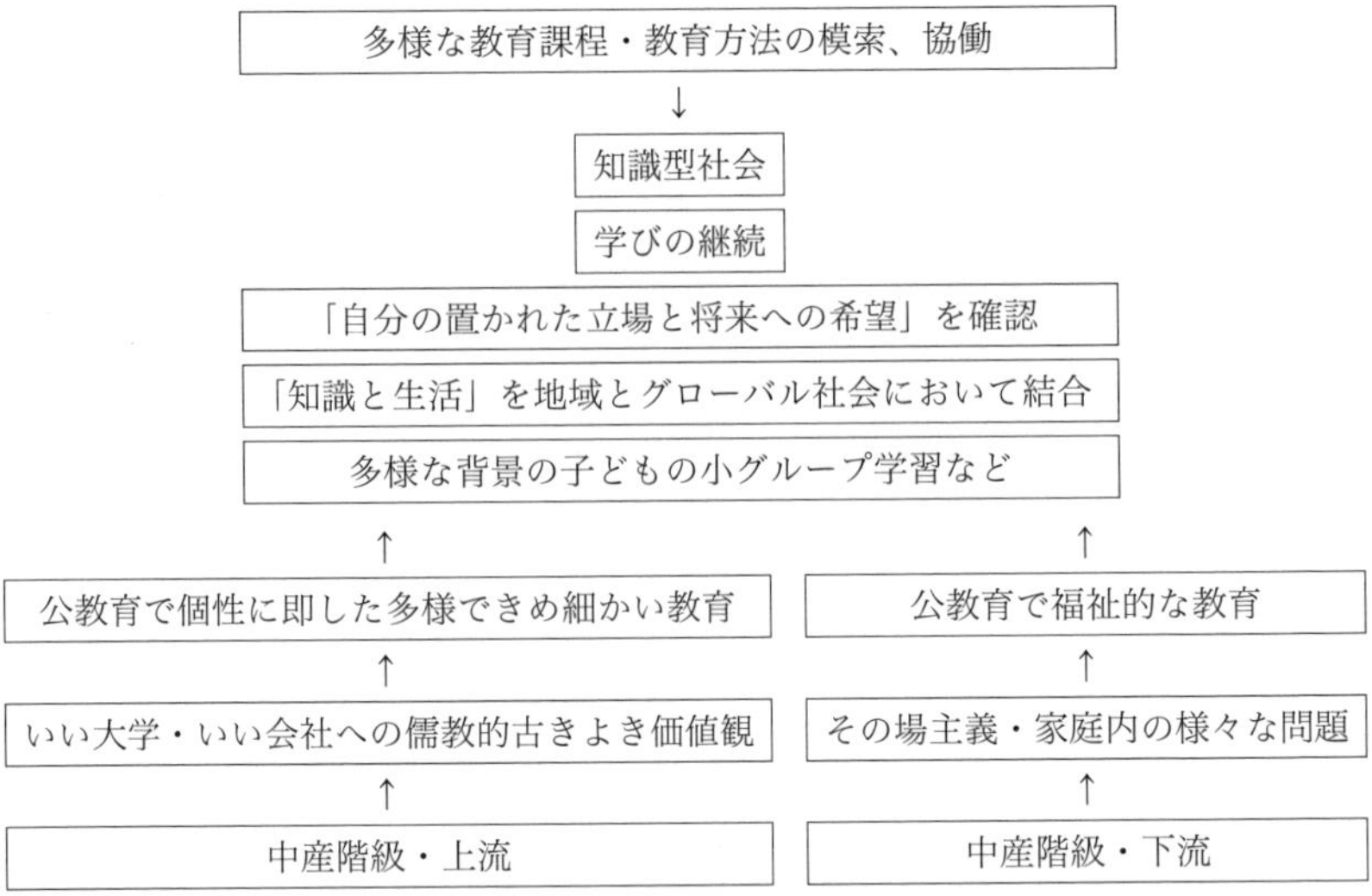

図２　知識型社会での学びの継続

出典：筆者作成

量課程を調整しつつ、個人の基礎的な学習能力を高め、学習に対する関心を持たせることに加え、グループ学習などでコミュニケーション能力、協調性なども学ばせる。

現在の日本のように、教育改革と並行して学習指導要領の抜本的な改訂をしない状況では、各教師の力量、教授法の改善、努力が問われるということになる。これはただでさえ、過重な教師の負担をさらに重くすると同時に、無意味な学校評価、教師への評価とつながっていくものとなる。

9．日本と香港、台湾の違いは、戦前、宗主国であった国と、植民地を経験した国、地域との違いである。植民地宗主国であった日本の方が、公教育で国際的な教育、そしてローカルな地域、民族の固有性を尊重する教育に後ろ向きである。今なお人々の意識には、学校が立身出世の手段であるという幻想のもとで、勤勉、がんばること、というスローガンのみが空しく掲げられている状況がある。一方、香港ではイギリス植民地下で、台湾では戦後の戒厳令下で、国内より海外への大学進学を目指し、それが教育改革でもグローバル化を進める要因となっている。

本書で筆者が取り上げた内容で重要なのは、「現在、どのような児童生徒の育ちを目指して教育を行っているのか、その目的がどのような教育課程、福祉的な支援のもとで実現されようとしているのか」ということである。学校教育で必要な経済・生活支援を行いつつ、なおかつ基礎学力と将来への展望が持てるような教育課程編成と課外活動などを行うべきである。一人一人の児童生徒の人間としての尊重がどの点で保障されているのかということが重要である。

あとがき

一般に海外の教育研究は「欧米」「アジア」「中東」「アフリカ」などの軸で、教育事象を紹介・分析しがちだが、本書では、戦前、日本と関わりが深かった国、地域では、現在どのような教育が行われているのかを丁寧に見てきた。

本書は、筆者が広東省の教育史研究をするため、隣接する香港を経由しているうちに香港大学の図書館に通い、香港の教育資料を収集した上で、香港の教育を考察した結果である。

台湾は、2004年に日台交流センター歴史研究者交流事業で1カ月滞在し、日本植民地時代の文献や公文類纂などを大量に見る機会を得てから、日本植民地時代の教育、そして現在の教育問題に関心を持つようになった。

不登校、少年犯罪に関わる支援については、学部ゼミ、大学院ゼミでの学生さんとの議論が考えるきっかけとなった。

香港教育局訓育輔導組の李少峰（Brian Lee）さんには大変お世話になり、香港の小学の見学もさせていただいた。また文藻外語学院の張汝秀先生には、台湾調査で協力していただいた上、その後、学会、論文でその成果を筆者と共同で発表した。香港、台湾の状況を理解するため、このお2人からは、多くの協力を得た。

また、校正では、名古屋市立大学大学院人間文化研究科博士前期課程の小野純子さんにお世話になった。

本書では、インターネットで公開されている報告書、刊行物を中心に、一部学校関係者へのインタビューも交えて論じたが、インタビューに関しては、関係者に、公表することを説明し、同意を得ている。

本書は、日本学術振興会平成22―23年度（2010―2011年度）科学研究費補助金（基盤研究（C））「台湾・中国・香港・韓国における戦前・戦後の不良・犯罪少年の教育権の保障」代表者山田美香（課題番号：22530824）による研究の一部である。

参考文献

陳麗珠『台湾地区国民教育資源分配的現況與展望』香港教育研究所、１９９７年

天下編輯『前瞻台湾―新教育』天下雑誌、１９９４年

陳徳和『台湾教育哲学論』文史哲出版社、２００２年

周祝瑛『誰捉弄台湾教改』心理出版社、２００３年

李理『教育改造與改造教育―教育部審定高中台湾史課程綱要及教科書研究』海峡学術出版社、２０１０年

林佩璇『学校課程実践與行動研究』高等教育文化事業有限公司、２００４年

劉淵全『課程発展與教学創新』五南図書出版公司、２００７年

林玉体『教育史』文景書局、２００４年

黄明楽『港孩』明窓出版社、２０１１年

胡少偉『教育工作者評教育発展』香港教育図書公司、２００９年

蔡玉萍『誰是香港人？身分與認同』進一歩多媒体有限公司、２０１０年

葉建源『邁向小班教学』教育出版社有限公司、２００９年

李榮安『中学公民教育多元化的校本実践』商務印書館、２００４年

学校連合資格「学校心理士」認定運営機構認定委員会企画・監修第9回海外研修『２０１０年香港・台湾スクールカウンセリング研修旅行報告書―学校現場・大学・行政の三者間連携を模索する　２０１０年2月28日～3月7日』

Gerard A. Postiglione and Lee Wing On “Social change and educational development mainland China, Taiwan, Hong Kong” Centre of Asian Studies the University of Hong Kong, 1995

曾華源『少年福利』亜太図書出版社、２０００年

許文生『青少年的法律案例権益』永然文化出版、２０００年

内政部『社区発展（季刊）』２００３年

国立台北大学犯罪学研究所主編『２００２年犯罪問題研究研討会』２００２年

合田美穂「香港におけるギフテッド教育の歴史・政策・課題 Gifted education in Hong Kong: history, policy and issues」日中社会学会『21世紀東アジア社会学』２、２００９年、43―55頁

鈎治雄「香港の学校教育と親の学校意識」『甲南女子大学研究紀要人間科学編』46、２００９年、21―32頁

垣田裕介『資料紹介：香港の公的扶助制度』創価大学教育学部『教育学部論』57、２００６年、47―57頁

合田美穂「シンガポールおよび香港の福建組織による教育事業の比較研究―アジアにおける華人アイデンティティの変容」A comparative study of Chinese education run by the Fukienese in Singapore and Hong Kong: changing identities among ethnic Chinese in Asia『日中社会学研究』12、２００５年、69―88頁

Grossman David L. 近田政博訳「日本と香港における高等教育と教員養成」『名古屋高等教育研究』４、２００４年、１２７―１４５頁

謝嫣文「台湾における小中学校一貫課程に関する一考察」日本国際教育学会『国際教育』９、２００３年、76―84頁

Terry Wong 編輯『小学指南２０１１』小牛出版有限公司、２０１０年

菊田幸一『アジアの非行少年』頸草書房、１９８５年、２１０―２２１頁

国立編訳館『国民中学・公民與道徳教科書』第1冊、国立編訳館、２００３年、編輯要旨

林世英「１９８８年中華民国台湾地方における少年犯罪状況の概観」犯罪と非行に関する全国協議会『ＪＣＣＤ』49、１９８９年

頼保禎「台湾における非行少年の親子関係に関する調査」日本犯罪心理学会『犯罪心理学研究』１９８３年３月、33―41頁

劉兆佳・尹寶珊・李明堃・黄紹倫『香港、台湾和中国内地的社会階級変遷』香港中文大学香港亜太研究所、２００４年

李榮安『中学公民教育多元化的校本実践』商務印書館、２００４年

水岡不二雄「植民地統治下における香港中国人の教育―『組織された競争』による、英国人支配の正統化と工業労働者の生産」『一橋大学研究年報社会学研究』39、２００１年、99―１６１頁

李子建・黄顯華「学習宗旨、学習領域與学習経歴：尋找《学会学習》諮詢文件的理論基礎」李子建編著『課程、教学與学

校改革　新世紀的教育発展』中文大学出版社、２００５年、30頁
香港政策研究所『面向廿一世紀：大陸、台湾、香港教育発展文集』香港政策研究所、１９９６年
香港特別行政区民政事務局香港公民教育委員会・鄭州大学公民教育研究中心編『21世紀中国公民教育的机遇与挑戦』鄭州大学出版社、２００８年
山﨑直也『戦後台湾教育とナショナル・アイデンティティ』東信堂、２００９年

索 引

キーワード索引

さ行

た行

は行

ま行

や行

ら行

人物索引

あ行

か行

【著者略歴】
山田　美香（やまだ・みか）
名古屋市立大学大学院人間文化研究科教授。
広島大学大学院教育学研究科博士課程後期退学（中退）、
博士（教育学）。

装幀／夫馬デザイン事務所

公教育と子どもの生活をつなぐ香港・台湾の教育改革
〈人間文化研究叢書 2〉

2011年3月31日　第1刷発行　（定価はカバーに表示してあります）

著　者　山田　美香

発行者　山口　章

発行所　名古屋市中区上前津 2-9-14　久野ビル
振替 00880-5-5616 電話 052-331-0008
http://www.fubaisha.com/
風媒社

乱丁・落丁本はお取り替えいたします。　＊印刷・製本／モリモト印刷
ISBN978-4-8331-4096-6